beck'sche reihe

b sr

In diesem Buch finden sich spitze und runde Gedanken von fast 300 europäischen und außereuropäischen Schriftstellern, Essayisten, Dichtern und Philosophen aus verschiedenen Jahrhunderten, vom lateinischen Grammatiker Terentianus Maurus (3. Jahrhundert n. Chr.) bis zum österreichischen Schüttelreimexperten Reitfloh Widersinn. Es sind – im weitesten Sinne – Worte über Worte, über Schimpfworte und Schlagworte, über Sprechen und Schreiben, Schwätzen und Schweigen, Plappern und Plaudern, über Lästerzungen und Zoten, Rede und Nachrede, über Klatsch, Wortklauberei, Wortkunst oder Wortspiele – und natürlich über deren Verfasser und Leser. Die Stichwörter reichen von A bis Zunge und enthalten literarische und nichtliterarische Zitate und Anti-Zitate, Aphorismen (auch solche über Aphorismen), Gedichte, geflügelte Worte, Gemeinplätze und eine Vielzahl von Sprüchen (auch solche über Widersprüche). Das Buch wird jeden begeistern, der sich beruflich oder aus Neigung mit Sprache und Literatur beschäftigt. Es ist ein Vergnügen, darin zu blättern und zu schmökern.

Christoph Gutknecht ist Professor für Linguistik am Seminar für Englische Sprache und Kultur der Universität Hamburg. Zahlreiche wissenschaftliche Veröffentlichungen. Einem breiten Leserkreis ist er durch seine Bücher „Lauter böhmische Dörfer. Wie die Wörter zu ihrer Bedeutung kamen" ([4]1998) und „Lauter spitze Zungen. Geflügelte Worte und ihre Geschichte" ([2]1997) bekannt geworden.

Lauter Worte über Worte

Runde und spitze Gedanken über
Sprache und Literatur

Herausgegeben von
Christoph Gutknecht

Verlag C. H. Beck

Mit 25 Abbildungen

Die Deutsche Bibliothek – CIP-Einheitsaufnahme

Lauter Worte über Worte: runde und spitze Gedanken über Sprache und Literatur / Christoph Gutknecht. – Orig.-Ausg. – München : Beck, 1999

(Beck'sche Reihe ; 1317)
ISBN 3 406 42117 2

Originalausgabe
ISBN 3 406 42117 2

Umschlagentwurf: +malsy, Bremen
Umschlagabbildung: „Bücher-Drahtseilakt" von Soizick Meister,
Edition Inkognito, Berlin
© C. H. Beck'sche Verlagsbuchhandlung (Oscar Beck), München 1999
Satz: Jung Satzcentrum, Lahnau
Druck und Bindung: C. H. Beck'sche Buchdruckerei, Nördlingen
Gedruckt auf säurefreiem, alterungsbeständigem Papier
(hergestellt aus chlorfrei gebleichtem Zellstoff)
Printed in Germany

Inhalt

Vorwort
Seite 7

A–Z
Seite 13

Verzeichnis der Autoren
Seite 365

Verzeichnis der Stichwörter
Seite 373

Quellenverzeichnis
Seite 376

Bildnachweis
Seite 391

> Die Sprache Mutter des Gedankens? Dieser kein
> Verdienst des Denkenden? O doch, er muß jene
> schwängern.
>
> Karl Kraus (1874–1936)

Vorwort

Voraussetzung für die wissenschaftliche Beschäftigung mit einer Sprache, so die einschlägige Meinung der Fachwelt, sei die Kenntnis linguistischer Theorien und ihrer Begriffe, ihrer Methoden und ihrer jeweiligen Leistungsfähigkeit. Nur mit einer theoretischen Grundlage und einer wissenschaftlichen Vorgehensweise ließen sich fundierte Aussagen über die durch historische, regionale, soziale, psychische und funktionale Faktoren bedingten vielfältigen sprachlichen Erscheinungsformen machen, die häufig mit Emotionalität, Vorurteilen und Mißverständnissen belastet seien.

Diese Auffassung ist im Ansatz sicherlich richtig. Allerdings muß man sich vergegenwärtigen, daß die sogenannten wissenschaftlichen Analysen zuweilen von ähnlichen Vorurteilen, Mißverständnissen und Widersprüchen geprägt sind, wie sie sich in den Aussagen derjenigen finden, die (obwohl manchmal selbst vom Gedankengut und Erkenntnisinteresse der linguistischen Fachdisziplin geprägt) das Sujet Sprache nicht wissenschaftlich betrachten, die aber gleichwohl professionell mit Sprache umgehen – ich meine die Dichter und Schriftsteller: »*daß Dichter ... ihre Schreib- und Schreibererfahrungen in Überlegungen, Erkenntnisse, Einsichten, Pointen, Spekulationen umsetzen, ist für Kenner nicht frappant. Viele der Herausragenden haben Wert darauf gelegt, sich über die Grundlagen, über Methodisches, Technisch-Handwerkliches ihrer Arbeit Klarheit zu verschaffen. Man kann davon ausgehen, daß sie alle ein Liebesverhältnis zur Sprache haben*«, so schrieb Heinz Piontek 1987 im Vorwort seiner imponierenden Anthologie zu Schriftsteller-Äußerungen über ihren Beruf. (S. 11f.)

Bereits in meinem Buch »Lauter böhmische Dörfer« (⁴1998) habe ich erwähnt, daß es kaum eine Sprachebene, kaum ein sprachliches Element gibt, das nicht zum Gegenstand künstlerischer Formung, Verformung oder Einbindung geworden wäre, in Gedichten, Dramen, Prosastücken oder ganzen Romanen. Denken wir nur an den berühmten Studienrat *Mürzig*; er, den das Phänomen des Konjunktivs in den Bann geschlagen hat, ist die Hauptfigur eines Erzählfragments des Schriftstellers *Buhl*. Auch Buhl selbst leidet unter dieser linguistischen Obsession. Er liest die Bücher nur noch um der Konjunktive willen; die korrekte Verwendung dieses Modus wurde ihm zum Wertkriterium: Max Frisch und Hans Erich Nossack bekommen schlechte Prädikate, Thomas Mann wird hochgelobt. Jetzt werden Sie fragen: »Wer ist denn nun *Buhl*?« Die Antwort: Buhl ist seinerseits eine fiktive Gestalt – in einem brillant geschriebenen Roman, den Armin Ayren 1982 unter dem Titel »Buhl oder Der Konjunktiv« veröffentlichte und in dem er den Niedergang des Konjunktivs beklagte.

In der jüngeren deutschsprachigen Prosaliteratur wird sogar ein bestimmtes Interpunktionszeichen psychologisiert: Die Schweizer Schriftstellerin Andrea Simmen publizierte 1991 in Frankfurt ihr erstes Buch unter dem eigenartigen Titel »Ich bin ein Opfer des Doppelpunkts«: Dahinter verbirgt sich die Leidensgeschichte des neunfingrigen Fernsehansagers *Andreas Gaspazzo*, der über sich selbst sagt: »*Sie müssen sich vorstellen, Sie haben, wenn Sie meine Zeilen lesen, keinen ordinären Menschen vor sich, sondern einen durchaus speziellen, ich bin meines Wissens der einzige Mensch, der partout vor dem Doppelpunkt steht, immer das Eins gegen das Größere, in jeder Lage, dies begann schon bei der Geburt, wie mir meine Stiefmutter immer wieder erzählte...*« (S. 9)

Nicht nur Konjunktive und Interpunktionszeichen sind zum sprachkünstlerischen Anlaß geworden, sondern vor einem Jahrzehnt – in spektakulärer Weise – sogar das Buch selbst: Ein Büchernarr, Herr *Bibli*, Protagonist des 1989 von Alfons Schweiggert vorgelegten Romans »Das Buch«, verkauft aus einem unerklärlichen Anlaß heraus alle seine Bücher, bisher stets Sinn und Inhalt seines Lebens, und verwandelt sich über Nacht in kafkaesker Metamorphose selbst in ein Buch, geht durch viele Hände und durchläuft die üblichen Stationen im Werdegang eines Druckwerks. Daß es auch unübliche Stationen im Werdegang eines Druckwerks gibt, beschrieb 1986 Marcel Bénabou in seinem Werk »Pourquoi je n'ai écrit aucun de mes livres«, das 1991 auf Deutsch erschien: Sein Held, dem Autor zum Verwechseln ähnlich, denkt über sein Verhältnis zu den Büchern nach und erforscht die Gründe, die ihn daran hinderten, eines zu schreiben. Bénabou zieht den Leser dabei in einen Strudel von Ausreden und Begründungen und schreibt anstelle der nichtgeschriebenen Bücher am Ende ein real existierendes Nicht-Buch.

Es gibt aber auch, und das in überraschend häufiger Zahl, *metasprachliche* oder *sprachtheoretische* Äußerungen von Dichtern, ernstgemeinte und weniger ernstgemeinte, parodistische, zynische und selbstkritische. In »Lauter böhmische Dörfer« habe ich bereits auf einige Äußerungen des österreichischen Schriftstellers Heimito von Doderer hingewiesen: die *Grammatik*, so sagt er, sei »*die Kunst des vollkommensten Ausdrucks bei geringster Auffälligkeit*«; der *Schall* sei »*das Fleisch der Sprache*«, die *Orthographie* sei »*das Haxl, bei dem die Schullehrer das Schreiben erwischt zu haben meinen, und es also da festhalten; es hinkt dann freilich bei ihnen auf den drei übrigen Beinchen.*«

Im vorliegenden Band finden sich nun weitere Worte von fast 300 europäischen und außereuropäischen Schriftstellern, Essayisten, Dichtern und Philosophen aus verschiedenen Jahrhunderten, vom lateinischen Grammatiker Terentianus Maurus (Ende des 3. Jh. n. Chr.) bis zum österreichischen Schüttelreimer Reitfloh Widersinn (*eigentl.* Wilfried Hornstein, 1930–1995). Es sind – im weitesten Sinne – Worte *über* Worte, über *Schimpfworte* und *Schlagworte*, über das *Sprechen* und das *Schreiben*, das *Schwätzen* und das *Schweigen*, das *Plappern* und das *Plaudern*, über *Lästerzungen* und *Zoten*, die *Rede* und die *Nachrede*, über *Klatsch*, *Wortklauberei*, *Wortkunst* oder *Wortspiele* – und natürlich über deren Verfasser und *Leser* (die *Feuilletonisten*, *Journalisten*, *Literaten*, *Übersetzer* und *Büchernarren*), um nur einige der insgesamt 189 Stichwörter (von *A* bis *Zunge*) zu nennen. In vielen Fällen habe ich bei den Belegen zu den ausgewählten Stichwörtern mit einer Reihe von Sprichwörtern und sprichwörtlichen Ausdrücken begonnen, wie sie u. a. durch Horst und Annelies Beyer in ihrem »Sprichwörterlexikon« (München 1987) aus deutschen Sammlungen vom 16. Jahrhundert bis zur Gegenwart zusammengetragen worden sind. Ich habe sie zuweilen ergänzt durch Beispiele aus dem von Karl Simrock 1846 veröffentlichten (1988 mit einer Einleitung von Wolfgang Mieder neu erschienenen) Band über »Die deutschen Sprichwörter« sowie durch ins Deutsche übersetzte Varianten aus anderen europäischen und nicht-europäischen Sprachen. Es folgen literarische und nicht-literarische *Zitate* und *Anti-Zitate*, *Aphoris-*

men (auch solche über Aphorismen), *Sprichwortgedichte*, *geflügelte Worte*, die zuweilen gefährliche Tiefflieger sind (vgl. S. 109), aber auch *Gemeinplätze* (nach Ortega y Gasset die »Trams des geistigen Verkehrs«) und, wie gesagt, viele, viele *Sprüche* (auch solche über *Sprüche* und *Widersprüche*). Nicht die Ausgefeiltheit der Definitionen war das maßgebliche Auswahlkriterium für die einzelnen Themen, sondern die Tiefe der Erkenntnis, die nicht selten eine Selbsterkenntnis ist, so beispielsweise bei einem Autor wie Heinrich Heine, wenn er die *Dichtkunst* auf unnachahmliche Weise in seinem Poem über »Yolante und Marie« zu charakterisieren weiß:

> *Diese Damen, sie verstehen,*
> *Wie man Dichter ehren muß:*
> *Gaben mir ein Mittagessen,*
> *Mir und meinem Genius.*
>
> *Ach! die Suppe war vortrefflich,*
> *Und der Wein hat mich erquickt,*
> *Das Geflügel, das war göttlich,*
> *Und der Hase war gespickt.*
>
> *Sprachen, glaub ich, von der Dichtkunst,*
> *Und ich wurde endlich satt;*
> *Und ich dankte für die Ehre,*
> *Die man mir erwiesen hat.*

Den Belegen der vorliegenden Sammlung wurden jeweils die Lebensdaten der Verfasser beigefügt, bei lebenden zeitgenössischen Autorinnen und Autoren in eckigen Klammern das Erscheinungsjahr des im Quellenverzeichnis genannten Werkes, nur bei etwas schwieriger aufzufindenden Quellen, z. B. bei einer Reihe von Goethe-Briefen (bei denen ich György Radó [1982] zahlreiche Anregungen verdanke), sind zur Erleichterung detailliertere Angaben beigefügt worden.

Insgesamt, dies wird die Leserschaft kaum überraschen und hoffentlich amüsiert zur Kenntnis nehmen, fallen die Auskünfte unter den Stichwörtern weniger systematisch, aber mit Sicherheit nicht so trocken aus wie die in linguistischen Handbüchern; die Vermittlung von Einsichten in den schöpferischen Sprachprozeß dürfte bei ihnen indes kaum geringer sein, so daß ich mich abschließend nur den Wünschen Friedrich Nietzsches (1844–1900) anschließen möchte:

Meinem Leser
Ein gut Gebiß und einen guten Magen –
Dies wünsch ich dir!
Und hast du erst mein Buch vertragen,
Verträgst du dich gewiß mit mir!

Hamburg, im März 1999   Christoph Gutknecht

A

Ich bin das A und das O, der Erste und der Letzte, der Anfang und das Ende.

Offb. 22,13; so auch in Offb. 1,8; 21,6.

a

Wer a sagt, der muß nicht b sagen. Er kann auch erkennen, daß a falsch war.

Bertolt Brecht (1898–1956)

Abc

Das Abc macht das meiste Weh.

◆

Wer das Abc recht kann, hat die schwerste Arbeit getan.

◆

Reitfloh Widersinn (1930–1995)

Streit im ABC

Im Alphabet gab's ein Gewitterbeben!
Ein Fangnetz wollt' dem VAU man bitter weben
und stritt sich wild, die alte Lehr' verätzend.
Oft war es ausgesprochen ehrverletzend!

Weil nie der Neid beim Ehrenraube schlief,
und Schlichtung nicht gelang, man schlau berief
die Kommission für neue Satzung ein –
Verdruß kann nie für Frieden Atzung sein!

Der Chef des Alphabets, das ZET, befahl
(weil scheinbar man das VAU zu fett bezahl',
und man es deshalb zu gefährden schwor):
„Man bringe sachliche Beschwerden vor!
Ich hörte, EF und WE sind rachesüchtig!
Was ist, Genossen, an der Sache richtig?"

Als erster Redner meldet sich das ER:
„Wenn alles stimmt, bedaure ich das sehr!
Durch Mißgunst scheint mir das Odeur vermint,
weil VAU als einziges viel mehr verdient!
Doch halt' ich mich aus dieser Sache 'raus,
damit ich nicht in jemands Rache saus'!
Vergrämte ich das WE, mir wich' doch Ehr'!
Denn stellt es sich vor mich – bin ich doch WER!"

„Ganz typisch für das ER", bemerkte wer.
„Wenn seinen Mund es hielt' und werkte mehr!
Man sieht im Schwätzen seine Größe bloß –
doch ist dabei die Geistesblöße groß!"

„Zur Tagesordnung!", kam der herbe Ruf,
„Die Streiterei sei anderer Behuf!
Es glückte mir, das WE am Tor zu fragen:
Es hätte einiges euch vorzutragen!"

Und WE erhob sich nun, behäbig schon:

„Das VAU ist frech und lacht mir schäbig hohn!
Obwohl ich mein Mandat bewache sehr,
nimmt VAU mir viel, was meine Sache wär'!
Doch immer noch gelang's dem schlechten VAU,
den eig'nen Standpunkt zu verfechten schlau.
Noch mehr: sich mitten im Kla-v-ier zu halten
und stolz und selbstgefällig hier zu walten.
Es wäre Zeit schon, seinen Saus zu brechen:
Klaviere sind mit mir nur auszusprechen!
Oft wird die Seele des Wauwaus zu Eisen,
statt sich als menschenfreundlich auszuweisen!
Wir haben mehr Verdruß als Ehr' mit VAU!
Es endet nicht von ungefähr mit AU!"

Lang setzte es in dieser Tonart fort.
(Verzeiht! Es heißt natürlich „Phonart" dort...)

Dem EF ist's lieber, überall zu schweigen;
ihm ist kein solcher Redeschwall zu eigen.
Doch durch den Angriff WEs mit List gezwungen
(was keinem noch in diesem Zwist gelungen!),

versteigt es nun zu eig'nen Worten sich
die Scheu vor Sätzen scharfer Sorten wich:
„Zwar wehrt sich zwickend mein Gesäß zu tagen,
doch gilt's, dem Kreis des Komitees zu sagen:
Ich wollte vorerst keinen Finger rühren,
geschweige denn den Kampf als Ringer führen.
Doch WE hat recht, glaubt dem Geschickgenossen!
Auch mich hat VAU schon ins Genick geschossen:
Ich nickte ein – da nützte VAU das Weilchen
und stahl mein Liebstes, der Wauwau: Das Veilchen!
Auch stünden ‚viel', ‚davon', ‚Verein', ‚Geviert'
mir zu! Da hat sich VAU ganz fein geirrt!
Zum Opfer fiel auch seinem Raube ‚Vater'!
Wer war bei dieser Schmach der VAU-Berater?
Auch blöde Schreibung kann, scheint mir, dafür:
‚Klavier' mit VAU! Wer hilft bei ‚vier' da mir?
Warum läßt mir das VAU den ‚Vierer' nicht,
um den es ohne viel Genierer ficht?"

Jetzt wagt das VAU mit EF und WE zu zanken –
und schon beginnt das ABC zu wanken.
Um sich den Weg durch den Tumult zu bahnen
und beide hoch vom Rednerpult zu mahnen,
hilft VAU dabei mit seinen Fäusten mit.
(Verbitterung macht doch die meisten fit!)
„Weshalb macht ihr den Streit noch bunter kund?
War es nicht vorher schon ein Kunterbunt?
Brauch' ich ins Zentrum des Radaus zu rücken,
nur weil ich's schaff', euch beide auszudrücken?
Man schimpft Wauwau mich – bin ich denn ein Hund?
Höhnt einer noch, mach' hin ich den! Ein Bund…"

Das Weit're ging dann im Krawalle ein.
Schnell brachten IX und ZET für alle Wein,
und haben so, weil sie's noch bunter rochen,
nach dem Eklat die Sitzung unterbrochen.

Bald trat, gewillt, des Teufels Saat zu rammen,
zur Rechtsverkündigung der Rat zusammen.
„Vernehmt, was wir zum Friedensbruche sprechen

und wie wir Zank mit hartem Spruche brechen:
Weil VAU sich hergab, mit Tsching-Bum zu ringen,
und vorhin drohte, andre umzubringen,
wird VAU noch heute uns'res Lands verwiesen.
Die frech die Norm des Taktgewands verließen,
das EF und WE, sind nun vom ‚E' befreit.
Zur ersten Tröstung steht Kaffee bereit.
Ihr Ruf hat, hört die Wendung an, geendet;
es wird die VAUsche Endung angewendet:
Das WE wird umgetauft sofort auf ‚WAU'
und EF – als stetes Mahnungswort – auf ‚FAU',
damit das Los des VAU verhindern möge,
daß uns'ren Frieden wer zu mindern hege."

So war des Alphabets Klischee gebrochen
die neue Ordnung wird von E gesprochen:
„Das A, BE, CE, DE, E, FAU, GE, HA, I,
die erste Gruppe, heißt die ‚Ehagie'.
Das JE, KA, EL, EM, EN, O, PE, QUE, ER,
die zweite Neunerschaft, das ‚Equepèr'.
Das ES, TE, U, WAU, IX, YPSILON, ZET,
der Kreis der sieben Weisen, ‚Zilonset'.
Wenn Auskunft wir zum ‚Wo' und ‚Wie' begehren,
soll sich mit Rat die Ehagie bewähren.
Das Equepèr macht die Verwaltung hier;
von ihm erwarten saub're Haltung wir.
Das Zilonset hat fortan Recht zu sprechen.
Doch trachtet nie, wenn Recht ihr sprecht, zu rächen!"

Man wollte mit Gesetzesworten einen,
doch manche mußten vielerorten weinen.
Die Zahl Zufried'ner war bedrückend klein.
Nur zwei noch schauten recht beglückend drein:
„Jetzt schreibt man *doch* mit dir die Fier!", lacht WAU.
„Und nur mit dir, mein WAU, Klawier!", lacht FAU.

Wie konnte so ein Gag nicht überleben?
Man hat uns den Beleg nicht übergeben...

Agitator

Ein Agitator ergreift das Wort. Der Künstler wird vom Wort ergriffen.

Karl Kraus (1874–1936)

♦

Das Geheimnis des Agitators ist, sich so dumm zu machen, wie seine Zuhörer sind, damit sie glauben, sie seien so gescheit wie er.

Karl Kraus (1874–1936)

Alphabet

Das größte ist das Alphabet,
denn alle Weisheit steckt darin,
aber nur der erkennt den Sinn,
der's recht zusammenzusetzen versteht.

Emanuel Geibel (1815–1884)

Anekdote

Eine Anekdote ist ein historisches Element.

Novalis (1772–1801)

Die Urform der Novelle ist die Anekdote.

Rudolf Leonhard (1889–1953)

♦

Eine Sammlung von Anekdoten und Maximen ist für den Weltmann der größte Schatz, wenn er die ersten an schicklichen Orten ins Gespräch einzustreuen, der letzten im treffenden Falle sich zu erinnern weiß.

Johann Wolfgang von Goethe (1749–1832)

Anführungszeichen

Anführungszeichen sind oft nichts als faule Ausrede, mittels deren der Autor die Verantwortung für eine Banalität, die ihm in die Feder

kam, oder für die ihm nichts besseres einfiel, dem schlechten Geschmack seiner Zeitgenossen aufzubürden versucht.
Arthur Schnitzler (1862–1931)

Antwort

Eine richtige Antwort ist wie ein lieblicher Kuß.
Johann Wolfgang von Goethe (1749–1832)

◆

Antworten finden heißt: vom Fragen ermüdet sein.
Hans Kudszus (1901–1977)

Aperçu

Ein entschiedenes Aperçu ist wie eine inokulierte Krankheit anzusehen: man wird sie nicht los, bis sie durchgekämpft ist.
Johann Wolfgang von Goethe (1749–1832)

◆

Alles wahre Aperçu kommt aus seiner Folge und bringt Folge. Es ist ein Mittelglied einer großen, produktiv aufsteigenden Kette.
Johann Wolfgang von Goethe (1749–1832)

◆

Das wäre ein schlechtes Aperçu, bei dem ein kluger Mensch sich nicht denken müßte: gerade das oder das Gegenteil ist mir auch schon einmal eingefallen.
Arthur Schnitzler (1862–1931)

Aphorismus

Aphorismen entstehen nach dem gleichen Rezept wie Statuen: Man nehme ein Stück Marmor und schlage alles ab, was man nicht unbedingt braucht.
Gabriel Laub (1928–1998)

Brainstorming (Ivan Steiger)

Gute Aphorismen zeichnen sich dadurch aus, daß man ihre Inhalte meistens schon irgendwo schlechter ausgedrückt gelesen hat.
Felix Pollak (1909–1987)

♦

Aphorismen sind Spiele des Denkens mit sich selbst. Deshalb bedienten sich ihrer niemals Propheten oder Heilige.
Hans Kudszus (1901–1977)

♦

Der Aphorismus: ein in flagranti ertappter Gedanke.
Felix Pollak (1909–1987)

Der sprachliche Ausdruck ursprünglichen Denkens ist der Aphorismus; und man wird bei den großen Denkern, auch wenn sie ihre Gedanken nicht in dieser Form mitgeteilt haben, wie etwa Spinoza und Hegel, doch unschwer überall inmitten des zusammenhängenden Textes das Aphoristische ihrer eigentlichen Aussagen erkennen.
Wolfgang Struve [1969]

◆

Der Aphorismus überholt einen Aufsatz mit einem Satz.
Felix Pollak (1909–1987)

◆

Der Aphorismus ist verräterisch, manchmal taugt der beste Flitterkram nichts, den fehlenden Gedanken zu verschleiern.
Karol Irzykowski (1873–1944)

◆

Tausend Rußkörnchen ziehen durch die Luft, aber nur wenige glühen: Funken. Tausend Gedanken gehen mir durch den Kopf, aber nur wenige glühen: Aphorismen.
Felix Pollak (1909–1987)

◆

Aphorismus: Weisheit, vorverdaut und wiedergekäut.
Ambrose Bierce (1842–1914)

◆

Einer, der Aphorismen schreiben kann, sollte nicht in Aufsätzen zersplittern.
Karl Kraus (1874–1934)

◆

Im Herzen jedes Aphorisma, so neu oder gar paradox es sich gebärden möge, schlägt eine uralte Wahrheit.
Arthur Schnitzler (1862–1931)

Der Aphorismus ist ein Sektor, der den Kreis ahnen läßt.
Heinrich Wiesner [1972]

◆

Der Aphorismus deckt sich nie mit der Wahrheit; er ist entweder eine halbe Wahrheit oder anderthalb.
Karl Kraus (1874–1936)

◆

Man schätzt den Aphorismus unter anderem deshalb, weil er eine halbe Wahrheit enthält. Das ist ein ungewöhnlich hoher Prozentsatz.
Gabriel Laub (1928–1998)

Aphorismen sind nicht Kurzschriftanmerkungen zum Zwecke künftiger Ausarbeitung, nicht Rohmaterialien für Aufsätze, sondern im Gegenteil: mancher Aufsatz, den man schrieb, entpuppt sich eines Tages als die unwissentlich geleistete Vorarbeit für das Fertigprodukt in zwei Zeilen: den Aphorismus.
Felix Pollak (1909–1987)

Der Aphorismus funkelt und lügt durch seine Kürze.
Karol Irzykowski (1873–1944)

◆

Die Zukunft der Literatur liegt im Aphorismus. Den kann man nicht verfilmen.
Gabriel Laub (1928–1998)

Der längste Atem gehört zum Aphorismus.
Karl Kraus (1874–1936)

Aphorismen regen den Verfasser zum Denken an.
Heinrich Wiesner [1972]

◆

Ein Aphorismus ist der letzte Ring einer langen Gedankenkette.
Marie Freifrau von Ebner-Eschenbach (1830–1916)

◆

Der Aphorismus ist das vorletzte Glied einer Gedankenkette, dessen letztes ein Paradoxon ist.
Adolf Nowaczyński (1867–1944)

◆

Ein Aphorismus braucht nicht wahr zu sein, aber er soll die Wahrheit überflügeln. Er muß mit einem Satz über sie hinauskommen.
Karl Kraus (1874–1936)

◆

Aphorismen in die Welt senden heißt nach einem Nicken des Einverständnisses fahnden.
Martin Kessel (1901–1990)

◆

Ist der Aphorismus ein Urteil? Ja, entweder für oder gegen seinen Autor.
Stanisław Jerzy Lec (1909–1966)

◆

Traum des Aphoristikers: daß seine Aphorismen noch hundert Jahre später auf Zensurschwierigkeiten stoßen.
Gabriel Laub (1928–1998)

◆

Der Aphorismus ist wie die Biene, mit Gold beladen und mit einem Stachel versehen.
Carmen Sylva (d. i. Elisabeth, Königin von Rumänien: 1843–1916)

Schüttle ein Aphorisma, so fällt eine Lüge heraus und eine Banalität bleibt übrig.
Arthur Schnitzler (1862–1931)

◆

Der echte Aphorismus trifft ins Zentrum und strahlt von dort aus.
Martin Kessel (1901–1990)

◆

Aphorismen: Die Schlüsselsätze von Texten, die nicht geschrieben wurden.
Gabriel Laub (1928–1998)

◆

Der längste Atem gehört zum Aphorismus.
Karl Kraus (1874–1936)

◆

Die Schwäche des Aphorismus: Er betrachtet die Leser als Erwachsene.
Gabriel Laub (1928–1998)

◆

Der Aphorismus: die Kunst der Kürze. Kann auch die Kunst der Zu-kurz-Gekommenen sein.
Ludwig Marcuse (1894–1971)

◆

Der Aphorismus hat das eine mit der Mathematik gemein, daß er bestrebt ist, ein Problem zu fixieren, um es auf eine gültige Formel zu bringen. Innerhalb dieser Formel ist auch die Unbekannte denkbar, in Form der Paradoxie, skeptisch oder lakonisch.
Martin Kessel (1901–1990)

◆

Im Aphorismus ist der Gedanke nicht zu Hause, sondern auf dem Sprung.
Helmut Arntzen [1966]

Ein Aphorismus, der lebhaften Widerspruch auslöst, hat seinen Sinn fast ebensowenig verfehlt wie einer, der rasche Zustimmung findet.

Joachim Günther [1976]

♦

Aphorismus: Nicht Fisch und nicht Fleisch. Nicht Epigramm und nicht Entdeckung. Es fehlt ihm anscheinend an der Ganzheit, Einprägsamkeit, Reduzierbarkeit odgl. Bloß Bewegung ohne Ergebnis, Knotenpunkt usw. Darum die Abneigung gegen ihn. Schlage es nicht in den Wind!

Bewegt-Neuangeregtseinwollende Zeiten lieben Aphorismen. So Nietzsche und die Moderne.

Robert Musil (1880–1942)

♦

Aphorismen: Gedankensplitter, die ins Auge gehen.

Gabriel Laub (1928–1998)

♦

Aphorismen sind Gegengaben: der Geist gibt als Weisheit zurück, was das Leben ihm schenkte.

Martin Kessel [1960]

♦

Einen Aphorismus kann man in keine Schreibmaschine diktieren. Es würde zu lange dauern.

Karl Kraus (1874–1936)

♦

Der Aphorismus ist ein gewitztes Kerlchen, das Kunst und Philosophie in Liebe gezeugt haben: von der Philosophie hat es die Art zu fragen, von der Kunst die Art zu antworten.

Gerhard Branstner [1959]

Ein guter Aphorismus soll auf der Zungen zergehn wie ein Bonbon und – weg ist er! So nach üblicher Auffassung.
Robert Musil (1880–1942)

♦

Der Aphorismus, die Sentenz, in denen ich als der erste unter Deutschen Meister bin, sind die Formen der „Ewigkeit"; mein Ehrgeiz ist, in zehn Sätzen zu sagen, was jeder andre in einem Buch sagt – was jeder andre in einem Buche *nicht* sagt...
Friedrich Wilhelm Nietzsche (1844–1900)

♦

Der *treffende Aphorismus* setzt den getroffenen Aphoristiker voraus (Wort als Stigma der gedanklichen Passion).
Alfred Polgar (1873–1955)

♦

Einen Aphorismus zu schreiben, wenn man es kann, ist oft schwer. Viel leichter ist es, einen Aphorismus zu schreiben, wenn man es nicht kann.
Karl Kraus (1874–1936)

♦

Aphorismen schreiben sollte nur einer, der große Zusammenhänge sieht.
Robert Musil (1880–1942)

♦

Das Weltgefühl des Künstlers geht auch in Aphorismen ein, in seine Briefe und besonders in Fragmente.
Arnold Zweig (1887–1968)

♦

Der Aphorismus ist immer entweder eine Über- oder eine Unterwahrheit. Er ist eine Luftlinie zur Wahrheit oder ein Umweg zu ihr, nie die Wahrheit selbst. Wenn man auf einen Satz sagen kann „Wie wahr!", so hat man es nicht mit einem Aphorismus zu tun, sondern

mit einer Binsenwahrheit, also mit einer von Binsen überwachsenen uralten Lüge.
Felix Pollak (1909–1987)

◆

Ein Literaturprofessor meinte, daß meine Aphorismen nur die mechanische Umdrehung von Redensarten seien. Das ist ganz zutreffend. Nur hat der den Gedanken nicht erfaßt, der die Mechanik treibt: daß bei der mechanischen Umdrehung der Redensarten mehr herauskommt als bei der mechanischen Wiederholung. Das ist das Geheimnis des Heutzutag, und man muß es erlebt haben. Dabei unterscheidet sich aber die Redensart noch immer zu ihrem Vorteil von einem Literaturprofessor, bei dem nichts herauskommt, wenn ich ihn auf sich beruhen lasse, und wieder nichts, wenn ich ihn mechanisch umdrehe.
Karl Kraus (1874–1936)

◆

Ein Aphorismus ist für eine lange Gedankenkette der kürzeste und schönste Faden.
Karl August Emge (1886–1970)

◆

Beim Aphorismus muß etwas stimmen, nicht er.
Joachim Günther [1976]

◆

Der Aphorismus wird zur anerkannten Literaturgattung: Die Kritiker begreifen ihn zwar noch nicht, aber sie greifen ihn schon an.
Gabriel Laub (1928–1998)

◆

[...] Ein Aphorismus rechtschaffen geprägt und ausgegossen, ist damit, daß er abgelesen ist, noch nicht „entziffert"; vielmehr hat nun erst dessen *Auslegung* zu beginnen, zu der es einer Kunst der Auslegung bedarf.
Friedrich Wilhelm Nietzsche (1844–1900)

Ein Aphorismenbuch kann man ebensowenig „lesen", wie man eines „schreiben" kann. Man kann seinen Inhalt nur zusammentragen wie den Inhalt einer Kreuzerlsparkasse, und wie dieser soll man auch ihm nur dann und wann, im Bedarfsfall, ein paar Münzen entnehmen.
Felix Pollak (1909–1987)

◆

Aphorismen können nur, insoweit sie Resultate sind, auf Mittelbarkeit Anspruch machen. Einfälle, als solche, mitzuteilen, setzt entweder große Anmaßung voraus, indem man sie für wichtig hält, oder Selbstgeringschätzung, indem man sich zur Belustigung des Augenblickes hergibt. Resultate aber nenne ich nicht nur das Abschließliche, sondern auch das aus der Betrachtung von Problemen sich ergebende Anregende.
Ernst von Feuchtersleben (1806–1849)

◆

Der Aphorismus hat vor jeder anderen Literaturgattung den Vorteil, daß man ihn nicht weglegt, bevor man ihn zu Ende gelesen hat.
Gabriel Laub (1928–1998)

◆

Widerstand gegen den Aphorismus: Jemand, der auf einem Spaziergang zehn solcher Bemerkungen von sich gäbe, wäre unangenehm. Der zehn solcher Einfälle hätte, die nicht entschuldigt sind durch ein verbindendes Thema.
Robert Musil (1880–1942)

Aphorismenleser

Der Aphorismenleser muß, um einen geistigen Gewinn zu erzielen, den umgekehrten Weg gehen, den der Aphorismenschreiber gegangen ist. Für diesen sind Aphorismen die Endglieder von Gedankenketten, Urteilsverkündigungen in Denkprozessen, Extrakte, Essenzen; für jenen sind sie Gedankenknospen, die mit Denkwasser begossen werden müssen, um sich zu entfalten, Filmnegative, kon-

templativer Entwicklung bedürftig, Türen, die sich auf Gedankengänge auftun. Der Leser muß sich, um ins Freie zu gelangen, an den Gedankenfäden des Autors ins Labyrinth zurücktasten.
Felix Pollak (1909–1987)

Aphoristiker

Die großen Aphoristiker lesen sich so, als ob sie alle einander gut gekannt hätten.
Elias Canetti (1905–1994)

Aphoristiker lieben die Sentenzwende.
Gerhard Uhlenbruck [1979]

Ausdruck

Ein guter Ausdruck ist so viel wert als ein guter Gedanke, weil es fast unmöglich ist, sich gut auszudrücken, ohne das Ausgedrückte von einer guten Seite zu zeigen.
Georg Christoph Lichtenberg (1742–1799)

Der einfache Ausdruck ist schon deshalb vorzuziehen, weil alle, auch die glänzendsten Redeflitter veralten, und weil ein Buch, das damit aufgeputzt ist, deswegen, bei sonst bedeutendem Inhalt, in seiner Form später einen Mumien-Eindruck machen muß.
Friedrich Hebbel (1813–1863)

Unsere besten Ausdrücke werden veralten; schon manches Wort ist jetzt niedrig, was ehemals eine kühne Metapher war. Es ist also gewissermaßen der Dauer eines Werks zuträglich, wenn man etwas neu im Stil tut, doch so, daß die Nachahmung schwer ist; es kann nicht so leicht veralten.
Georg Christoph Lichtenberg (1742–1799)

Dunkelheit und Undeutlichkeit des Ausdrucks ist allemal und überall ein sehr schlimmes Zeichen. Denn in 99 Fällen unter 100 rührt sie her von der Undeutlichkeit des Gedankens, welche selbst wiederum fast immer aus einem ursprünglichen Mißverhältnis, Inkonsistenz und also Unrichtigkeit desselben entspringt. Wenn in einem Kopfe ein richtiger Gedanke aufsteigt, strebt er schon nach der Deutlichkeit und wird sie bald erreichen.

Das deutlich Gedachte aber findet leicht seinen angemessenen Ausdruck. Was ein Mensch zu denken vermag, läßt sich auch allemal in klaren, faßlichen und unzweideutigen Worten ausdrücken. Die, welche schwierige, dunkle, verflochtene, zweideutige Reden zusammensetzen, wissen ganz gewiß nicht recht, was sie sagen wollen, sondern haben nur ein dumpfes, nach einem Gedanken erst ringendes Bewußtsein davon: oft aber auch wollen sie sich selber und andern verbergen, daß sie eigentlich nichts zu sagen haben.

Arthur Schopenhauer (1788–1860)

♦

Die Kunst des Ausdrucks besitzen:
Sie besteht nicht nur in der Deutlichkeit, sondern auch in der Lebendigkeit des Vortrags.

Baltasar Gracián y Morales (1601–1658)

♦

Man hört nicht selten die rede: ein dichtwerk sei mit bildlichem ausdruck geziert, reich an bildern. dies muss eine falsche anschauung hervorrufen als seien die bilder – metafern – etwas allenfalls entbehrliches, dem eigentlichen stoff aus welchem gedichtetes besteht äusserlich aufgeheftetes. vielmehr aber ist der uneigentliche der bildliche ausdruck kern und wesen aller poesie: jede dichtung ist durch und durch ein gebilde aus uneigentlichen ausdrücken.

Stefan George (1868–1933)

♦

Es gibt Menschen, die sogar in ihren Worten und Ausdrücken etwas Eigenes haben, (die meisten haben wenigstens etwas, das ihnen eigner ist) da doch Redensarten durch eine lange Mode so und nicht anders sind, solche Menschen sind allzeit einer Aufmerksamkeit würdig, es gehört viel Selbstgefühl und Unabhängigkeit der Seele

[dazu], bis man so weit kommt. Mancher fühlt neu, und sein Ausdruck, womit er dieses Gefühl andern deutlich machen will, ist alt.
Georg Christoph Lichtenberg (1742–1799)

Auslandskorrespondenten

Es gibt Auslandskorrespondenten, die wollen die fremden Völker, zu denen man sie geschickt hat, nicht erkennen. Sie wollen sie durchschauen.
Kurt Tucholsky (1890–1935)

Ausrede

Eine gute Ausrede ist drei Batzen wert.

♦

Ein schlechter Schütze, der keine Ausrede hat.

Aussprache

Die Aussprache der Norddeutschen ließ im ganzen wenig zu wünschen übrig... Dagegen habe ich mit geborenen Schwaben, Österreichern und Sachsen oft meine Not gehabt... Man sollte kaum glauben, daß sie B, P, D und T überhaupt für vier verschiedene Buchstaben halten, denn sie sprechen nur immer von einem weichen und einem harten B und von einem weichen und einem harten D und scheinen dadurch stillschweigend anzudeuten, daß P und T gar nicht existieren.
Johann Wolfgang von Goethe (1749–1832): Gespräch mit Eckermann (5. 5. 1824)

Autobiographie

Literatur

Weil er sich nicht geniert hat,
glaubt er, er sei ein Genie.
Weil er uns nicht amüsiert hat,
hält ers für Poesie.

Weil er einst onaniert hat,
wirds eine Autobiographie.
Karl Kraus (1874–1936)

Autor

Jeder Autor hat einen Sinn, in dem alle widersprechenden Stellen ihre Einheit finden, oder er hat überhaupt keinen Sinn.
Blaise Pascal (1623–1662)

◆

Dieser Autor ist so tief, daß ich als Leser lange gebraucht habe, um ihm auf die Oberfläche zu kommen.
Karl Kraus (18974–1936)

◆

Autoren, die bestohlen werden, sollten sich darüber nicht beklagen, sondern freuen. In einer Gegend, in der kein Waldfrevel vorkommt, hat der Wald keinen Wert.
Marie Freifrau von Ebner-Eschenbach (1830–1916)

◆

Ein Autor, ob er will oder nicht, kämpft immer mit der ganzen Mitwelt. Er lernt alle Widerstände der Epoche fühlen, aber er wird bei seinen Lebzeiten nie erfahren, ob die Gewichte, die ihn zu erdrükken drohten, aus Eisen oder aus Papier waren.
Hugo von Hofmannsthal (1874–1929)

◆

Wiederum kann man sagen, es gebe dreierlei Autoren: erstlich solche, welche schreiben, ohne zu denken. Sie schreiben aus dem Gedächtnis, aus Reminiszenzen oder gar unmittelbar aus fremden Büchern. Diese Klasse ist die zahlreichste. Zweitens solche, die während des Schreibens denken. Sie denken, um zu schreiben. Sind sehr häufig. – Drittens solche, die gedacht haben, ehe sie ans Schreiben gingen. Sie schreiben bloß, weil sie gedacht haben. Sind selten.
Arthur Schopenhauer (1788–1860)

Die Gefahr für schwache Autoren ist zu große Nähe des Objekts.
Kurt Tucholsky (1890–1935)

◆

Welcher Autor darf sagen, daß der Gedanke an die Oberflächlichkeit der meisten Leser ihm stets ein peinlicher und nicht mitunter auch ein tröstlicher sei?
Marie Freifrau von Ebner-Eschenbach (1830–1916)

◆

So alt man auch wird, bleibt man immer unmäßig im Unternehmen, und wie lüsterne Weiber, der Geburtsschmerzen uneingedenk, sich bald wieder zu neuem Gefahr bringendem Vergnügen hinreißen lassen, so sind wir Autoren doch auch.
Johann Wolfgang von Goethe (1749–1832): An K. F. v. Reinhard (25. 5. 1821)

◆

Der beste Autor wird der sein, welcher sich schämt, Schriftsteller zu werden.
Friedrich Wilhelm Nietzsche (1844–1900)

◆

Der Autor ist selten ein unparteiischer Richter seiner eigenen Sachen, er tut sich bald zu viel, bald zu wenig.
Johann Wolfgang von Goethe (1749–1832)

◆

Man liebt ja nur die Autoren, die einem adäquat sind, und die schätzt man hoch, weil sie dasselbe fühlen wie der Beurteiler.
Kurt Tucholsky (1890–1935)

◆

Der berühmte Autor lebt nur in einer anderen Form von Unbekanntheit als der Autor, von dem niemand redet.
Hugo von Hofmannsthal (1874–1929)

Der Autor kann sich durch das Werk verdecken. Der Autor kann das Werk durch sich verdecken. Nur sehr, sehr selten decken sich beide.
Kurt Tucholsky (1890–1935)

♦

So schreibt der Autor, um sich an die Freiheit des Lesers zu wenden, und er braucht sie, um sein Werk existieren zu lassen.
Jean-Paul Sartre (1905–1980)

♦

Es ist leicht, einen Autor zu kritisieren, schwer, ihn richtig zu beurteilen.
Luc de Clapiers, Marquis de Vauvenargues (1715–1747)

♦

Ein geschmackvoller Autor inmitten dieses blasierten Publikums gleicht einer jungen Frau unter alten Lebemännern.
Nicolas-Sébastien Roch Chamfort (1741–1794)

♦

Manche Menschen verlangen von einem Autor, daß er sie in ihren Meinungen und Gefühlen festige, und andre bewundern ein Werk nur, wenn es alle ihre Ideen umstürzt und keines ihrer Prinzipien gelten läßt.
Luc de Clapiers, Marquis de Vauvenargues (1715–1747)

♦

Wenn einem Autor ein Lexikon nachkommen kann, so taugt er nichts.
Johann Wolfgang von Goethe (1749–1832)

Der Erfolg vieler Werke erklärt sich aus der Beziehung, die zwischen der Mittelmäßigkeit der Ideen des Autors und der Mittelmäßigkeit der Ideen des Publikums besteht.
Nicolas-Sébastien Roch Chamfort (1741–1794)

Die größte Achtung, die ein Autor für sein Publikum haben kann, ist, daß er niemals bringt, was man erwartet, sondern was er selbst auf der jedesmaligen Stufe eigener und fremder Bildung für recht und nützlich hält.

Johann Wolfgang von Goethe (1749–1832)

♦

Ein Autor sollte unter die Schönheiten, die nur Kenner fühlen, immer solche mit mischen, die auch der schlechte Leser fühlt.

Jean Paul (1763–1825)

♦

Mittelmäßige Autoren, die ein kleines Buch so ankündigen, als ob sie einen großen Riesen wollten sehen lassen, sollten von der literarischen Polizei genötigt werden, ihr Produkt mit dem Motto stempeln zu lassen: *This is the greatest elephant in the world, except himself.*

Friedrich Schlegel (1772–1829)

♦

„Honoris causa schreib' ich nur."
So hielt ein Autor mir entgegen...
Das heißt, bin ich auf rechter Spur:
Er schreibt des Honorares wegen.

Oscar Blumenthal (1852–1917)

♦

Mund halten. – Der Autor hat den Mund zu halten, wenn sein Werk den Mund auftut.

Friedrich Wilhelm Nietzsche (1844–1900)

♦

Niemand denkt über den verschiedenen Wert großer Autoren verschiedener als große selbst.

Jean Paul (1763–1825)

Die traurigen und die ernsten Autoren. – Wer zu Papier bringt, was er *leidet*, wird ein trauriger Autor: aber ein *ernster*, wenn er uns sagt, was er *litt* und weshalb er jetzt in der Freude ausruht.
Friedrich Wilhelm Nietzsche (1844–1900)

◆

Ich schreibe seit einundzwanzig Jahren und weiß, daß ein mäßiger Erfolg das Beste für den Autor und die Schauspieler ist.
Anton Pawlowitsch Tschechow (1860–1904)

◆

Autoren, die es zuerst erleben und dann beschreiben, sind Berichterstatter, auf die man sich verlassen kann. Dichter erschreiben es nur.
Karl Kraus (1874–1936)

◆

Wenn zwei Sechzehnjährige sich in der Mansarde oder auf einem Waldgang an dem Autor begeistern, den sie entdeckt haben, so ist das wichtiger als die Tagung eines Schriftstellerverbandes oder die Verhandlung einer Akademie.
Ernst Jünger (1895–1998)

Beredsamkeit

In der Beredsamkeit gilt das Urteil der größten Männer für ein Sprachgesetz; sogar ein Fehler ist ehrenvoll, wenn man darin einem großen Führer folgt.
Marcus Fabius Quintilianus (ca. 35 v. Chr. – nach 86)

◆

Beredsam ist ein Mann, der, selbst ohne es zu wollen, mit seiner Überzeugung oder Leidenschaft Geist und Herz anderer erfüllt.
Luc de Clapiers, Marquis de Vauvenargues (1715–1747)

◆

Ich überflog einen gewissen Dialog Platons, zwiefarben in abenteuerlicher Scheckigkeit, der Anfang der Liebe gewidmet, der ganze

Schlußteil der Beredsamkeit. Die Alten fürchteten diese Sprunghaftigkeit nicht und haben eine wundersame Anmut, wenn sie so vor dem Winde kreuzen oder es wenigstens so scheint.

Michel Eyquem Seigneur de Montaigne (1533–1592)

♦

Die Beredsamkeit ist das Beste, was die unsterblichen Götter den Menschen verliehen haben; ohne sie ist alles stumm und entbehrt des Lichtes in der Gegenwart und des Andenkens bei der Nachwelt. Immer laßt uns nach der Vollkommenheit ringen!

Marcus Fabius Quintilianus (ca. 35 v. Chr. – nach 86)

♦

Der Mensch ist nie natürlich beredter, als wenn er von sich selbst spricht – nur dann wird seine Beredsamkeit Werk der Kunst, wenn er über sich spricht oder sprechen muß. Nichts ist natürlicher. Im ersten Fall will er nur andre täuschen, im zweiten muß er während des Redens sich selbst oder einen innern Beobachter täuschen und so bezwingen, daß er ihn durch das Äußere nicht verrate.

Friedrich Maximilian Klinger (1752–1831)

♦

Die meisten großen Persönlichkeiten waren auch die beredtesten Männer ihres Jahrhunderts. Die Schöpfer der schönsten Systeme, die Führer der Parteien und Sekten – wer je die größte Macht über den Geist des Volkes gehabt hat, verdankte den größten Teil seines Erfolges der lebhaften und natürlichen Beredsamkeit seiner Seele. Es scheint nicht, daß sie in der Pflege der Dichtkunst gleich glücklich waren; das kommt daher, daß die Poesie kaum zuläßt, daß man sich zersplittert, daß eine so erhabene und schwierige Kunst kaum sich mit dem Drang der Geschäfte und der lärmenden Betätigung des öffentlichen Lebens verträgt, während die Beredsamkeit sich mit allem verbinden kann und den größten Teil ihrer verführerischen Wirkung dem Geist der Vermittlung und Unterhandlung verdankt, der die Staatsmänner und Politiker macht.

Luc de Clapiers, Marquis de Vauvenargues (1715–1747)

Beredsamkeit ist Macht, denn sie ist anscheinende Klugheit.
Thomas Hobbes (1588–1679)

Die vollendete Beredsamkeit ist etwas Reales, und die Natur des menschlichen Geistes hindert uns nicht, sie zu erlangen.
Marcus Fabius Quintilianus (ca. 35 v. Chr. – nach 86)

Bestseller

Sie entstehen aus einer Art indirekten Appells an die Snobs, sind vorsorglich mit dem Schutzstempel der Bruderschaft der Kritiker versehen, werden von gewissen, viel zu mächtigen Interessengruppen, deren Geschäft darin besteht, Bücher zu verkaufen, liebevoll gehegt und gepflegt, obwohl sie Wert darauf legen, daß man von ihnen denkt, sie förderten die Kultur.
Raymond Chandler (1888–1959)

Bibliophil

Der Bibliophile hat annähernd dieselbe Beziehung zur Literatur, wie der Briefmarkensammler zur Geographie.
Karl Kraus (1874–1936)

Bibliothek

In Bibliotheken fühlt man sich wie in Gegenwart eines großen Kapitals, das geräuschlos unberechenbare Zinsen spendet.
Johann Wolfgang von Goethe (1749–1832)

♦

Wie man eine gute Bibliothek verdoppelt? – Man lese die Bücher zweimal.
Charles Tschopp (1899–1982)

Biographie

Man wird nicht müde, Biographien zu lesen so wenig als Reisebeschreibungen: denn man lebt mit Lebendigen. Die Geschichte, selbst die beste, hat immer etwas Leichenhaftes, den Geruch der Totengruft.
Johann Wolfgang von Goethe (1749–1832)

Bonmot

Die meisten, die Sammlungen von Gedichten oder Bonmots herausgeben, gleichen denen, die Kirschen oder Austern essen. Sie nehmen zuerst die besten und essen schließlich alle.
Nicolas-Sébastien Roch Chamfort (1741–1794)

Brief

Kurze Briefe, viel Glaubens; lange Briefe, wenig Glaubens.

◆

Man kann einen Brief lesen, man kann einen Brief singen.
(Men ken a brif lejenen, men ken a brif singen. = Der Ton macht die Musik.)
Jiddisches Sprichwort

◆

Briefe hebt man auf, um sie nie wieder zu lesen; man zerstört sie zuletzt einmal aus Diskretion, und so verschwindet der schönste, unmittelbarste Lebenshauch unwiederbringlich für uns und andere.
Johann Wolfgang von Goethe (1749–1832)

◆

Die Briefe eines klugen Mannes enthalten immer den Charakter der Leute, an die er schreibt.
Georg Christoph Lichtenberg (1742–1799)

◆

Weiber schreiben leichter lange als viele Briefe.
Jean Paul (1763–1825)

Wenn ich denken müßte, daß ein Freund, an den ich einen Brief diktiere, über Wortgebrauch und Stellung, ja wohl gar über Interpunktion, die ich dem Schreibenden überlasse, sich formalisiere, so bin ich augenblicklich paralysiert und keine Freiheit kann stattfinden.
Johann Wolfgang von Goethe (1749–1832)

◆

Brief. – Der Brief ist ein unangemeldeter Besuch, der Briefbote der Vermittler unhöflicher Überfälle. Man sollte alle acht Tage eine Stunde zum Briefempfangen haben und darnach ein Bad nehmen.
Friedrich Nietzsche (1844–1900)

◆

Briefeschreiben ist wie Wetterleuchten; da verblitzt sich alles, und das Gewitter zieht nicht herauf.
Theodor Fontane (1819–1898)

Buch

Bücher fressen und nicht käuen, macht ungesund.

◆

Bücher geben keine Handgriffe.

◆

Bücher machen Narren und Weise.

◆

Bücher sind stumme Lehrer.

◆

Buch macht (nicht) klug.

◆

Ein gutes Buch lobt sich selbst.

Ein Lehrer ist besser als zwei Bücher.

♦

Es studieren nicht alle, die Bücher tragen.

♦

Jahre lehren mehr als Bücher.

♦

Kein Buch so schlecht, es steckt was Gutes darin.

♦

Neue Bücher, neue Lehre.

♦

Schaff gute Bücher in dein Haus, / Sie strömen reichen Segen aus, / Und wirken als ein Segenshort / Auf Kinder und auf Enkel fort.

♦

Sieben alte Bücher hecken leicht ein neues aus.

♦

Viel Bücher, viel Irrtum.

♦

Wer Bücher kauft und nicht liest,
bei Tische sitzt und nicht ißt,
auf die Jagd geht und nicht schießt,
der ist ein Narr, daß ihr's wißt.

♦

Wer ein gutes Buch verliert, verliert einen Schatz.

♦

Wer lernen will ohne Buch, schöpft mit einem Siebe Wasser in einen Krug.

Wie der Schreiber, so das Buch.

♦

Wer Bücher hat, ist glücklich, wer keine nötig hat, ist glücklicher.
Chinesisches Sprichwort

♦

Ein Buch ist wie ein Garten, den man in der Tasche trägt.
Arabisches Sprichwort

♦

Kein schlimmerer Dieb als ein schlechtes Buch.
Italienisches Sprichwort

♦

Wenn ein neues Buch herauskommt, lies ein altes.
Englische Spruchweisheit

♦

Bücher sind die Nahrung der Seele.
Arabisches Sprichwort

♦

Jedesmal, wenn man ein Buch öffnet, lernt man etwas.
Chinesisches Sprichwort

♦

Lieber barfuß als ohne Buch.
Isländisches Sprichwort

♦

Besser, du hinterläßt deinem Sohn ein gutes Buch als eine Million Taler.
Koreanisches Sprichwort

Ein Buch ist ein gar schönes Ding,
Ein Gelehrter ist noch viel werter,
Doch beide vereinigt wiegen gering,
Das ganze heißt: Buchgelehrter.

Franz Grillparzer (1791–1872)

♦

Das Buch, das in der Welt am ersten verboten zu werden verdiente, wäre ein Katalogus von verbotenen Büchern.

Georg Christoph Lichtenberg (1742–1799)

♦

Hungriger, greif nach dem Buch: es ist eine Waffe!

Bertolt Brecht (1898–1956)

♦

Ein Buch will seine Zeit, wie ein Kind. Alle schnell in wenigen Wochen geschriebenen Bücher erregen bei mir ein gewisses Vorurteil gegen den Verfasser. Eine honette Frau bringt ihr Kind nicht vor dem neunten Monat zur Welt.

Heinrich Heine (1797–1856)

♦

Was im Buche steht,
laß es nicht stehen.
Man kann die Worte so oder so drehen.
Also, lege sie auf die Goldwaage,
oder beweg sie mit einer Frage.

Nimm die Zeit zu verweilen,
lies zwischen den Zeilen,
auch ein kurzes Gedicht hat viele Seiten.
„Es war einmal..." meint – vielleicht – heutige
Zeiten.

Buchstabieren allein genügt nicht.
Lies einen Satz wie in einem Gesicht

wie, und warum er dir etwas zeigt,
und wo er verstummt und was er verschweigt.
Hans Manz [1991]

♦

Viel Bücher machen nicht gelehrt, viel Lesen auch nicht, sondern gute Dinge und oft lesen, wie wenig es auch ist, das macht gelehrt in der Schrift und fromm dazu.
Martin Luther (1483–1546)

♦

Es schicken wohl wenige Menschen Bücher in die Welt, ohne zu glauben, daß nun jeder seine Pfeife hinlegen oder sich eine anzünden würde, um sie zu lesen. Daß mir diese Ehre nicht zugedacht ist, sage ich nicht bloß, denn das wäre leicht, sondern ich glaube es auch, welches schon etwas schwerer ist, und erlernt werden muß. Autor, Setzer, Korrektor, Zensor, der Rezensent kann es lesen, wenn er will, aber nötig ist es nicht, das sind also von 1000,000,000 gerade 5.
Georg Christoph Lichtenberg (1742–1799)

♦

Manchmal erfaßt mich ein Ekel vor Büchern. Was ist die Literatur? Eine Aufblähung des Alphabets.
Werner Bergengruen (1892–1964)

♦

Es wäre gut Bücher kaufen, wenn man die Zeit, sie zu lesen, mitkaufen könnte, aber man verwechselt meistens den Ankauf der Bücher mit dem Aneignen ihres Inhalts. – Zu verlangen, daß einer alles, was er je gelesen, behalten hätte, ist wie verlangen, daß er alles, was er je gegessen hat, noch in sich trüge. Er hat von diesem leiblich, von jenem geistig gelebt und ist dadurch geworden, was er ist. Wie aber der Leib das ihm Homogene assimiliert, so wird jeder behalten, was ihn interessiert, d.h. was in sein Gedankensystem oder zu seinen Zwecken paßt. Letztere hat freilich jeder, aber etwas einem Gedankensystem Ähnliches haben gar wenige; daher nehmen sie an nichts ein objektives Interesse, und dieserhalb wieder setzt sich von ihrer Lektüre nichts bei ihnen an: sie behalten nichts davon.

Arthur Schopenhauer (1788–1860)

◆

Eine seltsamere Ware als Bücher gibt es wohl schwerlich in der Welt. Von Leuten gedruckt, die sie nicht verstehen; von Leuten verkauft, die sie nicht verstehen; gebunden, rezensiert und gelesen von Leuten, die sie nicht verstehen; und nun gar geschrieben von Leuten, die sie nicht verstehen.

Georg Christoph Lichtenberg (1742–1799)

◆

Es geht den Büchern wie den Jungfrauen. Gerade die besten, die würdigsten, bleiben oft am längsten sitzen. Aber endlich kommt doch einer, der sie erkennt und aus dem Dunkel der Verborgenheit an das Licht eines schönen Wirkungskreises hervorzieht.

Ludwig Feuerbach (1804–1872)

◆

Nur das Buch lebt, das geliebt und gebraucht wird. Vergessene Bücher, nach denen keiner mehr greift, mumifizieren.

Alfons Schweiggert [1989]

◆

Heutzutage haben wir schon Bücher von Büchern und Beschreibungen von Beschreibungen.

Georg Christoph Lichtenberg (1742–1799)

◆

Die Bücher und die Trauben sind
Von je sich gleich gewesen:
Nur wenn sie reif und kernig sind,
Dann werden sie – gelesen.

Oscar Blumenthal (1852–1917)

Der Reiz der kleinen Bücher liegt auf der Hand, und sie heißen ›Manuale‹, weil sie sich mit der Hand halten lassen. Stoiker und Epikureer waren Praktiker und als solche auch Spezialisten für dieses tragbare Wissen. Sie hatten Sinn für das Schlagwort, für die Formel. In der Gegend von Oinoanda in Lykien finden sich an der Wand einer zerstörten Villa, die einem Bürger des 2. Jahrhunderts nach Christus gehörte, immer noch Sprüche von Epikur eingraviert. Alle Vorübergehenden haben davon profitiert. Auf diese Weise konnte man sich in den Schatten Epikurs flüchten oder dagegen pinkeln, ganz nach Wahl. Kann man sich heute eine Plakatkampagne zu dem Thema ›Die Existenz geht der Essenz voraus‹ vorstellen?

Die Philosophen der Antike wären heute glühende Anhänger des Kleincomputers. Die ausufernde Zunahme an Papier und Bibliotheken hätten sie beklagenswert gefunden. Ach, einen Epiktet per Diskette befragen zu können! In kurzen Abschnitten, Maximen, Ratschläge und Zusammenfassungen lesen und nachlesen zu können... So kann man sich Dinge einprägen. Die antiken Schriftsteller schrieben stets dünne Bücher. Zum Glück haben wir das ›Taschenbuch‹. Wir verdanken es den Franken, denen Bücher ziemlich einerlei waren, die aber – Geniestreich! – die Tasche im Kleidungsstück erfunden haben. Die Römer kannten nur die Falte in der Toga, ein unzureichendes Behältnis. Allerdings hatten sie zum Ausgleich die gewaltigen Windungen ihres Gedächtnisses.

Frédéric Pagès [1993]

♦

Ein Bild wird erst durch den Beschauer fertig.
So ist's mit Büchern auch. Ein Buch ist schlecht,
wenn's nicht den rechten Leser findet, der
im Lesen erst es fertig macht. Es liest
kein Leser mehr heraus, als er hineinliest.
Dem andern ist dasselbe Buch ein andres.

Otto Ludwig (1813–1865)

♦

Die Deutschen schreiben die Bücher, aber die Ausländer machen, daß sie sie schreiben können.

Georg Christoph Lichtenberg (1742–1799)

Ein ganzes Buch, ein ganzes Leben.
Marie Freifrau von Ebner-Eschenbach (1830–1916)

◆

Bei der Menge unnützer Schriften tut man übrigens wohl, ebenso vorsichtig im Umgange mit Büchern wie mit Menschen zu sein.
Adolph Freiherr von Knigge (1752–1796)

◆

Ich leugne nicht, daß es für Kirche und Staat von größter Wichtigkeit ist, auf das Gebaren von Büchern so gut wie von Menschen ein wachsames Auge zu haben und sie danach einzuschränken, gefangen zu setzen und als Schuldige aufs strengste zu richten; denn Bücher sind nicht ganz leblose Dinge, sondern enthalten eine Nachkommenschaft in sich, die ebenso tatkräftig sein wird wie jene Seele, deren Nachkommenschaft sie sind; ja, sie bewahren in einem Fläschchen die reinste Wirkungskraft und die Quintessenz jenes lebendigen Geistes, der sie erzeugt. Ich weiß, daß sie so lebensvoll und so zeugungskräftig sind wie jene fabelhaften Drachenzähne und daß sie, hierhin oder dorthin gesäet, vielleicht bewaffnete Männer hervorrufen können. Und doch andererseits ist es, wenn man nicht vorsichtig zu Werke geht, fast ebenso schlimm, ein gutes Buch zu töten wie einen Menschen: wer einen Menschen tötet, tötet ein vernünftiges Wesen, Gottes Ebenbild; aber wer ein gutes Buch vernichtet, der tötet die Vernunft selber, tötet Gottes Ebenbild sozusagen im Spiegelbilde. Manch ein Mensch lebt der Welt zur Last; aber ein gutes Buch ist das kostbarste Lebensblut eines hervorragenden Geistes, einbalsamiert und absichtlich zu einem Leben über das Leben hinaus aufbewahrt.
John Milton (1608–1674)

◆

Wenn ich ein deutsches Buch mit lateinischen Buchstaben gedruckt lese, so kommt es mir immer vor, als müßte ich es mir erst übersetzen, ebenso, wenn ich das Buch verkehrt in die Hand nehme und lese, ein Beweis, wie sehr unsere Begriffe selbst von diesen Zeichen abhängen.
Georg Christoph Lichtenberg (1742–1799)

Keine zauberwirkende Rune ist wunderbarer als ein Buch...
Bücher sind das auserlesene Besitztum der Menschen.

Thomas Carlyle (1795–1881)

♦

Ein Mann verlangt manchmal von einem Buch die Wahrheit, die Frau immer nur Illusionen.

Edmond de Goncourt (1822–1896) und Jules de Goncourt (1830–1870):
Tagebuchblätter – 27. Juni 1865

♦

Das echte Buch ist wie ein Netz, bei dem die Worte die Maschen bilden. Es ist gleichgültig, wie die Maschen des Netzes beschaffen sind. Es kommt nur auf die lebendige Beute an, die der Fischer vom Meeres Grund emporgeholt hat: auf diese quecksilbrigen Blitze, die man zwischen den Maschen hervorleuchten sieht.

Antoine de Saint-Exupéry (1900–1944)

♦

Bücher, die man junge Leute will lesen machen, muß man ihnen nicht sowohl selbst empfehlen, als in ihrer Gegenwart loben. Sie finden sie hernach von selbst, so ist es mir gegangen.

Georg Christoph Lichtenberg (1742–1799)

♦

Man kritisiert einen Menschen, ein Buch, am meisten, wenn man das Ideal desselben hinzeichnet.

Friedrich Wilhelm Nietzsche (1844–1900)

♦

Ein anregendes Buch – eine den Appetit reizende Speise.

Marie Freifrau von Ebner-Eschenbach (1830–1916)

♦

Ein Buch ist ein Spiegel, wenn ein Affe hineinguckt, so kann freilich kein Apostel heraussehen. Wir haben keine Worte, mit dem Dummen von Weisheit zu sprechen. Der ist schon weise, der den Weisen versteht.

Georg Christoph Lichtenberg (1742–1799)

Wenn ein Buch nicht wert ist, zweimal gelesen zu werden, so ist's auch nicht wert, einmal gelesen zu werden.
Jean Paul (1763–1825)

♦

Nicht alle, die Bücher schreiben, haben Bücher – gelesen.
Richard von Schaukal (1874–1942)

♦

Man kann die Menschen zur Vernunft bringen, indem man sie dazu verleitet, daß sie selbst denken. Man muß dann so tun, als zweifle man mit ihnen. Man muß sie also an der Hand führen, ohne daß sie es merken. Ein gutes Buch, das man ihnen leiht und das sie mit Muße lesen, tut sicherer seine Wirkung, weil sie sich dann nicht schämen, wenn sie vor dem überlegenen Verstand eines Gegners kapitulieren müssen.
François Marie de Voltaire (1694–1778)

♦

Es gibt Bücher, die ein welterfahrener Mann nicht anders lesen kann, als wenn er das Ernste ironisch, und das Ironische ernsthaft liest. Man kann auf diese Weise sogar einem Buche Sinn anlesen, in dem keiner ist.

Ebenso kann man aus einem Trauerspiel gewisser Art etwas machen, wenn man es komisch liest.
Friedrich Maximilian Klinger (1752–1831)

Wer aus den Büchern nichts mehr lernt, als was in den Büchern steht, der hat die Bücher nicht halb genutzt. Wen die Bücher nicht fähig machen, daß er auch das verstehen und beurteilen lernt, was sie nicht enthalten; wessen Verstand die Bücher nicht überhaupt schärfen und aufklären, der wäre schwerlich viel schlimmer dran, wenn er auch gar keine Bücher gelesen hätte.
Gotthold Ephraim Lessing (1729–1781)

Der deutsche Gelehrte hält die Bücher zu lange offen, und der Engländer macht sie zu früh zu. Beides hat indessen in der Welt seinen Nutzen.

Georg Christoph Lichtenberg (1742–1799)

◆

Wir brauchen Bücher, immer mehr Bücher! Durch das Buch, nicht durch das Schwert, wird die Menschheit die Lüge und Ungerechtigkeit besiegen, den endgültigen Bruderfrieden unter den Völkern erobern.

Emile Zola (1840–1902)

◆

Man liest manches Buch mit einem Gefühl, als ob man dem Verfasser ein Almosen erteilte.

Friedrich Hebbel (1813–1863)

◆

Er verbrannte alle seine Bücher und zog sich als Eremit in eine öffentliche Bibliothek zurück.

Elias Canetti (1905–1994)

◆

Ein Buch kann nie mehr sein als der Abdruck der Gedanken des Verfassers. Der Wert dieser Gedanken liegt entweder im *Stoff,* also in dem, *worüber* er gedacht hat, oder in der *Form,* d. h. der Bearbeitung des *Stoffs,* also in dem, *was* er darüber gedacht hat.

Das Worüber ist gar mannigfaltig, und ebenso die Vorzüge, welche es den Büchern erteilt. Aller empirische Stoff, also alles historisch oder physisch Tatsächliche, an sich selbst und im weitesten Sinne genommen, gehört hieher. Das Eigentümliche liegt dabei im Objekt; daher das Buch wichtig sein kann, wer auch immer der Verfasser sei.

Beim Was hingegen liegt das Eigentümliche im Subjekt. Die Gegenstände können solche sein, welche allen Menschen zugänglich und bekannt sind: aber die Form der Auffassung, das Was des Denkens erteilt hier den Wert und liegt im Subjekt. Ist daher ein Buch von dieser Seite vortrefflich und ohnegleichen, so ist es sein Verfasser auch. Hieraus folgt, daß das Verdienst eines lesenswerten Schriftstellers um so größer ist, je weniger es dem Stoffe verdankt, mithin sogar, je bekannter und abgenutzter dieser ist. So z. B. haben die drei großen griechischen Tragiker sämtlich denselben Stoff bearbeitet.

Also soll man, wenn ein Buch berühmt ist, wohl unterscheiden, ob wegen des Stoffs oder wegen der Form.

Arthur Schopenhauer (1788–1860)

◆

Über jedem guten Buche muß das Gesicht des Lesers von Zeit zu Zeit hell werden. Die Sonne innerer Heiterkeit muß sich zuweilen von Seele zu Seele grüßen, dann ist auch im schwierigsten Falle vieles in Ordnung.

Christian Morgenstern (1871–1914)

◆

Ich finde und habe immer gefunden, daß sich ein Buch gerade vorzugsweise zu einem freundschaftlichen Geschenk eignet. Man liest es oft, man kehrt oft dazu zurück, man naht sich ihm aber nur in ausgewählten Momenten, braucht es nicht wie eine Tasse, ein Glas, einen Hausrat in jedem gleichgültigen Augenblick des Lebens, und erinnert sich immer des Freundes im Augenblick eines würdigen Genusses.

Wilhelm Freiherr von Humboldt (1767–1835)

◆

Ein Mädchen, 150 Bücher, ein paar Freunde und ein Prospekt von etwa einer deutschen Meile im Durchmesser, war die Welt für ihn.

Georg Christoph Lichtenberg (1742–1799)

◆

Um die Zeit der Lese und die Güte eines Weines zu erkennen, braucht man nicht das ganze Faß zu leeren. Man wird in einer halben Stunde sehr leicht ein Urteil darüber gewinnen, ob ein Buch etwas oder gar nichts taugt.

Oscar Wilde (1854–1900)

Was ist an einem Buche gelegen, das uns nicht einmal über alle Bücher hinwegträgt?
Friedrich Wilhelm Nietzsche (1844–1900)

♦

Die Langeweile, die in manchem Buche herrscht, gereicht ihm zum Heil; die Kritik, die schon ihren Speer erhoben hatte, schläft ein, bevor sie ihn geschleudert hat.
Marie Freifrau von Ebner-Eschenbach (1830–1916)

♦

Man sollte eigentlich nur das ein Buch nennen, was etwas Neues enthält.
Georg Christoph Lichtenberg (1742–1799)

♦

Der gedankenloseste aller Menschen: der in jedem Buch nur blättert.
Peter Handke [1979]

♦

Ein Buch ist für mich eine Art Schaufel, mit der ich mich umgrabe.
Martin Walser [1965]

♦

Schreibt man denn Bücher bloß zum Lesen oder nicht auch zum Unterlegen in die Haushaltung? Gegen eins, das durchgelesen wird, werden Tausende durchgeblättert, andere Tausend liegen stille, andere werden auf Mauslöcher gepreßt, nach Ratzen geworfen, auf andern wird gestanden, gesessen, getrommelt, Pfefferkuchen gebacken, mit andern werden Pfeifen angesteckt, hinter dem Fenster damit gestanden.
Georg Christoph Lichtenberg (1742–1799)

♦

Ein Buch mit sieben Siegeln
Nach Offb. 5,1: „Und ich sah in der rechten Hand dessen, der auf dem Thron saß, ein Buch, beschrieben innen und außen, versiegelt mit sieben Siegeln."

... ein Buch muß die Axt sein für das gefrorene Meer in uns. Das glaube ich.

Franz Kafka (1883–1924) [Brief an Oskar Pollak (1883–1915) vom 27. Januar 1904]

♦

So lang ein Mensch ein Buch schreibt, kann er nicht unglücklich sein.

Jean Paul (1763–1825)

♦

Es gibt kein moralisches oder unmoralisches Buch. Bücher sind gut oder schlecht geschrieben. Weiter nichts.

Oscar Wilde (1854–1900)

♦

... ich bin kein ausgeklügelt Buch, / Ich bin ein Mensch mit seinem Widerspruch.

Conrad Ferdinand Meyer (1825–1898)

♦

Wenn ein Buch und ein Kopf zusammenstoßen und es klingt hohl, ist das allemal im Buch?

Georg Christoph Lichtenberg (1742–1799)

♦

Kein Buch ist so schlecht, daß es nicht in irgendeiner Hinsicht nützen könnte.

Ein durch Plinius den Jüngeren (62–113) in seinen Briefen (3,5,10) verbürgter Ausspruch seines Onkels Gaius Plinius Secundus (des Älteren) (um 23–79)

♦

Wer zwei paar Hosen hat, mache eins zu Geld und schaffe sich dieses Buch an.

Georg Christoph Lichtenberg (1742–1799)

Sie wollen wissen, wieso ich jedes Buch kenne? Das kann ich Ihnen nun allerdings sagen: Weil ich keines lese!
Robert Musil (1880–1942)

♦

Bücher, die wir zu unseren Freunden machen, werden uns nie zum Ekel. Sie nützen sich durch den Gebrauch nicht ab...
Ludwig Andreas Feuerbach (1804–1872)

♦

... die Bücher haben ihre eigenen Schicksale.
Terentianus Maurus (Ende des 3. Jh. n. Chr.)

♦

Bücher und Dirnen kann man ins Bett nehmen.
Walter Benjamin (1892–1940)

♦

Die meisten Bücher von heute sehen aus, als hätte man sie an einem Tage aus den Büchern hergestellt, die am Vortag sind gelesen worden.
Nicolas-Sébastien Roch Chamfort (1741–1794)

♦

Es gibt eben Bücher, die eine doppelte Freude gewähren, erstens, daß man sie hat, und zweitens, daß man sie nicht zu lesen braucht.
Heinrich Seidel (1842–1906)

♦

Man könnte, da man doch einzelne Silben nicht liest, sondern ganze Wörter, manche Bücher sehr abkürzen. In vielen Wörtern sind die Vokale entbehrlich: Mnsch liest gewiß jedermann Mensch, list gwß jdrmn Mnsch.
Georg Christoph Lichtenberg (1742–1799)

Gewisse Bücher scheinen geschrieben zu sein, nicht damit man daraus lerne, sondern damit man wisse, daß der Verfasser etwas gewußt hat.
Johann Wolfgang von Goethe (1759–1832)

♦

Schlechte Bücher. – Das Buch soll nach Feder, Tinte und Schreibtisch verlangen: aber gewöhnlich verlangen Feder, Tinte und Schreibtisch nach dem Buche. Deshalb ist es jetzt so wenig mit Büchern.
Friedrich Nietzsche (1844–1900)

♦

Ich glaube, man sollte überhaupt nur solche Bücher lesen, die einen beißen und stechen.
Franz Kafka (1883–1924) [Brief an Oskar Pollak (1883–1915) am 27. Januar 1904]

♦

Und Viele Bücher trag ich im Kopf! / Ich darf es euch versichern, / Mein Kopf ist ein zwitscherndes Vogelnest / Von konfiszierlichen Büchern.
Heinrich Heine (1797–1856).

♦

Was zuweilen am meisten fesselt, sind die Bücher, die zum Widerspruch reizen, mindestens zum Ergänzen…
Max Frisch (1911–1991)

♦

Ein Buch ist ja keine Drehorgel, womit uns der Invalide unter dem Fenster unerbittlich die Ohren zermartert. Ein Buch ist sogar noch zurückhaltender, als das doch immerhin mit einer gewissen offenen Begehrlichkeit von der Wand herabschauende Bildnis. Ein Buch, wenn es so zugeklappt daliegt, ist ein gebundenes, schlafendes, harmloses Tierchen, welches keinem was zuleide tut. Wer es nicht

aufweckt, den gähnt es nicht an; wer ihm die Nase nicht grad zwischen die Kiefern steckt, den beißt's auch nicht.
Wilhelm Busch (1832–1908)

♦

Wer viele Bücher hat und keines recht gelesen, / Ist wie ein Geiziger mit seinem Schatz gewesen.
Friedrich Rückert (1788–1866)

♦

Büchergelehrsamkeit vermehrt zwar die Kenntnisse, aber erweitert nicht den Begriff und die Einsicht, wo nicht Vernunft dazukommt.
Immanuel Kant (1724–1804)

♦

... denn des vielen Büchermachens ist kein Ende, und viel Studieren macht den Leib müde.
Koh 12,12

♦

Aus einer großen Gesellschaft heraus
Ging einst ein stiller Gelehrter zu Haus.
Man fragte: „Wie seid ihr zufrieden gewesen?"
„Wären's Bücher", sagt er „ich würd' sie nicht lesen."
Johann Wolfgang von Goethe (1749–1832)

♦

Was man am besten weiß: erstens was man erahnt, zweitens was man weiß durch Erfahrung an Menschen und Dingen, drittens was man nicht aus Büchern, sondern durch Bücher weiß, das heißt aus den Überlegungen, zu denen sie anregen, viertens was man aus Büchern oder von seinen Lehrern hat.
Nicolas-Sébastien Roch Chamfort (1741–1794)

Neu und originell wäre das Buch, das einen alte Wahrheiten lieben lehrte.

Luc de Clapiers, Marquis de Vauvenargues (1715–1747)

◆

Ich habe mein Leben begonnen, wie ich es zweifellos beenden werde: inmitten von Büchern.

Jean-Paul Sartre (1905–1980)

◆

Wer sich beständig ausschlußweise mit den Büchern beschäftigt, ist für das praktische Leben schon halb verloren.

Johann Gottfried Seume (1763–1810)

◆

Grade, weil dir alle sagen,
Ganz notwendig sei zu lesen
Dieses Büchlein, lies es nicht;
Und du siehst nach vierzehn Tagen,
Wie notwendig es gewesen,
Wenn kein Mensch mehr davon spricht.

Friedrich Rückert (1788–1866)

◆

Ein sicheres Zeichen von einem guten Buche ist, wenn es einem immer besser gefällt, je älter man wird.

Georg Christoph Lichtenberg (1742–1799)

◆

Christian Morgenstern (1871–1914)

Auf ein schlechtes Buch

Viel Wortaufwand und keine Kraft,
kein Feuer, das zerstört, erschafft,
das Tränen löst, das Fäuste ballt –
armselig Zeug, nicht heiß, nicht kalt.

Man erwartet in den Anmerkungen eines Buches schlechtern Stil.
Jean Paul (1763–1825)

♦

So daß denn bei gleicher Dichte das lange Buch den Sieg davonträgt, weil es im Autor das bezeugt, was man wohl mit „längerem Atem" bezeichnen muß, und es immerhin irgendeine Beziehung gibt zwischen der Länge und der „Größe".
Charles Ferdinand Ramuz (1878–1947)

♦

Ich möchte noch drei oder vier Bücher lang leben...
Gustave Flaubert (1821–1880)

♦

Die Kunst, Bücher zu schreiben, ist noch nicht erfunden. Sie ist aber auf dem Punkt, erfunden zu werden. Fragmente dieser Art sind literarische Sämereien. Es mag freilich manches taube Körnchen darunter sein: indessen, wenn nur einiges aufgeht!
Novalis (1772–1801)

♦

Und dann, wenn seine Bücher auf dem Markt erscheinen! Auf dem Titelblatt steht sein Name, ein Umstand, der seiner naiven Meinung nach genügt, ihn überall in der runden Welt bekannt zu machen. Alsdann kommen die Enttäuschungen, die Zurechtweisungen in den Blättern, das Zischen zu Tode, das Verschweigen ins Grab hinein; unser Mann erträgt es eben.
Robert Walser (1878–1956)

♦

In einem guten Buche stehen mehr Wahrheiten, als sein Verfasser hineinzuschreiben meinte.
Marie Freifrau von Ebner-Eschenbach (1830–1916)

♦

Das Buch fast zum Menschen geworden – Jeden Schriftsteller überrascht es von neuem, wie das Buch, sobald es sich von ihm gelöst hat, ein eigenes Leben für sich weiterlebt; es ist ihm zu Mute, als wäre der eine Teil eines Insektes losgetrennt und ginge nun seinen eigenen Weg weiter. Vielleicht vergißt er es fast ganz, vielleicht erhebt er sich über die darin niedergelegten Ansichten, vielleicht selbst versteht er es nicht mehr und hat jene Schwingen verloren, auf denen er damals flog, als er jenes Buch aussann: währenddessen sucht es sich seine Leser, entzündet Leben, beglückt, erschreckt, erzeugt neue Werke, wird die Seele von Vorsätzen und Handlungen – kurz: es lebt wie ein mit Geist und Seele ausgestattetes Wesen und ist doch kein Mensch. – Das glücklichste Los hat der Autor gezogen, welcher, als alter Mann, sagen kann, daß alles, was von lebenzeugenden, kräftigenden, erhebenden, aufklärenden Gedanken und Gefühlen in ihm war, in seinen Schriften noch fortlebe und daß er selber nur noch die graue Asche bedeute, während das Feuer überall hin gerettet und weiter getragen sei. – Erwägt man nun gar, daß jede Handlung eines Menschen, nicht nur ein Buch, auf irgend eine Art Anlaß zu anderen Handlungen, Beschlüssen, Gedanken wird, daß alles, was geschieht, unlösbar fest sich mit allem, was geschehen wird, verknotet, so erkennt man die wirkliche *Unsterblichkeit,* die es gibt, die der Bewegung: was einmal bewegt hat, ist in dem Gesamtverbande alles Seienden, wie in einem Bernstein ein Insekt, eingeschlossen und verewigt.

Friedrich Wilhelm Nietzsche (1844–1900)

◆

Für die Buchausgabe bestand der Verleger auf dem Weihnachtsmarkt...

Gottfried Keller (1819–1890)

◆

Es gibt zwei Arten von Büchern, – solche, die in den Menschen die Freude am Leben, die Sehnsucht nach dem Guten steigern, und solche, die das nicht tun; die ersten sind gut, die anderen sind schlecht, so ausgezeichnet und genial sie auch in Einzelheiten sein mögen.

Björnstjerne Björnson (1832–1910)

Man soll nur Bücher lesen, vor denen man in den großen Krisen des eigenen Lebens keinen Ekel empfindet.
Wilhelm Raabe (1831–1910)

♦

Schlechte Bücher. – Das Buch soll nach Feder, Tinte und Schreibtisch verlangen: aber gewöhnlich verlangen Feder, Tinte und Schreibtisch nach dem Buche. Deshalb ist es jetzt so wenig mit Büchern.
Friedrich Wilhelm Nietzsche (1844–1900)

♦

Alle berühmten Bücher sind gut, und fast alle guten Bücher sind berühmt, wenn es auch manchmal einige Zeit dauert, bis sie es werden; und die Klage, daß es so viele unbekannte Talente gebe, stammt fast immer von Menschen, die bloß unbekannt sind. Alles Gute, Wertvolle hat die innere Tendenz, sich den Menschen mitzuteilen, es greift, man möchte fast sagen: physikalischen Naturgesetzes um sich. Ein Mensch fasse irgendwo, in irgendeinem Winkel der Erde einen neuen, schönen und tiefen Gedanken, und dieser Gedanke wird sich so sicher und unwiderstehlich ausbreiten wie Gas.
Egon Friedell (1878–1938)

♦

Unter den Büchern nun sind die einen anregend und bringen nur in Bewegung, was ich schon besitze; die andern sind mir Nahrung, deren Substanz sich in meine eigene umsetzen wird. Mein Wesen schöpft daraus Formen des Ausdrucks und des Denkens, oder bestimmte Mittel und fertige Antworten: man muß doch die Resultate der Erfahrungen anderer übernehmen und sich erweitern um das, was sie gesehen haben und wir nicht.
Paul Valéry (1871–1945)

♦

Wem die Welt nicht unmittelbar eröffnet, was sie für ein Verhältnis zu ihm hat, wem sein Herz nicht sagt, was er sich und andern schuldig ist, der wird es wohl schwerlich aus Büchern erfahren...
Johann Wolfgang von Goethe (1749–1832)

Man muß Bücher schreiben, die gewinnen, wenn das Geschlecht, das sie später liest, andere Röcke und Hosen trägt.
Wilhelm Raabe (1831–1910)

◆

Schlechte Bücher anzugreifen ist nicht nur Zeitvergeudung, sondern es verdirbt den Charakter. Finde ich ein Buch wirklich schlecht, so kann der Reiz, über es zu schreiben, nur ein selbstgefälliger sein, der nämlich, all den Witz, die Klugheit und Bosheit zu demonstrieren, deren ich fähig bin. Man kann ein schlechtes Buch nicht ohne Prahlerei besprechen.
Wystan Hugh Auden (1907–1973)

◆

Es geht uns mit Büchern wie mit neuen Bekanntschaften. Die erste Zeit sind wir hoch vergnügt, wenn wir im Allgemeinen Übereinstimmung finden, wenn wir uns an irgendeiner Hauptseite unserer Existenz freundlich berührt fühlen; bei näherer Bekanntschaft treten alsdann erst die Differenzen hervor, und da ist dann die Hauptsache eines vernünftigen Betragens, daß man nicht, wie etwa in der Jugend geschieht, sogleich zurückschaudere, sondern daß man gerade das Übereinstimmende recht festhalte und sich über die Differenzen vollkommen aufkläre, ohne sich deshalb vereinigen zu wollen.
Johann Wolfgang von Goethe (1749–1832)

◆

Wenn ich die Summe von Bemühungen, Verzichten, Leiden, Opfern bedenke, die ich im Laufe vieler Jahre an das Zustandekommen dieser gedruckten Bücher wandte, und sie mit dem Resultat vergleiche, wie ich es heute sehe, dann könnte ich mein Leben für verfehlt und weggeworfen halten. Indessen dürfte es, bei strenger Prüfung, wenigen Menschenleben anders ergehen. Kein Leben und kein Werk hält den Vergleich mit seiner idealen Forderung aus. Den Wert seines ganzen Seins und Tuns, oder seinen Unwert zu bestimmen ist keines Menschen Sache.
Hermann Hesse (1877–1962)

Die Zerstreuung eines Buches durch die Welt ist fast ein ebenso schwieriges und wichtiges Werk als die Verfertigung desselben.
Friedrich von Schiller (1759–1805)

◆

Eigentlich lernen wir nur von Büchern, die wir nicht beurteilen können. Der Autor eines Buchs, das wir beurteilen können, müßte von uns lernen.
Johann Wolfgang von Goethe (1749–1832)

◆

Und ich ging zu dem Engel hin und sagte zu ihm, er möge das Büchlein mir geben. Er sprach zu mir: „Nimm und iß es auf! In deinem Leib wird es bitter sein, in deinem Mund aber süß wie Honig."
Offenbarung 10,9

◆

Man sollte die Bücher immer desto kleiner drucken lassen, je weniger Geist sie enthalten.
Georg Christoph Lichtenberg (1742–1799)

◆

Es gibt Bücher, durch welche man alles erfährt und doch zuletzt von der Sache nichts begreift.
Johann Wolfgang v. Goethe (1749–1832)

◆

Es gibt Bücher, die zweifellos gut sind, und Bücher, die zweifellos schlecht sind, und drittens gute, die sich auch als schlechte lesen lassen und deren Erfolg deshalb ein durchschlagender ist.
Ludwig Strauß (1892–1953)

◆

Ein drollig Buch, das sich einige Generationen durch lebendig hält, ist immer ein ernst anzusehendes Buch.
Wilhelm Raabe (1831–1910)

Das Buch hatte die Wirkung, die gemeiniglich gute Bücher haben: es machte die Einfältigen einfältiger, die Klugen klüger, und die übrigen Tausende blieben ungeändert.

Georg Christoph Lichtenberg (1742–1799)

◆

Was da ist, ist mein! Ob ich es aus dem Leben oder aus dem Buch genommen, das ist gleich viel; es kommt bloß darauf an, daß ich es recht gebrauche.

Johann Wolfgang von Goethe (1749–1832)

◆

Aber auch das Montaignesche „Tel par la bouche que sur le papier" ist eine subtile Wahrheit, die verstanden sein will; denn zwar ganz sicherlich ist das, was den tiefsten Zauber des schön geschriebenen Buches ausmacht, eine Art von versteckter Mündlichkeit, eine Art von Enthüllung der ganzen Person durch die Sprache; aber diese Mündlichkeit setzt einen Zuhörer voraus; somit ist alles Geschriebene ein Zwiegespräch und keine einfache Äußerung. Von dieser Einsicht aus fällt wie durch ein seitlich aufgehendes Fenster eine Menge Licht auf gewisse Vorzüglichkeiten, an denen wir das gut geschriebene Buch, die gut geschriebene Seite Prosa – denn die Prosa und durchaus nicht die Poesie ist es, welche wir hier betrachten – erkennen und die wir an ihr hervorzuheben gewohnt sind. Eine behagliche Vorstellung oder eine bedeutende körnige Kürze, eine reizende oder eine kühne Art zu verknüpfen und überzugehen, wohltuende Maße, eine angenehme Übereinstimmung zwischen dem Gewicht des Dargestellten und dem Gewicht der Darstellung; die Distanz, welche der Autor zu seinem Thema, die, welche er zur Welt, und die besondere, welche er zu seinem Leser zu nehmen weiß, die Beständigkeit des Kontaktes mit diesem Zuhörer, in der man ihn verharren fühlt, das sind lauter Ausdrücke, die auf ein zartes, gesellliges Verhältnis zu zweien hindeuten.

Hugo von Hofmannsthal (1874–1929)

Bücher und Briefe, die wir schreiben, sind die Farben, mit denen wir unser Gefängnis ausmalen.
Hans Kudszus (1901–1977)

♦

Bücher sind Brillen, durch welche die Welt betrachtet wird, schwachen Augen freilich nötig, zur Stütze, zur Erhaltung. Aber der freie Blick ins Leben erhält das Auge gesünder.
Ernst von Feuchtersleben (1806–1849)

♦

Ein Buch mit lauter leeren Seiten ist kürzlich als Novität bestaunt worden – als ob es nicht schon tausend Bücher gäbe, in denen nichts drinsteht.
Herbert Eisenreich (1925–1986)

♦

Die Bücher, die toten Gesellschafter! Nein, ich lobe mir das Lebendige...
Gotthold Ephraim Lessing (1729–1781)

♦

Es gibt eine gewisse Art von Büchern, und wir haben in Deutschland eine große Menge, die nicht vom Lesen abschrecken, nicht plötzlich einschläfern, oder mürrisch machen, aber in Zeit von einer Stunde den Geist in eine gewisse Mattigkeit versetzen, die zu allen Zeiten einige Ähnlichkeit mit derjenigen hat, die man einige Stunden vor einem Gewitter verspürt. Legt man das Buch weg, so fühlt man sich zu nichts aufgelegt, fängt man an zu schreiben, so schreibt man eben so, selbst gute Schriften scheinen diese laue Geschmacklosigkeit anzunehmen, wenn man sie zu lesen anfängt. Ich weiß aus eigener Erfahrung, daß gegen diesen traurigen Zustand nichts geschwinder hilft als eine Tasse Kaffee mit einer Pfeife Varinas.
Georg Christoph Lichtenberg (1742–1799)

Bücherlesen

Ein Buch lesen heißt für den guten Leser: eines fremden Menschen Wesen und Denkart kennenlernen, ihn zu verstehen suchen, ihn womöglich zum Freund gewinnen.

Hermann Hesse (1877–1962)

Büchernarr

Edi Hornischer [1994/95]

Der Büchernarr

Ein Mensch, der viel von Büchern hält,
vertut für Bücher all sein Geld.
Er kauft nicht nur die wenigen
Bestseller von Herrn Däniken,
auch Henry Miller kauft er gern,
den Erich Kästner, den Jules Verne,
den Heinrich Böll, den Thomas Mann,
den Günter Grass und die Sagan,
er kauft sich jede alte Schwarte
vom sel'gen Curzio Malaparte,
er nimmt auch die von Manfred Schmidt
und andre Reise-Bücher mit,
er kauft Agatha Christies Thriller
genauso gern wie Goethe/Schiller,
dann kauft er selbstverständlich alles
vom Krimi-Fachmann Edgar Wallace
(die dreiundsiebzig Bände von
Karl May besitzt er nämlich schon!),
kurzum: Er könnte ans Verschenken,
zumindest ans Verleihen denken,
doch nein, man sieht ihn täglich laufen,
um neue Bücher einzukaufen.
Nur hat er, und das tut ihm leid,
zum L e s e n einfach keine Zeit,
so daß, man will das gar nicht glauben,
die Bücher ungenutzt verstauben.

Moral: Was Büchernarrn verdrießt,
das tut der Bücherwurm: Er liest!

Büchersammler

Thrax tapeziert alle seine Wände
Mit Büchern aus, in die er niemals schaut:
So schrieben einst der alten Weisen Hände
Der größten Weisheit Schatz auf Eselshaut.

Johann Aloys Blumauer (1755–1798)

Bücherschreiben

Wer da Bücher schreibt, gelehrte,
Schreib' nicht alles, was er weiß,
So gewinnt sein Buch an Werte,
Und dabei sinkt's noch im Preis.

Friedrich Halm (1806–1871)

♦

Die Eitelkeit, mehr zu wissen als andere, ist vielleicht neben dem Hunger überhaupt der einzige Anstoß zum Schreiben oder wenigstens zum Veröffentlichen eines Buches.

Henry Fielding (1707–1754)

Es ist heutzutage Mode geworden, das Bücherschreiben als Endzweck des Studierens anzusehen, daher studieren so viele, um zu schreiben, anstatt daß sie studieren sollten, um zu wissen.

Georg Christoph Lichtenberg (1742–1799)

♦

In der literarischen Arbeit finde ich Genuß und der literarische Genuß wird mir zur Arbeit. Um das Werk eines anderen Geistes zu genießen, muß ich mich erst kritisch dazu anstellen, also die Lektüre in eine Arbeit verwandeln. Darum werde ich noch immer lieber und leichter ein Buch schreiben als lesen.

Karl Kraus (1874–1936)

Der Trieb zum Bücherschreiben, der gemeiniglich wie ein andrer eben so starker in die Zeit des ersten Barts fällt, hat sich bei mir etwas früher eingestellt, mein erstes Jucken, wenn ich vom ersten Vers der Messiade zu zählen anfange, fiel in das 6te Jahr des deutschen Hexameters und ohngefähr in das 14te, wenn ich mit meiner Ge-

burt anfange. Es ist dieses eine etwas kützliche Zeit, und Eltern und Lehrer haben genau acht zu geben auf ihre Kinder. Ich will daher beschreiben, was ich in mir fühlte, man wird leicht erachten können, wie jemand aussehen muß, der dieses fühlt. Ich fand die Sprache in unserer Familie etwas zu plan, ich vermißte hier und da die Beiwörter und fühlte mich so voll, wenn ich welche fand, zumal die ich selbst gemacht hatte pp.
Georg Christoph Lichtenberg (1742–1799)

Büchertitel

Büchertitel sind der Mode unterworfen, wie alles andre auch.
Kurt Tucholsky (1890–1935)

Bücherverbot

Das Buch, das in der Welt am ersten verboten zu werden verdiente, wäre ein Catalogus von verbotenen Büchern.
Georg Christoph Lichtenberg (1742–1799)

Bücherverbrennung

Wer Bücher verbrennt, verbrennt auch Bibliotheken, bombardiert offene Städte, schießt mit Ferngeschützen oder Fliegerbomben Gotteshäuser ein. Die Drohung, mit der die Fackel in den Bücherstapel fliegt, gilt nicht dem Juden Freud, Marx oder Einstein, sie gilt der europäischen Kultur, sie gilt den Werten, die die Menschheit mühsam hervorgebracht hat und die der Barbar anhaßt, weil er halt barbarisch ist, unterlegen, roh, infantil.
Arnold Zweig (1881–1942)

Bücherwissen

Das Vorurteil gegen Bücherwissen entstand aus der Beobachtung der Dummheit von Leuten, die Bücher bloß gelesen hatten.
Ezra Pound (1885–1972)

Buchhändler

... und was dem Buchhändler nutzt, nutzt auch in jedem Sinne dem Autor; wer gut bezahlt wird, wird viel gelesen, und das sind zwei löbliche Aussichten.
Johann Wolfgang von Goethe (1749–1832)

Buchstabe

Denn der Buchstabe tötet, aber der Geist macht lebendig.
2. Kor. 3,6

◆

Wer die Buchstaben nicht kennt, kann auch durch die Brille nicht lesen.

◆

Wir wundern uns zuweilen über die indianischen Völker, die sich Briefe in Knoten schicken; unsere Buchstaben sind nichts als Knoten von Linien, welche, wie man aus der Schattierung erkennt, gewisse Bänder machen.
Georg Christoph Lichtenberg (1742–1799)

Dialekt

Jede Provinz liebt ihren Dialekt: denn er ist doch eigentlich das Element, in welchem die Seele ihren Atem schöpft.
Johann Wolfgang von Goethe (1749–1832)

◆

Der österreichische Dialekt ist darum so hübsch, weil die Rede beständig zwischen Sichgehenlassen und Sichzusammennehmen hin und her spielt. Er gestattet damit einen durch nichts andres ersetzbaren Reichtum der Stimmungswiedergabe.
Christian Morgenstern (1871–1914)

◆

Der Dialekt erlaubt keine eigene Sprache, aber eine eigene Stimme.
Hugo von Hofmannsthal (1874–1929)

Dichten

Dichten bringt mehr Ehre als Nähre.

♦

Reisfelder anbauen bringt nicht mehr ein als dichten.
Japan. Sprichwort

♦

Wem die Natur es versagt, den bringt die Entrüstung zum Dichten.
Decimus Junius Juvenalis (um 60 – nach 127)

♦

Wer das Dichten will verstehen,
Muß ins Land der Dichtung gehen;
Wer den Dichter will verstehen,
Muß in Dichters Lande gehen.
Johann Wolfgang von Goethe (1749–1832)

♦

Dichten – Gerichtstag halten / über sein eigenes Ich.
Henrik Ibsen (1828–1906)

♦

Dichten ist Gerichtstag halten über sich selbst; mit einem sicheren Freispruch.
Robert Musil (1880–1942)

♦

Genaugenommen ist das Dichten ein Naturvorgang; wie der Apfel auf dem Baum reift und wie das Ei aus der Henne kommt, so reift das Werk im Dichter, und so bewegt es sich aus ihm heraus.
Victor Auburtin (1870–1928)

Dichter

Der Dichter findet wohl die Palmen, aber nicht die Datteln.

Lorbeerkranz macht keinen Dichter.

◆

Der Dichter zu Hause sieht die ganze Welt.
Japanisches Sprichwort

◆

Die Liebe macht Dichter, die Armut Diebe.
Japanisches Sprichwort

◆

Vom Doktor, vom Dichter und vom Narren haben wir alle eine kleine Portion.
Chilenische Spruchweisheit

◆

Der Dichter ist der wahrhaftigste Geschichtsschreiber.
Englische Spruchweisheit

◆

In jedem Manne stirbt ein Dichter.
Englische Spruchweisheit

◆

Der Dichter hat gesehen, was die Sonne nicht sah.
Indische Spruchweisheit – Marathi

◆

Dichter kennen berühmte Gegenden, ohne dort gewesen zu sein.
Koreanische Spruchweisheit

◆

Reisende, Dichter und Lügner – das sind drei Worte mit einer Bedeutung.
Englische Spruchweisheit

Der große Dichter muß entweder begabt oder in der Verbannung sein.
Bosnisches Sprichwort

◆

Dichter und Schweine kommen erst nach ihrem Tod zu Ehren.
Italienisches Sprichwort

◆

Allen Dichtern fehlt ein Vers.
Italienisches Sprichwort

◆

Maler und Dichter haben das Recht zu lügen.
Englische Spruchweisheit

◆

Ein Dichter ist ein Mensch, der mit scharfen Sinnen unter einem wilden Volk geboren und aufgewachsen ist und sich in seinen besten Jahren unter aufgeklärten Köpfen ausgebildet hat. Der Beweis sind fast alle großen Dichter, Homer, Vergil, Shakespeare, Ariost.
Wilhelm Heinse (1746–1803)

◆

Denn wohl ziemt es dem rechten Dichter, selber
rein zu bleiben; doch braucht er's nicht in Liedern,
die voll Leben und Reiz nur dann erklingen,
wenn sie zärtlich, auch freier wohl ein wenig,
und die feurig das Blut erregen können.
Gaius Valerius Catullus (87/84 – ca. 54 v. Chr.)

◆

Die Musen argumentieren nicht. Und die Dichter beweisen nichts. Wer etwas beweisen will, ist kein Dichter.
Friedrich Georg Jünger (1898–1977)

◆

Der Dichter kann wenig vom Philosophen, dieser aber viel von ihm lernen. Es ist sogar zu befürchten, daß die Nachtlampe des Weisen den irreführen möchte, der gewöhnt ist, im Licht der Offenbarung zu wandeln.

Friedrich Schlegel (1772–1829)

◆

Die Fähigkeit des Dichters bedeutet die Möglichkeit zu vielfältiger Existenz. Dichtung ist eben keine Arbeit neben dem Leben, sondern eine Form des Lebens.

Gertrud von Le Fort (1876–1971)

◆

Dichter, welche sich in Sentenzen und Betrachtungen zu ergehen lieben, haben meist ein reicheres, inneres Leben, aber nicht die Kraft, es zu gestalten.

Ernst von Feuchtersleben (1806–1849)

◆

Dichter und Priester waren im Anfang eins, und nur spätere Zeiten haben sie getrennt. Der echte Dichter ist aber immer Priester, so wie der echte Priester immer Dichter geblieben. Und sollte nicht die Zukunft den alten Zustand der Dinge wieder herbeiführen?

Novalis (1772–1801)

◆

Der Dichter ist
Ein Akrobat, Äquilibrist
Auf Redeseilen schreitend, straff gespannten,
Mit Windungen Wendungen vielgewandten.
Durch seiner Sprünge Launen
Weckt er Erstaunen,
Und selbst kleine Schrecken
Will seine Kühnheit wecken;
Doch wenn man denkt: Nun fällt er,
So hält er
Im Gleichgewichte wieder
Den Leib und alle Glieder.
Und wenn er einmal wirklich stürzt,
So fliegt er leicht, wie luftgeschürzt,
Und sein Beruf bleibt unverkürzt,

Denn weder Hals noch Knochen
Hat er gebrochen.
Friedrich Rückert (1788–1866)

♦

In des Dichters Herzen brennen oft mehrere Kerzen.
Wilhelm Busch (1832–1908)

♦

Wie behauptet sich der Dichter am besten gegenüber der Zeit? Da kann ich nur sagen: indem er ihr die Flötentöne beibringt.
Martin Kessel [1960]

♦

Ist der Dichter nicht ein Täter, den wir durchs Schlüsselloch belauschen?
Hugo von Hofmannsthal (1874–1929)

♦

Mich hält kein Band, mich fesselt keine Schranke,
frei schwing' ich mich durch alle Räume fort.
Mein unermeßlich Reich ist der Gedanke,
und mein geflügelt Werkzeug ist das Wort.
Was sich bewegt im Himmel und auf Erden,
was die Natur tief im Verborgenen schafft,
muß mir entschleiert und entsiegelt werden,
denn nichts beschränkt die freie Dichterkraft.
Friedrich von Schiller (1759–1805)

♦

Manche Dichter geraten unter dem Malen schlechter Charaktere oft so ins Nachahmen derselben hinein, wie Kinder, wenn sie träumen zu pissen, wirklich ihr Wasser lassen.
Jean Paul (1763–1825)

Auf die Masse soll der Dichter wirken, *mit* der Masse nie.
Franz Grillparzer (1791–1872)

◆

Die Dichter sind gegen ihre Erlebnisse schamlos: sie beuten sie aus.
Friedrich Nietzsche (1844–1900)

◆

Was wäre ein Dichter, dessen Wesen nicht der gesteigerte Ausdruck der Volksseele ist.
Gerhart Hauptmann (1862–1946)

◆

Es ist das höchste von des Dichters Rechten,
daß er da redet, wo die Menge schweigt.
Theodor Körner (1791–1813)

◆

Du mußt die Weisen und Dichter im gleichen Maße wörtlich nehmen, wie sie die Schöpfung wörtlich genommen haben.
Ludwig Strauß (1892–1953)

◆

Die gestalt des dichters scheint den Deutschen ganz verloren gegangen zu sein. es gibt jetzt nur den gelehrten beamten bürger der gedichte macht und das schlimmste: den deutschen literaten der gedichte macht.
Stefan George (1868–1933)

◆

Aus dem Werke manches Dichters spüren wir wohl heraus, daß er irgendwie und irgendwo ein Genie ist, nur leider gerade nicht in seiner Dichtung.
Arthur Schnitzler (1862–1931)

Mancher Dichterling kommt nicht aus dem Gitterbettchen heraus: das Gitterbettchen wird zum Käfig, und die Raubtiere stehen dann draußen herum.
Martin Kessel [1960]

♦

Weh dem Dichter, der sich seinen Stoff und die Behandlung desselben vom Publikum diktieren läßt! Aber weh auch dem, der vergißt, daß seine Aufgabe ist, sein Werk der allgemeinen Menschennatur verständlich und empfindbar zu machen! Von dieser allgemeinen Menschennatur kennen wir aber keinen unzweideutigen Ausdruck als die Stimme der allgemeinen Menschheit.
Franz Grillparzer (1791–1872)

♦

Der harmlose Dichter, der plötzlich politisch wird, erinnert mich an das Kind in der Wiege: „Vater, iß nicht, was die Mutter gekocht!"
Heinrich Heine (1797–1856)

♦

Kein Dichter sollte mit Dichtern umgehen, sondern mit andern Leuten, und diese sollten wieder mit Dichtern umgehen, jeder zu seiner Heilung.
Jean Paul (1763–1825)

♦

Wilhelm Busch (1832–1908)

Verzeihlich

Er ist ein Dichter, also eitel.
Und, bitte, nehmt es ihm nicht krumm,
Zieht er aus seinem Lügenbeutel
So allerlei Brimborium.

Juwelen, Gold und stolze Namen,
Ein hohes Schloß im Mondenschein
Und schöne höchstverliebte Damen,
Dies alles nennt der Dichter sein.

Indessen ist ein enges Stübchen
Sein ungeheizter Aufenthalt.
Er hat kein Geld, er hat kein Liebchen,
Und seine Füße werden kalt.

◆

Wilhelm Busch (1832–1908)

Balduin Bählamm
der verhinderte Dichter

ERSTES KAPITEL

Wie wohl ist dem, der dann und wann
Sich etwas Schönes dichten kann!

Der Mensch, durchtrieben und gescheit,
Bemerkte schon seit alter Zeit,
Daß ihm hienieden allerlei
Verdrießlich und zuwider sei.
Die Freude flieht auf allen Wegen;
Der Ärger kommt uns gern entgegen.
Gar mancher schleicht betrübt umher;
Sein Knopfloch ist so öd und leer.
Für manchen hat ein Mädchen Reiz,
Nur bleibt die Liebe seinerseits.
Doch gibt's noch mehr Verdrießlichkeiten.
Zum Beispiel läßt sich nicht bestreiten:
Die Sorge, wie man Nahrung findet,
Ist häufig nicht so unbegründet.
Kommt einer dann und fragt: Wie geht's?
Steht man gewöhnlich oder stets
Gewissermaßen peinlich da,
Indem man spricht: Nun, so lala!
Und nur der Heuchler lacht vergnüglich
Und gibt zur Antwort: Ei, vorzüglich!
Im Durchschnitt ist man kummervoll
Und weiß nicht, was man machen soll.

Nicht so der Dichter. Kaum mißfällt
Ihm diese altgebackne Welt,

So knetet er aus weicher Kleie
Für sich privatim eine neue
Und zieht als freier Musensohn
In die Poetendimension,
Die fünfte, da die vierte jetzt
Von Geistern ohnehin besetzt.
Hier ist es luftig, duftig, schön,
Hier hat er nichts mehr auszustehn,
Hier aus dem mütterlichen Busen
Der ewig wohlgenährten Musen
Rinnt ihm der Stoff beständig neu
In seine saubre Molkerei.
Gleichwie die brave Bauernmutter.
Tagtäglich macht sie frische Butter.
Des Abends spät, des Morgens frühe
Zupft sie am Hinterleib der Kühe
Mit kunstgeübten Handgelenken
Und trägt, was kommt, zu kühlen Schränken,
Wo bald ihr Finger, leicht gekrümmt,
Den fetten Rahm, der oben schwimmt,
Beiseite schöpft und so in Masse
Vereint im hohen Butterfasse.
Jetzt mit durchlöchertem Pistille
Bedrängt sie die geschmeid'ge Fülle.
Es kullert, bullert, quitscht und quatscht,
Wird auf und nieder durchgematscht,
Bis das geplagte Element
Vor Angst in Dick und Dünn sich trennt.
Dies ist der Augenblick der Wonne.
Sie hebt das Dicke aus der Tonne,
Legt's in die Mulde, flach von Holz,
Durchknetet es und drückt und rollt's,
Und sieh, in frohen Händen hält se
Die wohlgeratne Butterwälze.

So auch der Dichter. – Stillbeglückt
Hat er sich was zurechtgedrückt
Und fühlt sich nun in jeder Richtung
Befriedigt durch die eigne Dichtung.

Doch guter Menschen Hauptbestreben
Ist, andern auch was abzugeben.
Der Dichter, dem sein Fabrikat
So viel Genuß bereitet hat,
Er sehnt sich sehr, er kann nicht ruhn,
Auch andern damit wohlzutun;
Und muß er sich auch recht bemühn,
Er sucht sich wen und findet ihn;
Und sträubt sich der vor solchen Freuden,
Er kann sein Glück mal nicht vermeiden.
Am Mittelknopfe seiner Weste
Hält ihn der Dichter dringend feste,
Führt ihn beiseit zum guten Zwecke
In eine lauschig stille Ecke,
Und schon erfolgt der Griff, der rasche,
Links in die warme Busentasche,
Und rauschend öffnen sich die Spalten
Des Manuskripts, die viel enthalten.
Die Lippe sprüht, das Auge leuchtet,
Des Lauschers Bart wird angefeuchtet,
Denn nah und warm, wie sanftes Flöten,
Ertönt die Stimme des Poeten. –
Vortrefflich! ruft des Dichters Freund;
Dasselbe, was der Dichter meint;
Und, was er sicher weiß, zu glauben,
Darf sich doch jeder wohl erlauben.
Wie schön, wenn dann, was er erdacht,
Empfunden und zurechtgemacht,
Wenn seines Geistes Kunstprodukt,
Im Morgenblättchen abgedruckt,
Vom treuen Kolporteur geleitet,
Sich durch die ganze Stadt verbreitet.
Das Wasser kocht. – In jedem Hause,
Hervor aus stiller Schlummerklause,
Eilt neugestärkt und neugereinigt,
Froh grüßend, weil aufs neu vereinigt,
Hausvater, Mutter, Jüngling, Mädchen
Zum Frühkaffee mit frischen Brötchen.
Sie alle bitten nach der Reihe

Das Morgenblatt sich aus, das neue,
Und jeder stutzt und jeder spricht:
Was für ein reizendes Gedicht!
Durch die Lorgnetten, durch die Brillen,
Durch weit geöffnete Pupillen,
Erst in den Kopf, dann in das Herz,
Dann kreuz und quer und niederwärts
Fließt's und durchweicht das ganze Wesen
Von allen denen, die es lesen.

Nun lebt in Leib und Seel der Leute,
Umschlossen vom Bezirk der Häute
Und andern warmen Kleidungsstücken,
Der Dichter fort, um zu beglücken,
Bis daß er schließlich abgenützt,
Verklungen oder ausgeschwitzt.

Ein schönes Los! Indessen doch
Das allerschönste blüht ihm noch.
Denn Laura, seine süße Qual,
Sein Himmelstraum, sein Ideal,
Die glühend ihm entgegenfliegt,
Besiegt in seinen Armen liegt,
Sie flüstert schmachtend inniglich:
„Göttlicher Mensch, ich schätze dich!
Und daß du so mein Herz gewannst,
Macht bloß, weil du so dichten kannst!!"

Oh, wie beglückt ist doch ein Mann,
Wenn er Gedichte machen kann!

♦

Ein Dichter, der einen Menschen kennt, kann hundert schildern.
Marie Freifrau von Ebner-Eschenbach (1830–1916)

♦

Alles, was der Dichter uns geben kann, ist seine Individualität.
Friedrich von Schiller (1759–1805)

Das reizbare Geschlecht der Dichter
Flaccus Quintus Horatius (Horaz) (65–8 v. Chr.)

◆

Werde kein Dichter, mein Freund, sofern du ein Lump bist, du kannst dich
   Höchstens veredeln zum Schuft: reizt dich das würdige Ziel?
Friedrich Hebbel (1813–1863)

◆

Es ist nicht die Aufgabe des Dichters, das, was wirklich geschehen ist, zu erzählen, sondern das, was hätte geschehen können, das heißt, was nach Wahrscheinlichkeit oder Notwendigkeit möglich ist.
Aristoteles (384–322 v. Chr.)

◆

Jeder, den Eros berührt, wird zum Dichter, wäre er auch vorher den Musen fremd. – Durch des Eros Weisheit entsteht und gedeiht alles Lebende.
Platon (428/427–349/348 v. Chr.)

◆

Denn kein Dichter gibt einen fertigen Himmel; er stellt nur die Himmelsleiter auf von der schönen Erde.
Joseph Freiherr von Eichendorff (1788–1857)

◆

Soviel ist gewiß, der Dichter ist der einzige wahre Mensch.
Friedrich von Schiller (1759–1805)

◆

Der Dichter ist außerhalb der Sprache, er sieht die Wörter verkehrt herum, als wenn er nicht zur Menschheit gehörte und, auf die Menschen zukommend, zunächst auf das Wort als eine Barriere stieße.
Jean-Paul Sartre (1905–1980)

Meist haben sich Dichter zu Anfang oder zu Ende einer Weltperiode gebildet. Mit Gesang steigen die Völker aus dem Himmel ihrer Kindheit ins tätige Leben, ins Land der Kultur. Mit Gesang kehren sie von da zurück ins ursprüngliche Leben.
Friedrich Hölderlin (1770–1843)

◆

Einen elenden Dichter tadelt man nicht; mit einem mittelmäßigen verfährt man gelinde; gegen einen großen ist man unerbittlich.
Gotthold Ephraim Lessing (1729–1781)

◆

Der Dichter steht viel zu hoch, als daß er Partei machen sollte.
Johann Wolfgang von Goethe (1749–1832)

◆

Der Dichter ist der Vater seines Gedichts; dessen Mutter ist die Sprache. Man könnte Gedichte wie Rennpferde in einem Zuchtbuch registrieren: aus S von D.
Wystan Hugh Auden (1907–1973)

◆

Die Dichter wollen entweder Nutzen bringen oder Freude bereiten...
Flaccus Quintus Horatius (Horaz) (65–8 v. Chr.)

◆

Ein Dichter der liest: ein Anblick, wie ein Koch, der ißt.
Karl Kraus (1874–1936)

◆

Dem Dichter – und oft auch dem Schriftsteller – trägt ihre Arbeit wenig Früchte, und das Publikum läßt ihnen die Wahl zwischen dem allerschönsten Dank und einem „Geh zum Kuckuck". Ihr ganzer Reichtum ist, sich selbst und die Zeit zu genießen.
Nicolas-Sébastien Roch Chamfort (1741–1794)

Dabei soll der Dichter noch ein Amt haben! Das ist, wie wenn eine Schwangere die Pocken zugleich hat.

Jean Paul (1763–1825)

◆

Ein Dichter kann irgendwie krank, aber als Dichter doch gutsituiert sein. Dichtet ein gesunder Mensch schlecht, so ist er eben als Dichter krank. Dichtet ein kranker Mensch gut, so gehört er als Dichter zu den Gesunden.

Robert Walser (1878–1956)

◆

Was man noch nicht gedichtet, weiß man noch nicht recht; da erst tritt das innerste Wissen aus dem Unbewußten uns selbst vor Augen. Das höchste Wissen grenzt natürlich ans *Unbewußtsein. Poesie* ist die absolute Wissenschaft. – Der Dichter solle eo ipso *Geistlicher* sein.

Friedrich Schlegel (1772–1829)

◆

Ich habe, ein paar über den Neid erhabene Kollegen abgerechnet, in meinem langen Leben nicht fünfzig, vielleicht nicht fünfzehn Personen kennen gelernt, denen gegenüber ich das Gefühl gehabt hätte, ihnen dichterisch und literarisch *wirklich* etwas gewesen zu sein… Vergegenwärtige ich mir das alles, so habe ich allerdings Ursache, über den Verkauf von lumpigen 1000 Exemplaren erstaunt zu sein, denn 100 ist eigentlich schon zu viel. Und mehr als hundert werden auch wirklich aus dem Herzen heraus *nicht* gekauft, das andere ist Zufall, Reklame, Schwindel. Aber daß der Zufall einem über das eigentlich Richtige hinaus so wohl will, das ist doch sozusagen etwas Schönes, wofür man sich in Heiterkeit bei eben diesem Zufall bedanken muß.

Theodor Fontane (1819–1898)

◆

Impotente Dichter haben mehr Zeit, Liebeslyrik zu schreiben.

Gabriel Laub (1928–1998)

Ein echter Dichter sagt *Ich*! Dieses heißt: die Gebilde seiner Phantasie haben eine solche Wirklichkeit, daß sie die Gebilde des Tages ihm vollständig zurückdrängen oder *sich* subsumieren. – Nachher spricht die Nation von Vaterlandslosigkeit und dergleichen.
Wilhelm Raabe (1831–1910)

◆

Man rettet gern aus trüber Gegenwart
sich in das heitere Gebiet der Kunst,
und für die Kränkungen der Wirklichkeit
sucht man sich Heilung in des Dichters Träumen.
Ludwig Uhland (1787–1862)

◆

So viel ist gewiß. Ist einmal der Dichter über Bord, send ich ihm den Menschen auch nach.
Franz Grillparzer (1791–1872)

◆

Wenn ein Dichter eine schöne Frau kennenlernt und ihr den Hof macht, so sagt sie später: „Ach, diese Art Leute lernt man erst recht schätzen, wenn man sie mal persönlich kennengelernt hat!"
 Wenn ein Dichter eine schöne Frau kennenlernt und ihr *nicht* den Hof macht, so sagt sie später: „Es ist eine alte Geschichte, solche Leute, mögen sie noch so interessant sein, soll man doch *nie* persönlich kennenlernen."
Peter Altenberg (1859–1919)

◆

Dichter sind doch immer Narzisse.
Friedrich Schlegel (1772–1829)

◆

Der Dichter ist der Merlin, verloren in der Natur, sich zu enträtseln.
Da gibt's keine Weißdornhecke, die ihn schirmt.
Der Himmel hat keinen Tau für ihn.
Peter Hille (1854–1904)

Der Dichter betrachtet aus solcher Ferne, daß Welten wie Punkte erscheinen... oder aus solcher Nähe, daß etwa ein Menschengesicht die Welt bedeutet.

Alfred Polgar (1873–1955)

◆

Es ist nur ein geringer und scheinhafter Unterschied zwischen dem flüchtigen und geringfügigen Ruhm, den ein Schauspieler, und dem bleibenden Ruhm, den ein Dichter erwirbt.

Hugo von Hofmannsthal (1874–1929)

◆

Der Dichter wird immer die Erfahrung machen, daß die Idee, welcher er andern mitteilt, von diesen ihm grade entgegengesetzt wieder zugeworfen wird. Bei ihm ist sie ein Punkt, der sich zu einer Unendlichkeit ausdehnen will, die Hörer aber fassen sie schon als die Unendlichkeit auf und machen sie sich durch noch größere Beschränkung verständlich.

Karl Leberecht Immermann (1796–1840)

◆

An einem Dichter kann man Symptome beobachten, die einen Kommerzialrat für die Internierung reif machen würden.

Karl Kraus (1874–1936)

◆

Dichterisch ist der Gedanke, der in Prosa gefaßt noch den Vers verlangt.

Paul Valéry (1871–1945)

◆

Denn würdig ist es nicht des Dichters, wenn man Feigen wirft ins Publikum und Naschwerk, um so für sich die Lacher zu gewinnen.

Aristophanes (um 445–um 386 v. Chr.)

Viel zu verkündigen ist von erhabenen Taten,
aber in Großem Weniges glänzend bezeichnen ist Höchstes dem Dichter.
Pindar (522/518–446 v. Chr.)

◆

Ein Dichter ist ein Mensch, der für sich nur noch eine einzige Privatangelegenheit anerkennt: die Sache der Menschheit.
Egon Friedell (1878–1938)

◆

Jeder Dichter wird *schließlich* soviel taugen, wie er als Kritiker (seiner selbst) getaugt hat.
Paul Valéry (1871–1945)

◆

Die den Dichter auszeichnende Gabe, sagen zu können, was er leidet, hat Grade und Stufen der Qualität; die höchste ist, mehr durch Nichtsagen zu sagen als durch Sagen, also die rechte Mischung mit dem Schweigenkönnen: Geheimnis des Weisheit und der Schönheit.
Theodor Haecker (1879–1945)

◆

Der Dichter verzehrt sich damit, eine Sprache innerhalb einer Sprache zu definieren und zu konstruieren.
Paul Valéry (1871–1945)

◆

Der Dichter hat eine andere Zeit als diejenige, die um ihn herum abläuft und von der sich die Schwachen wegtragen lassen, um mit ihr zu verschwinden.
Carl Jacob Burckhardt (1891–1974)

◆

Alle echten Dichtungen sind schöne Rätsel und wollen gar nichts anderes sein. Der Dichter unterscheidet sich von den übrigen Menschen dadurch, daß er die Bewegungen des Lebens in ihrem ganzen Reichtum und in ihrer ganzen Tiefe spürt. Aber man darf nicht ver-

gessen, daß er eben darum der einzige Mensch ist, der sich niemals einbildet, das Leben zu verstehen.
Egon Friedell (1878–1938)

♦

Schändliches soll sorgfältig verhüllen der Dichter, nicht ans Tageslicht ziehn und öffentlich gar aufführen: denn was für die Knaben der Lehrer ist, der sie bildet und lenkt, das ist für Erwachsne der Dichter.
Aristophanes (um 445–um 386 v. Chr.)

♦

Es gibt Ungerechtigkeiten, denen ein Dichter nicht entgehen kann, die er also auch niemandem anrechnen darf...
Friedrich Hebbel (1813–1863)

♦

Einigen dichtern an dieser stelle: wir loben euch dass ihr uns wenig von euren schönen ansichten und viel von euren schönen liedern gegeben habt. denn eure schönen ansichten werden sich ändern eure schönen lieder aber werden bleiben.
Stefan George (1868–1933)

♦

Dem großen Dichter muß man ein starkes Selbstgefühl zugute halten. Eine gewisse Gottähnlichkeit ist dem nicht abzusprechen, der aus seinem Geiste Menschen schafft.
Marie Freifrau von Ebner-Eschenbach (1830–1916)

♦

Der Dichter ist von allen Geschöpfen am meisten auf Nutzen erpicht. Trägheit, Verzweiflung, Fügungen der Sprache, sonderbare Blicke – alles, was ein noch so *praktischer* Mensch verliert, übersieht, ausmerzt, vergißt, der Dichter pflückt es, und gibt ihm durch seine Kunst einigen Wert.
Paul Valéry (1871–1945)

Ich frage mich, ob es unter denen, die ihr gemächliches, sicheres, schnurgerades akademisches Leben auf das eines Dichters bauen, der in Elend und Verzweiflung gelebt hat, *einen* gibt, der sich schämt.
Elias Canetti (1905–1994)

◆

Immer nur zehn Menschen, bereit zu empfangen – nein, das ist zerstörerisch. Das ist nicht aristokratisch, das ist nicht notwendig, das ist beinahe noch eine Negation der Negation, die Etablierung der Kunst als Privatvergnügen, die Etablierung des Hochmuts, daß man selbst mitkönne, wo die anderen nicht mitkönnen – den Dichter verachtet man auf seinem Gebiet.
Oskar Loerke (1884–1941)

◆

Dichter als Erleichterer des Lebens. – Die Dichter, insofern auch sie das Leben der Menschen erleichtern wollen, wenden den Blick entweder von der mühseligen Gegenwart ab oder verhelfen der Gegenwart durch ein Licht, das sie von der Vergangenheit herstrahlen machen, zu neuen Farben. Um dies zu können, müssen sie selbst in manchen Hinsichten rückwärts gewendete Wesen sein: so daß man sie als Brücken zu ganz fernen Zeiten und Vorstellungen, zu absterbenden oder abgestorbenen Religionen und Kulturen gebrauchen kann. Sie sind eigentlich immer und notwendig *Epigonen*. Es ist freilich von ihren Mitteln zur Erleichterung des Lebens einiges Ungünstige zu sagen: sie beschwichtigen und heilen nur vorläufig, nur für den Augenblick; sie halten sogar die Menschen ab, an einer wirklichen Verbesserung ihrer Zustände zu arbeiten, indem sie gerade die Leidenschaft der Unbefriedigten, welche zur Tat drängen, aufheben und palliativisch entladen.
Friedrich Wilhelm Nietzsche (1844–1900)

Die Dichterexistenz ist darum als solche eine unglückliche Existenz; sie steht über der Endlichkeit und erhebt sich doch nicht zur Unendlichkeit.

Sören Aabye Kierkegaard (1813–1855)

♦

Die Aufgabe vieler Dichtergenerationen ist keine andere, als das Werkzeug blank zu erhalten.

Marie Freifrau von Ebner-Eschenbach (1830–1916)

♦

Ja, die Dichter haben oft unheimlich lange Rüssel, mit denen sie die Zukunft vorausfühlen. Sie riechen die kommenden Ereignisse wie Schweine die Champignons.

Robert Walser (1878–1956)

♦

Der Dichter muß mitten im Kreuzfeuer aller Kräfte die zarte Waage einzelner Silben festhalten und den Strom seiner Empfindungen gegen die Mündung eines Reimes leiten. Nur das Ganze wird von der Begeisterung erzeugt, aber die Teile werden von der Ruhe erzogen.

Jean Paul (1763–1825)

Dichtkunst

Die Dichtkunst, sagt man oft und sagt es laut,
Sie sei ein treuer Spiegel dieses Lebens:
Wenn nun ein Affe in das Dichtwerk schaut,
Sieht er nach einem Sokrates vergebens.

Franz Grillparzer (1791–1872)

♦

… Und wer der Dichtkunst Stimme nicht vernimmt, / Ist ein Barbar, er sei auch, wer er sei.

Johann Wolfgang von Goethe (1749–1832)

Die Dichtkunst und die Kulturgeschichte sind niemals politisch einerlei; nur das Literatentum und die Kritik ist es immer gewesen – und muß es notwendig sein, denn diese beiden haben mit Ewigkeit wie mit Sachlichkeit nichts zu tun.
Arthur Schnitzler (1862–1931)

Dichtung

Die Größe einer Dichtung ist weder abhängig von der Größe des Themas noch von seinen Proportionen und Gefühlen. Man kann ein episches Gedicht machen vom Kampf der Leukozyten in dem verschloßnen Gezweig der Venen, und man kann einen unerschöpflichen Eindruck von Unendlichem vollkommen mit der Form und dem Geruch einer Rose geben.
Federico García Lorca (1898–1936)

◆

Wahre Dichtungen halten der Zeit den Spiegel nur insofern nützlich vor, daß sie die Zeit in der Ewigkeit sich spiegeln lassen.
Wilhelm Raabe (1831–1910)

◆

In der dichtung – wie in aller kunst-bethätigung ist jeder der noch von der sucht ergriffen ist etwas „sagen" etwas „wirken" zu wollen nicht einmal wert in den vorhof der kunst einzutreten.
Stefan George (1868–1933)

◆

Den wert der dichtung entscheidet nicht der sinn (sonst wäre sie etwa weisheit gelahrtheit) sondern die form d. h. durchaus nichts äusserliches sondern jenes tief erregende in maass und klang wodurch zu allen zeiten die Ursprünglichen die Meister sich von den nachfahren den künstlern zweiter ordnung unterschieden haben.
Stefan George (1868–1933)

... echtes Genießen von Dichtung ist verknüpft mit dem Wachrufen der Eingebung, dem Anreiz, der für einen Dichter im Genießen anderer Dichtung liegt.
Thomas Stearns Eliot (1888–1965)

♦

Jede Dichtung wird groß am Widerstand der Zeit, aber Widerstand muß es sein.
Carl Jacob Burckhardt (1891–1974)

♦

Die Dichtung hat die Aufgabe, die Sprache einer Nation in einigen vollendeten Anwendungen zu zeigen.
Paul Valéry (1871–1945)

♦

Die Größe einer Dichtung ist weder abhängig von der Größe des Themas noch von seinen Proportionen und Gefühlen. Man kann ein episches Gedicht machen vom Kampf der Leukozyten in dem verschloßnen Gezweig der Venen, und man kann einen unerschöpflichen Eindruck von Unendlichem vollkommen mit der Form und dem Geruch einer Rose geben.
Federico García Lorca (1898–1936)

♦

Das eigentliche Dichterische hält sich gleich weit vom Herzlosen und vom Empfindsamen.
Hugo von Hofmannsthal (1874–1929)

♦

Jedes Ersinnen eines noch nicht Seienden, welches dazu gebracht wird, aus dem Nichtsein in das Sein überzutreten, ist Dichtung.
Platon (428/427–349/348 v. Chr.)

Dolmetschen

Man muß nicht die Buchstaben in der lateinischen Sprache fragen, wie man soll deutsch reden; sondern man muß die Mutter im

Hause, die Kinder auf den Gassen, den gemeinen Mann auf dem Markt darum fragen und denselbigen auf das Maul sehen, wie sie reden, und danach dolmetschen, so verstehen sie es denn und merken, daß man deutsch mit ihnen redet.
Martin Luther (1483–1546)

Druckfahne

Druckfahne – halbgarer Text
Ambrose Bierce (1842–1914)

Druckfehler

Ich denke immer, wenn ich einen Druckfehler sehe, es sei etwas Neues erfunden.
Johann Wolfgang von Goethe (1749–1832)

♦

Den Leuten ein X für ein U vormachen – wo ist die Zeitung, die diesen Druckfehler zugibt?
Karl Kraus (1874–1936)

♦

Auch darf nicht geleugnet werden, daß wir persönlich einem Buche gar manchen Druckfehler verzeihen, indem wir uns durch dessen Entdeckung geschmeichelt fühlen.
Johann Wolfgang von Goethe (1749–1832)

Eloquenz

Die Katzen halten keinen für eloquent, der nicht miauen kann.
Marie Freifrau von Ebner-Eschenbach (1830–1916)

Epigonen

Karl Kraus (1874–1936)

Bekenntnis

Ich bin nur einer von den Epigonen,
die in dem alten Haus der Sprache wohnen.

Doch hab' ich drin mein eigenes Erleben,
ich breche aus und ich zerstöre Theben.

Komm' ich auch nach den alten Meistern, später,
so räch' ich blutig das Geschick der Väter.

Von Rache sprech' ich, will die Sprache rächen
an allen jenen, die die Sprache sprechen.

Bin Epigone, Ahnenwertes Ahner.
Ihr aber seid die kundigen Thebaner!

◆

Ein unsterblicher Schriftsteller stirbt in seinen Epigonen.

Stanisław Jerzy Lec (1909–1966)

Epigramm

Das Schwert zu führen, die verschanzten Sitze
Des starken Feinds mit Pfeilen zu beschießen,
An seinem Fluch zu messen seine Wunde,
Ist meine Lust; und heut' in müß'ger Stunde
Freut mich's, an Epigrammen Nadelspitze
Zum Spaß dich Eintagsfliege aufzuspießen.
Dank mir's, so wirst du doch nicht gleich vergessen,
Nicht von der nächsten Spinne aufgefressen.

Nikolaus Lenau (1802–1850)

◆

Du, dem kein Epigramm gefällt,
Es sei denn lang und reich und schwer:

Wo sahst du, daß man einen Speer,
Statt eines Pfeils vom Bogen schnellt?

Gotthold Ephraim Lessing (1729–1781)

♦

Bald ist das Epigramm ein Pfeil,
Trifft mit der Spitze;
Ist bald ein Schwert,
Trifft mit der Schärfe;
Ist manchmal auch – die Griechen liebten's so –
Ein klein Gemäld', ein Strahl, gesandt
Zum Brennen nicht, nur zum Erleuchten.

Friedrich Gottlieb Klopstock (1724–1803)

♦

Als einst der Monsieur Witz die Madame
Unhöflichkeit in die Arme nahm,
Entstand daraus das Epigramm.

Ignaz Vincenz Franz Castelli (1781–1862)

♦

Hundert- und hundertmal hab' ich Epigramme verschworen;
Denn sie brachten so oft Narren gegen mich auf,
Aber schau ich nur Dir, o Nikon, wieder ins Antlitz,
Gleich ist vergessen der Schwur; zehn Epigramme sind da.

Johann Gottfried Herder (1744–1803)

♦

Christian Morgenstern (1871–1914)

Der sparsame Dichter

„Willst Du nicht Artikel schreiben?" –
Laßt's beim Epigramme bleiben.
Kann ich's euch in zehn Zeilen sagen,
was euch verwundert,
warum euch Honorar abjagen
für hundert.

Warum machen wir so selten ein Epigramm im griechischen Sinne? Weil wir so wenig Dinge sehen, die eins verdienen.
Johann Wolfgang von Goethe (1749–1832) [an Schiller: 27. 12. 1797]

◆

Das Epigramm ist der Geist des Hasses, jenes Hasses, der die Ausgeburt aller schlechten Leidenschaften des Menschen ist, so wie die Liebe alle seine guten Eigenschaften vereinigt.
Honoré de Balzac (1799–1850)

◆

Im Einfall liegt das Geheimnis, in der Prägung steckt die Kunst des Epigramms, und viel mehr wäre über den Spruch, diese kürzeste Gedichtgattung , kaum zu sagen.
Erich Kästner (1899–1974)

Erzählen

Verhehlen ist schwerer als erzählen.

Erzähler

Wenn der Erzählende von Sinnen ist, muß der Zuhörer vernünftig sein.
Maurisches Sprichwort

◆

Die Zeit ist ein guter Geschichten-Erzähler.
Irische Spruchweisheit

◆

Der Erzähler unterscheidet sich vom Politiker nur dadurch, daß er Zeit hat. Gemeinsam ist beiden, daß die Zeit sie hat.
Karl Kraus (1874–1936)

Der Erzähler. – Wer etwas erzählt, läßt leicht merken, ob er erzählt, weil ihn das Faktum interessiert oder weil er durch die Erzählung interessieren will. Im letzteren Falle wird er übertreiben, Superlative gebrauchen und Ähnliches tun. Er erzählt dann gewöhnlich schlechter, weil er nicht so sehr an die Sache, als an sich denkt.
Friedrich Wilhelm Nietzsche (1844–1900)

♦

Der gewöhnliche Erzähler erzählt, wie etwas beiläufig geschehen könnte. Der gute Erzähler läßt etwas vor unseren Augen wie gegenwärtig geschehen. Der Meister erzählt, als geschähe etwas längst Geschehenes aufs neue.
Hugo von Hofmannsthal (1874–1929)

Erzählung

... es geht mit Geschichten wie mit vielen Menschen, sie werden mit zunehmendem Alter schöner, und das ist erfreulich.
Hans Christian Andersen (1805–1875)

♦

Es ist seltsam, daß in einer guten Erzählung allemal etwas Heimliches ist – etwas Unbegreifliches. Die Geschichte scheint noch uneröffnete Augen in uns zu berühren – und wir stehn in einer ganz andern Welt, wenn wir aus ihrem Gebiete zurückkommen.
Novalis (1772–1801)

♦

Ein Werk der Erzählungskunst ist es um so mehr, je weniger man durch eine Inhaltsangabe davon eine Vorstellung geben kann.
Heimito von Doderer (1896–1966)

Essay

Versuch, versuch alles. Und wenn es gar nichts geworden ist, dann sag, es sei ein Essay.
Kurt Tucholsky (1890–1935)

Feder

Die Feder ist mächtiger als das Schwert.
Englische Spruchweisheit

◆

Feder und Tinte erröten niemals.
Englische Spruchweisheit

◆

Der Feder Kunst bringt Geld und Gunst.

◆

Die Feder ist schuld, wenn der Schreiber nichts taugt.

◆

Die Feder regiert, drum steckt man sie auf den Hut, und das Schwert nur an die Seite.

◆

Lernst du nicht mit der Feder schreiben, so schreibe mit der Mistgabel.

◆

Es ist nicht jeder ein Schreiber, der an einer Feder kaut.

◆

Jeder Schreiber lobt seine Feder.

◆

Wenn der Schreiber nichts taugt, gibt er der Feder die Schuld.

◆

Mit der Feder in der Hand habe ich, mit gutem Erfolg, Schanzen erstiegen, von denen andere mit Schwert und Bannstrahl bewaffnet zurückgeschlagen worden sind.
Georg Christoph Lichtenberg (1742–1799)

Feuilleton

Ein Feuilleton schreiben heißt auf einer Glatze Locken drehen.
Karl Kraus (1874–1936)

Feuilletonist

Feuilletonisten und Friseure haben gleich viel mit den Köpfen zu schaffen.
Karl Kraus (1874–1936)

Fluch

Der Fluch fällt zurück auf den Flucher.

♦

Fluchen läutet dem Teufel zur Messe.

♦

Fluchen lernt sich leichter als Lesen.

♦

Tausend Flüche haben noch nie ein Hemd zerrissen.
Arabisches Sprichwort

Fluchen

Jemandem jeden Tag zu fluchen, vermehrt nur dessen Glück und langes Leben.
Chinesisches Sprichwort

♦

Wenn du fluchst, fängst du keinen Fisch.
Englische Spruchweisheit

♦

Flüche wie Prozessionen kehren zu ihrem Ausgangspunkt zurück.
Italienische Spruchweisheit aus Sardinien

Not lehrt beten, Fron aber lehrt fluchen.
Russische Spruchweisheit

♦

Sei der Verfluchte, nicht der Flucher!
Hebräisches Sprichwort

♦

Alles, was zur rechten Zeit geschieht, ist gut; selbst Fluchen zur rechten Zeit ist wie Allah preisen.
Libanesisches Sprichwort

Fragen

Am vielen Fragen erkennt man den Narren.

♦

Besser zweimal fragen als einmal irregehen.

♦

Mit Fragen kommt man gen Rom.

♦

Viel Fragen macht witzig, aber unwert.

♦

Wer viel fragt, wird viel gewiesen.

♦

Wie die Frage, so auch die Antwort.

♦

Seist du auch noch so klug, frage manchmal auch einen Unwissenden.
Afghanisches Sprichwort

Gut fragen heißt viel wissen.
Arabisches Sprichwort

♦

Fragen ist weder ein Unglück noch eine Schande.
Bulgarisches Sprichwort

♦

Wer fragt, ist ein Narr für fünf Minuten; wer nicht fragt, bleibt ein Narr für immer.
Chinesische Spruchweisheit

♦

Wer sich fürchtet zu fragen, fürchtet sich zu lernen.
Dänische Spruchweisheit

♦

Erst frag, dann tu.
Estländisches Sprichwort

♦

Wer fragt, bezahlt.
Estländisches Sprichwort

♦

Niemand ist ohne Kenntnis, außer dem, der keine Fragen stellt.
Hamitisches Sprichwort (Kamerun)

♦

Besser zehnmal fragen, als sich einmal irren.
(Besser zehn mol fregen, ejder ejn mol blondsen.)
Jiddisches Sprichwort

♦

Frag den Feind nach einem Ratschlag und handle umgekehrt.
(Freg an éjze dem ssójne un tu ferkehrt.)
Jiddisches Sprichwort

Frag einen nach einem Ratschlag und hab deinen Verstand bei dir (entscheide selbst).
(Freg an éjze jenem, un hob dajn sséjchel baj dir.)
Jiddisches Sprichwort

♦

Der Teufel hole die, die fragen und sehr wohl wissen.
Schottisches Sprichwort

♦

Es ist leichter, zu glauben als zu fragen.
Serbisches Sprichwort

♦

Wer viel fragt, gibt ungern.
Ungarisches Sprichwort

♦

Fragen heißt: hören auf das, was sich einem zuspricht.
Martin Heidegger (1899–1976)

♦

Die Frage ist oft eine Mutter der Lüge.
Wilhelm Busch (1832–1908)

♦

Das Fragen ist die Frömmigkeit des Denkens.
Martin Heidegger (1899–1976)

♦

Fragen sind nie indiskret, Antworten bisweilen.
Oscar Wilde (1854–1900)

Unwissende werfen Fragen auf, welche von Wissenden vor tausend Jahren schon beantwortet sind.
Johann Wolfgang von Goethe (1749–1832)

◆

Antworten finden heißt: vom Fragen ermüdet sein.
Hans Kudszus (1901–1977)

◆

Die Fragen sind es, aus denen das, was bleibt, entsteht.
Erich Kästner (1899–1974)

Frager

Wie? Was? Warum? ist Stentors Redekreis.
Gruß, Bitte, Rat, Erzählung, Wünsche, Klagen,
Vorwürfe, Schmeicheleien, sind alles bei ihm Fragen;
Und wenn er euch nichts mehr zu fragen weiß,
Fragt er: Was wollt' ich Sie doch fragen?
Friedrich Wilhelm Gotter (1746–1797)

Fragezeichen

Das Fragezeichen ist der Ausweis der Gebildeten, wie der Punkt der des Halbgebildeten.
Hans Kudszus (1901–1977)

Fragwürdig

„Fragwürdig" ist heute eine Verdächtigung. Vor allem derjenigen, die Fragen stellen.
Helmut Arntzen [1966]

及其平等的和不移的权利
ن الاعتراف بالكرامة المت
нимая во внимание, ч
जात गौरव और समान
πειδὴ ἡ ἀναγνώρισις τ
の固有の尊厳と平等で
יל והכרה בכבוד הטב
모든 사람이 태어날 때
Whereas recognition of t

Fremdsprachen

Mit jeder neu erlernten Sprache erwirbt man eine neue Seele.
Slowakisches Sprichwort

◆

Mit jeder Sprache mehr, die du erlernst, befreist
 Du einen bis daher in dir gebundnen Geist,
Der jetzo tätig wird mit eigner Denkverbindung,
 Dir aufschließt unbekannt gewes'ne Weltempfindung,
Empfindung, wie ein Volk sich in der Welt empfunden;
 Nun diese Menschheitsform hast du in dir gefunden.
Ein alter Dichter, der nur dreier Sprachen Gaben
 Besessen, rühmte sich, der Seelen drei zu haben.
Und wirklich hätt' in sich nur alle Menschengeister
 Der Geist vereint, der recht wär' aller Sprachen Meister.

Friedrich Rückert (1788–1866)

◆

Um eine fremde Sprache recht gut sprechen zu lernen, und wirklich in Gesellschaft zu sprechen mit dem eigentlichen Akzent des Volks,

muß man nicht allein Gedächtnis und Ohr haben, sondern auch in gewissem Grad ein kleiner Geck sein.
Georg Christoph Lichtenberg (1742–1799)

♦

Wer fremde Sprachen nicht kennt, weiß nichts von seiner eigenen.
Johann Wolfgang von Goethe (1749–1832)

♦

Was muß es auf ein Volk für einen Einfluß haben, wenn es keine fremde Sprache lernt? Vermutlich etwas Ähnliches von dem, den eine gänzliche Entfernung von aller Gesellschaft auf einen einzelnen Menschen hat.
Georg Christoph Lichtenberg (1742–1799)

♦

Halbwissen. – Der, welcher eine fremde Sprache wenig spricht, hat mehr Freude daran als der, welcher sie gut spricht. Das Vergnügen ist bei den Halbwissenden.
Friedrich Wilhelm Nietzsche (1844–1900)

♦

Dies ist ein ganz eigener Spiegel, wenn man sich in einer fremden Sprache wieder erblickt.
Goethe an Zelter, 19. 3. 1818

♦

Jede neue Sprache, die wir lernen, ist ein Zuwachs an neuen Erlebnissen...
Hermann Hesse (1877–1962)

Fremdwort

Sprachreinigung: Ersetzung eines deutschen Fremdworts durch ein fremdes Deutschwort.
Felix Pollak (1909–1987)

In den Schriften Stifters sind alle Fremdworte vermieden.
Hugo von Hofmannsthal (1874–1929)

♦

Etwa die gute Hälfte aller Fremdwörter kann man vermeiden; man solls auch tun...
Kurt Tucholsky (1890–1935)

♦

... es macht in der Gesellschaft nichts lächerlicher, als wenn man ein fremdes, ein Kunstwort falsch anwendet.
Johann Wolfgang von Goethe (1749–1832)

Gedankenstrich

Ein Gedankenstrich ist zumeist ein Strich durch den Gedanken.
Karl Kraus (18974–1936)

Gedicht

Ihr jungen Leute, viele irren sich in der Poesie. Wenn einer den Vers rhythmisch gebaut und einen feineren Gedanken in die rechten Worte gekleidet hat, so bildet er sich ein, er hätte schon den Helikon erstiegen. – Ein edler Geist hält nichts vom eitlen Aufputz, und kein Talent ist zur Empfängnis und Geburt fähig, wenn es sich nicht mit dem gewaltigen Strom der Literatur getränkt hat. Man muß allen billigen Wortschwall meiden und darf seine Sprache nicht von der Gasse holen. Sodann hat man sich zu hüten, daß kein Gedanke aus dem Rahmen des Ganzen herausfalle. Das Gedicht glänze wie ein harmonisch gefärbtes Gewand.
Petronius Arbiter (geb. 66 n. Chr.)

♦

Unsre Gedichte werden gemacht, bald nach dem Herzen, bald nach dem Ohr, bald nach der Konvenienz (jedes allein NB). Es sollte aber in jedem Gedicht nur ein einziger Quell sein.
Georg Christoph Lichtenberg (1742–1799)

Die leute suchen gern hinter einem gedicht was sie den „eigentlichen sinn" nennen. sie sind wie die affen die auch immer mit den händen hinter einen spiegel fahren als müsse *dort* ein körper zu fassen sein.
Stefan George (1868–1933)

◆

Ein Gedicht ist so lange gut, bis man weiß, von wem es ist.
Karl Kraus (18974–1936)

◆

Die Sprache tastet wie die Liebe im Dunkel der Welt einem verlorenen Urbild nach. Man macht nicht, man ahnt ein Gedicht.
Karl Kraus (1874–1936)

◆

Wenn jemand, nachdem er ein Gedicht gehört hat, sagt, er habe es nicht verstanden, so bin ich in Verlegenheit, was ich ihm sagen soll. Wenn jemand eine Blume riecht und sagt, er verstehe das nicht, so kann man ihm nur antworten: „Da ist nichts zu verstehen; es ist nur ein Duft."
Rabindranâth Tagore (Thakur) (1861–1941)

◆

Luisenstraße, gegenüber der Tierarzneischule, – da hab' ich ein Jahr zugebracht, das erste Jahr in meiner neuen Schriftsteller-Laufbahn. Und wenn ich dann bedenke, wie bang und sorgenvoll ich mich am ersten Tag in die Seegras-Sofaecke hineindrückte, so muß ich das in dieser elenden Chambre garnie verbrachte Jahr ein vergleichsweise glückliches nennen. Ich war sehr fleißig und schlug mich durch. Wie? weiß ich nicht mehr recht. Denn was ich einnahm, war begreiflicherweise sehr gering, weil ich davon nicht ablassen wollte, mein literarisches Leben auf den „Vers" zu stellen. Ein Entschluß, der übrigens schließlich, und zwar um vieles mehr als ich damals vermutete, das Richtige traf. Ich sagte mir: „Wenn du jetzt ein Gedicht machst, das dir nichts einbringt, so hast du wenigstens ein Gedicht. Das Gedicht ist dein Besitz, und wenn es nur leidlich gut ist, kann es immerhin für etwas gelten. Wenn du aber einen Aufsatz

schreibst, den niemand haben will – und die Chancen des ›Nichthaben-wollens‹ sind immer sehr groß – so hast du rein gar nichts. Prosa darfst du nur schreiben, wenn sie von durchaus zahlungskräftigen Leuten von dir *gefordert* wird." Dies letztere traf nun freilich sehr selten ein, aber es kam doch vor, und die Verse, von denen ich glücklicherweise manches auf Lager hatte, trugen mir mehr ein, als man von einer Zeit, in der die sogenannten „hohen Honorare" noch nicht erfunden waren, hätte vermuten sollen. Ich war in jenen Tagen in Beziehungen zur Firma Cotta getreten, in deren „Morgenblatt" meine Gedichte vom alten Derfflinger, dem alten Zieten etc. und bald danach auch meine Romanzen „Von der schönen Rosamunde" veröffentlicht worden waren, und als sich um ein geringes später ein paar mutige Männer fanden, die nicht bloß diese vorgenannten Sachen, sondern auch noch andre kleine Dichtungen als Buch herauszugeben gedachten, war ich oben auf, besuchte meine damals in Schlesien im Kreise von Verwandten lebende Braut, überreichte ihr das ihr gewidmete Buch und versicherte ihr, „die schönen Tage von Aranjuez seien nicht wie gewöhnlich vorüber, sondern brächen jetzt an".
Theodor Fontane (1819–1898)

◆

Ein Gedicht ist immer die Frage nach dem Ich.
Gottfried Benn (1886–1956)

◆

Ein Gedicht ist wie ein Boot, in dem man übers Wasser fährt: Man spürt unter sich keinen festen Boden, aber man hofft, das andere Ufer zu erreichen.
Ernst R. Hauschka [1980]

◆

Daß aber die wahre Kraft und Wirkung eines Gedichts in der Situation, in den Motiven besteht, daran denkt niemand. Und aus diesem Grunde werden denn auch Tausende von Gedichten gemacht, wo

das Motiv durchaus null ist, und die bloß durch Empfindungen und klingende Verse eine Art von Existenz vorspiegeln.
Johann Wolfgang von Goethe (1749–1832)

◆

Ein Gedicht ohne Kleidung ist ebensowenig ein Gedicht, wie unbehauener Marmor eine Statue ist...
Federico García Lorca (1898–1936)

◆

Jedes Gedicht soll mit seiner Blüte in die Zukunft reichen, die Wurzel aber muß in der Gegenwart haften.
Georg Herwegh (1817–1875)

◆

Jedes Gedicht ist gewissermaßen ein Kuß, den man der Welt gibt, aber aus bloßen Küssen werden keine Kinder.
Johann Wolfgang von Goethe (1749–1832)

◆

Denn es kommt bei einem Gedicht nicht darauf an, ob der Dichter seine gute Laune oder seine Verzweiflung mitteilt, sondern einzig darauf, ob er das, was Inhalt seines Gedichts ist, wirklich hat sagen und gestalten können.
Hermann Hesse (1877–1962) [An Wiegand, 9. 4.1929]

◆

Ein Gedicht aber ist innere Wirklichkeit.
Karel Čapek (1890–1938)

◆

Gedichte macht man gar nicht mit einem der fünf Sinne, sondern mit einem sechsten.
Rudolf Leonhard (1889–1953)

... wenn die Atmosphäre keinen Einlaß im Gedicht findet, ist das Gedicht tot: tot, weil es nicht atmen kann.

Pablo Neruda (1904–1973)

♦

Ich erinnere mich an einen glänzenden Werbespruch für einen ›Klaren‹ aus dem Norden.
„Hilft dem Vater auf das Fahrrad."
Von wie wenigen heutigen Gedichten läßt sich dasselbe behaupten.

Heinz Piontek [1987]

♦

Sonderbar, daß ich nie auf ein Gedicht von mir mich besinnen kann. Oft kenne ich sie gar nicht mehr, wenn ich sie lese, und doch habe ich keines ohne große Bewegung gemacht.

Clemens Brentano (1778–1842)

♦

Gedichte leben und müssen sterben... Kein Gedicht wird durch den Tod entehrt.

Günter Eich (1907–1972)

♦

Es ist mein neustes Gedicht, und es ist mir zu verzeihen, wenn ich, für den Augenblick, eine Zärtlichkeit dafür habe.

Johann Wolfgang von Goethe (1749–1832)

♦

Noten zu einem Gedicht sind wie anatomische Vorlesungen über einen Braten.

Friedrich Schlegel (1772–1829)

♦

Ferner ist es eine recht deutsche Art, zu einem Gedicht oder sonstigem Werke den Eingang überall, nur nicht durch die Türe zu suchen.

Johann Wolfgang von Goethe (1749–1832)

Gedichte sind gemalte Fensterscheiben!
Sieht man vom Markt in die Kirche hinein,
da ist alles dunkel und düster;
und so siehts auch der Herr Philister.
Der mag denn wohl verdrießlich sein
und lebenslang verdrießlich bleiben.
Kommt aber nur einmal herein!
Begrüßt die heilige Kapelle;
da ist's auf einmal farbig helle.

Johann Wolfgang von Goethe (1749–1832)

♦

Ein Mädchen ist leichter zu beurteilen als ein Gedicht.
Blaise Pascal (1623–1662)

Geflügelte Worte

Wenn geflügelte Worte gerupft werden, sprechen nackte Tatsachen.
Ulf Annel [1989, in Gabriele Berthel]

♦

Geflügelte Worte sind oft gefährliche Tiefflieger.
Volker Ehrhardt [1979]

♦

Erich Fried (1921–1988)

Küchentischgespräch

Zwischen Besteck und Geschirr
Reste von Unterhaltung
Umschreibungen Gähnen Geplänkel
geflügelte Worte

Aber sie fliegen nicht
Nichts schwingt sich auf und davon
Der Vogel hüpft fort von mir
und kauert unter dem Ausguß
[...]

Geflügelte Worte: Zerebrales Federvieh.
Werner Mitsch [1984]

♦

Ein allzu geflügeltes Wort sollte hin und wieder Federn lassen.
Wolfgang Mocker [1981]

♦

Geflügelte Worte müssen oft notlanden. In Kalau.
Michael Rumpf [1986]

Gemeinplätze

Gemeinplätze sind die Trams des geistigen Verkehrs.
José Ortega y Gasset (1883–1955)

Gerede

Das Gerede der Leute dauert nur fünfundsiebzig Tage.
Japanisches Sprichwort

Gerücht

Bös' Gerücht nimmt immer zu, / Gut Gerücht kommt bald zur Ruh.

◆

Das Gerücht wächst, wenn es läuft.

◆

Das Gerücht ist blind, aber es läuft schneller als der Wind.

◆

Das Gerücht ist immer größer als die Wahrheit.

◆

Das Gerücht tötet den Mann.

◆

Gemein Gerücht ist selten ganz erlogen.

◆

Gerücht ist der Klage Anfang.

◆

Gerücht schläft nicht.

◆

Wie die Ohren, so die Gerüchte.

◆

Wo man selber spricht, schweigt das Gerücht.

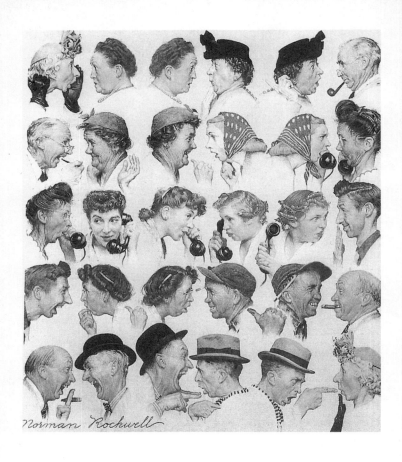

Wer sich des Rechten bewußt ist, lacht über die Lügen des Gerüchts.

Lateinisches Sprichwort

♦

Selbst tausend Gerüchte ergeben noch nicht ein Körnchen Wahrheit.

Mongolisches Sprichwort

Gerücht ist eine Pfeife, die Argwohn, Eifersucht, Vermutung bläst.
William Shakespeare (1564–1616)

Geschwätz

Böse Geschwätze verderben gute Sitten.
1. Kor. 15,3

♦

Lasset kein faul Geschwätz aus euerm Munde gehen.
Eph. 4, 29

♦

Durch ihr Geschwätz verrät die Elster ihr Nest.

♦

Guter Wein, lang Geschwätz.

♦

Viel Geschwätz füllt wenig Maul.

♦

Viel Geschwätz, wenig Tat.

♦

Wo viel Geschwätz ist, da fehlt es auch an Narren nicht.

♦

Am Anfang war das Wort. Es folgte das Geschwätz.
Klaus Sochatzy [1981]

♦

Am Anfang war die Stille, dann kam das Wort, gleich darauf das Geschwätz – und zum Schluß wieder das Schweigen.
Ulrich Erckenbrecht [1995]

Geschwätz. Der Schall: das Fleisch der Sprache. Geschwätz: wenn sie den Weg allen Fleisches geht.
Heimito von Doderer (1896–1966)

♦

Auch das klügste Wort bleibt am Ende nur Geschwätz, wenn es nicht auf irgendeinem Wege zu Taten führt.
Arthur Schnitzler (1862–1931)

Geschwätzig

Das Alter ist geschwätzig.

♦

Das Glück ist geschwätzig.

♦

Je leerer der Kopf, desto geschwätziger die Zunge.

♦

Ein geschwätziger Mensch tröstet sich schnell.
Spanisches Sprichwort

Geschwätzigkeit

Geschwätzigkeit bringt Herzeleid.

♦

Eine der schwersten und hartnäckigsten Krankheiten, deren Kur die Philosophie übernimmt, ist die Geschwätzigkeit; denn der Unterricht, als das einzige Mittel dagegen, läßt sich nur bei solchen gebrauchen, die hören; Schwätzer aber hören niemanden an, sondern reden immer. Das Unvermögen zu hören, ist das erste Übel, das dem Unvermögen zu schweigen, entspringt.
Plutarch (um 46 n. Chr. – um 125)

Gespräch

Gutes Gespräch kürzt den Weg.

♦

Lange Gespräche machen kurze Tage.

♦

Schlechte Gespräche verderben gute Sitten.

♦

Ein gutes Gespräch ist besser als ein gutes Bett.
Äthiopisches Sprichwort

♦

Eines Menschen Gespräch ist der Spiegel seiner Gedanken.
Chinesisches Sprichwort

♦

Ein abendliches Gespräch mit einem überlegenen Menschen ist besser als zehn Jahre Studium.
Chinesisches Sprichwort

♦

Wer noch im lebhaften und ungezwungenen Gespräch matt und farblos redet, kann unmöglich ein guter Schriftsteller sein.
Luc de Clapiers, Marquis de Vauvenargues (1715–1747)

♦

Flaubert beklagt einmal, daß ihm ein banales Gespräch zwischen zwei Spießbürgern größere Mühe bereite als alle Feinheiten.
Ernst Jünger (1895–1998)

♦

Friseurgespräche sind der unwiderlegliche Beweis dafür, daß die Köpfe der Haare wegen da sind.
Karl Kraus (1874–1936)

Gibt's ein Gespräch, wenn wir uns nicht belügen. / Mehr oder weniger versteckt? / So ein Ragout von Wahrheit und von Lügen, / Das ist die Köcherei, die mir am besten schmeckt.

Johann Wolfgang von Goethe (1749–1832)

Grammatik

Franz Grillparzer (1791–1872)

Sprachforschung

Philosophie und Poesie,
Verschlagen vom Wind der Emphatik,
Sie sind gestrandet, ich weiß nicht wie,
Auf der Sandbank der Grammatik.

◆

Grammatische Deutschheit
Neulich deutschten auf Deutsch vier deutsche Deutschlinge deutschend,
  Sich überdeutschend am Deutsch, welcher der Deutscheste sei.
Vier deutschnamig benannt: Deutsch, Deutscherig, Deutscherling, Deutschdich,
  Selbst so hatten zu deutsch sie sich die Namen gedeutscht.
Jetzt wettdeutschten sie, deutschend in grammatikalischer Deutschheit,
  Deutscheren Komparativ, deutschesten Superlativ.
„Ich bin deutscher als deutsch." „Ich deutscherer." „Deutschester bin ich."
  „Ich bin der Deutschereste, oder der Deutschestere."
Drauf durch Komparativ und Superlativ fortdeutschend,
  Deutschten sie auf bis zum – Deutschesteresteresten;
Bis sie vor komparativisch und superlativer Deutschung
  Den Positiv von Deutsch hatten vergessen zuletzt.

Friedrich Rückert (1788–1866)

◆

Durch schnelles Ergreifen, Verarbeiten und Festhalten entwuchs ich sehr bald dem Unterricht, den mir mein Vater und die übrigen

Lehrmeister geben konnten, ohne daß ich doch in irgend etwas begründet gewesen wäre. Die Grammatik mißfiel mir, weil ich sie nur als ein willkürliches Gesetz ansah; die Regeln schienen mir lächerlich, weil sie durch so viele Ausnahmen aufgehoben wurden, die ich alle wieder besonders lernen sollte. Und wäre nicht der gereimte angehende Lateiner gewesen, so hätte es schlimm mit mir ausgesehen; doch diesen trommelte und sang ich mir gern vor.
Johann Wolfgang von Goethe (1749–1832)

♦

Desto ernstlicher hielt ich mich ans Lateinische, dessen Musterwerke uns näher liegen und das uns, nebst so herrlichen Originalproduktionen, auch den übrigen Erwerb aller Zeiten in Übersetzungen und Werken der größten Gelehrten darbietet. Ich las daher viel in dieser Sprache mit großer Leichtigkeit, und durfte glauben die Autoren zu verstehen, weil mir am buchstäblichen Sinne nichts abging. Ja, es verdroß mich gar sehr, als ich vernahm, Grotius habe übermütig geäußert, er lese den Terenz anders als die Knaben. Glückliche Beschränkung der Jugend! ja der Menschen überhaupt, daß sie sich in jedem Augenblicke ihres Daseins für vollendet halten können, und weder nach Wahrem noch Falschem, weder nach Hohem noch Tiefem fragen, sondern bloß nach dem, was ihnen gemäß ist. So hatte ich denn das Lateinische gelernt wie das Deutsche, das Französische, das Englische, nur aus dem Gebrauch, ohne Regel und ohne Begriff. Wer den damaligen Zustand des Schulunterrichts kennt, wird nicht seltsam finden, daß ich die Grammatik übersprang, sowie die Redekunst: mir schien alles natürlich zuzugehen, ich behielt die Worte, ihre Bildungen und Umbildungen in Ohr und Sinn, und bediente mich der Sprache mit Leichtigkeit zum Schreiben und Schwätzen.
Johann Wolfgang von Goethe (1749–1832)

♦

Grammatik ist die Kunst des vollkommensten Ausdrucks bei geringster Auffälligkeit.
Heimito von Doderer (1896–1966)

Ich sah gar bald, daß eine gewisse Technik aus Nachahmung Gleichstellung mit andern und Routine hervorgehen konnte; allein es fehlte durchaus an dem, was ich Grammatik nennen durfte, die doch erst zum Grunde liegen muß, ehe man zu Rhetorik und Poesie gelangen kann.
Johann Wolfgang von Goethe (1749–1832)

♦

Um des Stils, nämlich um der Klarheit und Verständlichkeit willen muß man grammatikalische Fehler in Kauf nehmen. Wird der Gedanke dadurch plausibel, dann wird der Fehler alsbald zur Regel.
Herbert Eisenreich (1925–1986)

♦

Schreiben: Über dem Abgrunde schweben, gehalten nur von der Grammatik.
Heimito von Doderer (1896–1966)

♦

Man hat schon von alters gesagt: die Grammatik räche sich grausam an ihren Verächtern.
Johann Wolfgang von Goethe (1749–1832) [An Zelter: 23.2.1832]

♦

Die Grammatik schreibt der Sprache keine Gesetze vor, sondern erläutert und befestigt ihre Gepflogenheiten.
Alexander Sergejewitsch Puschkin (1799–1837)

Hauptwort

Das Hauptwort ist der Kopf, das Zeitwort ist der Fuß, das Beiwort sind die Hände. Die Journalisten schreiben mit den Händen.
Karl Kraus (1874–1936)

Hörensagen

Hörensagen ist halb gelogen.

Sehen geht vor Hörensagen.

♦

Vom Hörensagen lügt man viel.

♦

Von Hörensagen und Wiedersagen wird man mit Recht aufs Maul geschlagen.

♦

Vom Hörensagen wurde schon manchem aufs Maul geschlagen.

Interpunktion

Ein armseliger Hohn, der sich in Interpunktionen austobt und Rufzeichen, Fragezeichen und Gedankenstriche als Peitschen, Schlingen und Spieße verwendet.
Karl Kraus (1874–1936)

♦

Christian Morgenstern (1871–1914)

Im Reich der Interpunktionen

Im Reich der Interpunktionen
nicht fürder goldner Friede prunkt:

Die Semikolons werden Drohnen
genannt von Beistrich und von Punkt.

Es bildet sich zur selben Stund
ein Antisemikolonbund.

Die einzigen, die stumm entweichen
(wie immer), sind die Fragezeichen.

Die Semikolons, die sehr jammern,
umstellt man mit geschwungnen Klammern

und setzt die so gefangnen Wesen
noch obendrein in Parenthesen.

Das Minuszeichen naht, und – schwapp
da zieht es sie vom Leben ab.
Kopfschüttelnd blicken auf die Leichen
die heimgekehrten Fragezeichen.

Doch, wehe! neuer Kampf sich schürzt:
Gedankenstrich auf Komma stürzt –

und fährt ihm schneidend durch den Hals,
bis dieser gleich – und ebenfalls

(wie jener mörderisch bezweckt)
als Strichpunkt das Gefild bedeckt!...

Stumm trägt man auf den Totengarten
die Semikolons beider Arten.

Was übrig von Gedankenstrichen,
kommt schwarz und schweigsam nachgeschlichen.

Das Ausrufszeichen hält die Predigt;
das Kolon dient ihm als Adjunkt.

Dann, jeder Kommaform entledigt,
stapft heimwärts man, Strich, Punkt,
Strich, Punkt...

Jargon

Betrachten wir nun unser Vaterland: Ich höre einen Jargon reden, dem jede Anmut fehlt und den jeder nach seiner Laune handhabt; die Ausdrücke werden wahllos angewandt, die passendsten und bezeichnendsten Wörter vernachlässigt, und der eigentliche Sinn ertrinkt in einem Meer von Nebensächlichkeiten.

Friedrich der Große (1740–1786)

Journalismus

Der Journalismus dient nur scheinbar dem Tage. In Wahrheit zerstört er die geistige Empfänglichkeit der Nachwelt.
Karl Kraus (1874–1936)

♦

Die Prostitution des Leibes teilt mit dem Journalismus die Fähigkeit, nicht empfinden zu müssen, hat aber vor ihm die Fähigkeit voraus, empfinden zu können.
Karl Kraus (1874–1936)

Journalist

Der Journalist

Warum er just diesen Beruf erwählt hat?
Weil er alle andern verfehlt hat.
Karl Kraus (1874–1936)

♦

Keinen Gedanken haben und ihn ausdrücken können – das macht den Journalisten.
Karl Kraus (1874–1936)

♦

Journalist ist, wer über Dinge, die er nicht versteht, kompetent zu schreiben weiß.
Charles Tschopp (1899–1982)

♦

Journalist heißt einer, der das, was der Leser sich ohnehin schon gedacht hat, in einer Form ausspricht, in der es eben doch nicht jeder Kommis imstande wäre.
Karl Kraus (1874–1936)

♦

Der Journalist hat das Wort bei der Hand. Ich bin oft in Verlegenheit. Hätt' ich bloß einen Journalisten bei der Hand! Ich nähm' ihm

das Wort aus der Hand und gäb' ihm dafür einen Schlag auf die Hand.
Karl Kraus (1874–1936)

♦

Journalist: ein Schriftsteller, dessen schöpferische Phantasie ein wenig von der Wirklichkeit eingeschränkt wird.
Gabriel Laub (1928–1998)

♦

Das Hauptwort ist der Kopf, das Zeitwort ist der Fuß, das Beiwort sind die Hände. Die Journalisten schreiben mit den Händen.
Karl Kraus (1874–1936)

♦

Der Friseur erzählt Neuigkeiten, wenn er bloß frisieren soll. Der Journalist ist geistreich, wenn er bloß Neuigkeiten erzählen soll. Das sind zwei, die höher hinauswollen.
Karl Kraus (1874–1936)

Klatsch

Der Klatsch zweier Frauen zerstört zwei Häuser.
Arabisches Sprichwort

♦

Der Mund des Klatsches ist des Teufels Briefbeutel.
Walisisches Sprichwort

♦

Klatschen heißt anderer Leute Sünden beichten.
Wilhelm Busch (1832–1908)

♦

Verlästerung ist durch Moral langweilig gemachter Klatsch.
Oscar Wilde (1854–1900)

Klatsch ist die schnellste Regenerierung auf Kosten anderer.
Hans Arndt [1959]

◆

Wir sind geborene Polizisten. Was ist Klatsch andres als Unterhaltung von Polizisten ohne Exekutivgewalt.
Christian Morgenstern (1871–1914)

◆

Klatsch existiert, solange es Sprache gibt. Die Lust an der Enthüllung gehört offenkundig zur psychischen Grundausstattung des Menschen. Die zum Klatsch führende Konstellation: Neugier, Phantasie, Neid, Mißgunst, Langeweile, Geltungsdrang und Redefreudigkeit läßt sich zu allen Zeiten und in allen Ländern nachweisen.
Klaus Thiele-Dohrmann [1995]

Körpersprache
Hans Manz [1991]

Körpersprache

zittern
schwitzen
frösteln
erröten
erblassen
erstarren
steif dastehen
zurückweichen
Kopf senken
Kopf aufwerfen
Lippen zusammenkneifen
Mund offenstehen lassen
Arme hängen lassen
mit den Zähnen klappern
mit den Zähnen knirschen
zusammenzucken

aufblühen
die Stirn runzeln
die Nase rümpfen
Fäuste ballen
Gänsehaut bekommen
die Haare sträuben
von einem Fuß auf den andern treten
u. s. w.

Kritik

Wer zuviel Kritik übt, liebt zuwenig.
Irisches Sprichwort

◆

Übermaß von Kritik zeugt von Unverständnis.
Gustave Flaubert (1821–1880)

◆

Kritik ist die Literatur der Literatur. Oder deutlicher: Kritik ist die Form der Literatur, deren Gegenstand die Literatur ist.
Ernst Robert Curtius (1886–1956)

◆

Das ist nicht mehr neu; das ist bereits gesagt worden – ist einer der üblichsten Vorwürfe der Kritik. Aber alles ist schon gesagt, alle Begriffe sind im Laufe der Jahrhunderte bereits geklärt und wiederholt worden. Was folgt daraus? – Daß der menschliche Geist nichts Neues mehr hervorbringt? Nein, wir wollen ihn nicht verleumden: die Vernunft ist unerschöpflich in der Verbindung der Begriffe, wie denn die Sprache in der Verbindung der Wörter unerschöpflich ist. ... Ein Gedanke für sich selbst stellt nie etwas Neues dar; die Gedanken jedoch können mannigfaltig bis ins Unendliche sein.
Alexander Sergejewitsch Puschkin (1799–1837)

Am Eigenen die strengste Kritik: „Wenn das ein anderer geschrieben hätte, wäre es gut."
Ernst Jünger (1895–1998)

♦

Das Gefallen an der Kritik beraubt uns der Freude, von großen Schönheiten eines Schriftwerkes lebhaft ergriffen zu werden.
Jean de La Bruyère (1645–1696)

♦

Kritik bleibt ja immer ein Wagnis. Wertung ist unbegründbar. Der Grund ist wohl da, aber nur als Intuition. Sie kann überspringen als Funke. Mitteilbar ist sie nicht, nur vermittelbar. Das ist das Schöne an der Kritik. Sie ist ein Akt schöpferischer geistiger Freiheit. Freilich läßt sich die Intuition nachträglich motivieren. Aber diese Motivierung ist nur für den Mitfühlenden überzeugend. Grundakt der Kritik ist irrationaler Kontakt. Echte Kritik will nie beweisen, sie will nur aufweisen. Ihr metaphysischer Hintergrund ist die Überzeugung, daß die geistige Welt sich nach Affinitätssystemen gliedert.
Ernst Robert Curtius (1886–1956)

Kritiker

Emendieret nur zu, und observieret und leset,
Aber nehmt euch in acht, daß ihr den Autor – versteht.
Christian Friedrich Traugott Voigt (1770–1814)

♦

Kritiker – Man könnte von Eunuchen sprechen, die einen Mann verhöhnen, weil er ein buckliges Kind gezeugt hat.
Heinrich Heine (1797–1856)

♦

Man tadelt einen Kritiker, wenn er beißend wird. Wie ungereimt! Wenn die Fackel der Kritik leuchtet, soll sie nicht auch brennen!
Franz Grillparzer (1791–1872)

Für den Kritiker:

Der Umstand, daß ein Werk Erfolg hatte, läßt sich in verschiedener Weise ausnützen:
1. zur Beschimpfung des erfolgreichen Werkes, 2. zu der des Publikums, 3. zu der anderer Autoren. Die Position des Kritikers ist also einem erfolgreichen Werke gegenüber noch ergiebiger als einem erfolglosen.
Arthur Schnitzler (1862–1931)

◆

Der unfähige Kritiker verrät sich, wenn er anfängt, den Dichter statt des Gedichts zu besprechen.
Ezra Pound (1885–1972)

◆

Die Kritik ist die Kunst, die Scheinlebendigen in der Literatur zu töten.
Friedrich Schlegel (1772–1829)

◆

Es glaube doch nicht jeder, der imstande war, seine Meinung von einem Kunstwerk aufzuschreiben, er habe es kritisiert.
Marie Freifrau von Ebner-Eschenbach (1830–1916)

◆

Je ernster ein Kritiker seine Kritik nimmt, desto kritischer wird er seinen Ernst nehmen.
Christian Morgenstern (1871–1914)

◆

Der Kritiker kann nicht den Autor das Schreiben, aber den Leser das Lesen lehren.
Herbert Eisenreich (1925–1986)

Ein Kritiker ist ein Leser, der wiederkäut. Er sollte also mehr als einen Magen haben.
Friedrich Schlegel (1772–1829)

Lästerzunge

Wenn dich die Lästerzunge sticht,
so laß dir das zum Troste sagen:
Die schlechtesten Früchte sind es nicht,
woran die Wespen nagen.

Gottfried August Bürger (1747–1794)

Laut

Karl Kraus (1874–1936)

Elegie auf den Tod eines Lautes

Weht Morgenathem an die Frühjahrsblüthe,
so siehst du Thau.
Daß Gott der Sprache dieses h behüte!
Der Reif ist rauh.

Wie haucht der werthe Laut den Thau zu Perlen
in Geistes Strahl.
Sie vor die Sau zu werfen, diesen Kerlen
ist es egal.

Kein Wort darf Seele haben, der Barbare
er lebt so auch.
Sein Stral ist Strafe, Wort ist Fertigware
zum Sprachgebrauch.

Ein jeder Wirth ist, hat er etwas Grütze,
am Wort ein Wirt.
Die Sprache ist ja als der Hausfrau Stütze
nur engagiert.

Sie streckt sich nach der Decke, keines Falles
sie Aufwand treibt.

Sie kriegt, da sie ja Mädchen nur für Alles,
was übrig bleibt.

Man ist kurz angebunden, wenn man praktisch
so mit ihr spricht.
Dann aber wird ihr noch die Notzucht faktisch
von jedem Wicht.

Der Orthograph kennt Muth nicht, hat nur Mut
vor einem Laut,
den vorschriftsmäßig er mit wilder Wut
zusammenhaut.

Nicht Wahn ist, was er tut, er ist kein Thor,
er müt sich brav.
Doch hat er wol für Gottes Wort kein Ohr,
der Ortograf.

Er ist kein Thor, er ist ein Tor, durch das
der Fortschritt ziet,
Haß habend gegen hinderliche h's
in dem Gemüt.

Der Tag ist kurz, man spart die Zeit vom Mund,
das närt das Herz.
Man knappt das Wort sich ab, das ist gesund
für den Kommerz.

Man tut und schreibt recht, scheut kein edles Wort.
Was wahr ist, war.
Die Sprache athmet nicht, sie atmet fort
fürs Komptoir.

Man schreibt und hat recht, spart die Zeit am Wort,
so gut man kann.
Das Wort ist nur ein Abteil, ein Abort
für jedermann.

Ab-ortographen gibts in diesem Land,
die denken nach,
daß schnell wie 'n Taler get durch Mund und Hand
die theure Sprach'.

Unnütz ist doch so 'n Hauchlaut im Verkere.
Von Jar zu Jar
lert man drum eine Regel, die als Leere
recht annembar.

M. w. heißt: machen wir. Der Tag ist kurz.
Der Laut verhaucht.
Nachts widerfährt der Regel leicht ein Sturz,
wenn sie es braucht.

Auch dret man sich galant um, ob kein Stul da,
wie sichs gebürt.
Das rürt die Werte, die im Namen Hulda
das h noch fürt.

Schreib wie du sprichst, dann macht sich deine Schose,
fro kannst du lachen.
Ein Heiligthum ist eine alte Hose,
nicht zu machen!

Bediene selbst dich, lebe nach der Elle,
schreib auf Raten.
Das kann ich raten dir, es faren schnelle
die Automaten.

Im Büro schinden sich, Genuß zu finden
der Son und Vater.
Doch get man abends auch die Sprache schinden
statt ins Teater.

Wenn lautlos, erlos, werlos diese Gute,
rot vor Scham,
so anungslos da rute, sie die Rute
gleich bekam.

Die Sprache aber denkt sich ihren Teil:
In diesem Land
parieren muß zum allgemeinen Heil
der Konsonant.

Befehl ist halt Befel, er trägt das Leid
im Jammertal.

Er weiß, nicht besser in der harten Zeit
gets dem Vokal.

Der Zan der Zeit benagt an diesem Ort
mit flinker Wal
und wolgemut das altbewärte Wort
zu einer Zal.

Wie Thon klingt's, rauer Ton, das Or zerreißt er.
Doch sei du still.
Gewonheit macht's, frü übt sich was ein Meister
werden will.

Der Geist dankt ab. Wie Wansinn ihn beschlich es,
's ist totgewiß.
Sein Wort ist leider längst ein öffentliches
Ärgernis.

Ein Tropf ist nur aus Lem, ihm felt der Hauch
von Gottes Segen,
drum wischt vom Thau den Tropfen so ein Gauch,
der Ordnung wegen.

Nichts, was ihm Zeit raubt, ist dem Kristen heilig,
der da front;
er raubt dem Ding das h, so wird es eilig.
Was sich lont.

Und keine Thräne wird den Roling hindern
für und für.
Er warf das h, der Träne Schmerz zu lindern,
raus zur Tür.

Nicht jedes Thier verwüstet tätig so
der Schöpfung Spur.
Nur manche Gattung Tier lebt irgendwo
fern der Natur.

Sie hat wol viel Gefül und dieses ist
dick wie das Tau.
Den Thau zertritt sie,
Werth hat nur der Mist
für eine Sau.

Lektor

Ein guter Lektor ist dem Autor unentbehrlich, als sein erster Leser und Kritiker. Für jeden Menschen gibt es den blinden Fleck im Auge und damit für den Dichter in grammatischen, ästhetischen und Taktfragen Verstöße, die er übersieht. Immer noch wird zu glätten, zu feilen oder zu streichen sein...
Ernst Jünger (1895–1998)

◆

Lektoren sind Menschen, die von Berufs wegen ihre Arbeitstage vollständig mit Lesen ausfüllen. Es ist kaum vorstellbar, daß diese Leute sich auch noch am Feierabend hinsetzen, um ein Buch zu lesen, das sie in einer Buchhandlung von dem – durch Bücherlesen! – sauer verdienten Geld käuflich erworben haben. Aber in geschenkten Büchern blättern manche doch des öfteren.
Alfons Schweiggert [1989]

Lektüre

Manchen Menschen würden Weihnachtskataloge, Zeitungsannoncen, und zu Mundwassern, Seife, Thermosflaschen, Petroleumöfen usw. beigepackte Erklärungen und Referate als lebenslängliche Lektüre völlig genügen.
Christian Morgenstern (1871–1914)

◆

Laß dich deine Lektüre nicht beherrschen, sondern herrsche über sie.
Georg Christoph Lichtenberg (1742–1799)

Lesefrüchte

Unsere Lesefrüchte müssen immer eine Weile gelagert haben, bevor wir sie zeigen dürfen. Ein Wissen von heute imponiert nicht.
Hans Albrecht Moser (1882–1978)

Lesen

Viel lesen
und nicht durchschauen
ist viel essen
und übel verdauen.

♦

Lesen und nicht verstehen
ist pflügen und nicht säen.

♦

Fluchen lernt sich leichter als Lesen.

♦

Je mehr man liest, je mehr man lernt.

♦

Lesen und nichts verstehen,
Schaffen und nichts davon sehen,
Lieben und nicht genießen,
das möchte den Teufel verdrießen.

♦

Lesen und nichts verstehen ist halbes Müßiggehen.

♦

Wer nicht liest, der lebt nicht.

♦

Ein Herr, der nicht liest, ist wie ein Hund ohne Training.
Arabisches Sprichwort

♦

Die Kunst des Lesens ist, sinnvoll zu überspringen.
Englische Spruchweisheit

*Je mehr man liest,
je mehr man lernt.*

Lesen ohne zu verstehen ist wie Jagen ohne zu erbeuten.
Italienisches Sprichwort

◆

Wer nicht verstanden werden will, den soll man nicht lesen.
Lateinische Spruchweisheit

◆

Lesen heißt borgen, daraus erfinden abtragen.
Georg Christoph Lichtenberg (1742–1799)

◆

Wo nehme ich nur all die Zeit her, so viel nicht zu lesen?
Karl Kraus (1874–1936)

◆

Ich vergesse das meiste, was ich gelesen habe, so wie das, was ich gegessen habe, ich weiß aber so viel, beides trägt nichtsdestoweniger zu Erhaltung meines Geistes und meines Lebens bei.
Georg Christoph Lichtenberg (1742–1799)

◆

Durch vieles Lesen lernt man sogar Versuche gut erzählen, die man sehr schlecht angestellt hat.
Georg Christoph Lichtenberg (1742–1799)

◆

Sowenig wie das Lesen kann bloße Erfahrung das Denken ersetzen. Die reine Empirie verhält sich zum Denken wie Essen zum Verdauen und Assimilieren. Wenn jene sich brüstet, daß sie allein, durch ihre Entdeckungen, das menschliche Wissen gefördert habe, so ist es, wie wenn der Mund sich rühmen wollte, daß der Bestand des Leibes sein Werk allein sei.
Arthur Schopenhauer (1788–1860)

Der noch nicht einmal passives und aktives Lesen unterscheiden kann.
Georg Christoph Lichtenberg (1742–1799)

♦

Es ist ein großer Unterschied, ob ich lese zu Genuß und Belebung oder zu Erkenntnis und Belehrung.
Johann Wolfgang von Goethe (1749–1832)

♦

Leute, die sehr viel gelesen haben, machen selten große Entdeckungen. Ich sage dieses nicht zur Entschuldigung der Faulheit, denn Erfinden setzt eine weitläufige Selbstbetrachtung der Dinge voraus, man muß mehr sehen als sich sagen lassen.
Georg Christoph Lichtenberg (1742–1799)

♦

Als eine Frau lesen lernte, trat die Frauenfrage in die Welt.
Marie Freifrau von Ebner-Eschenbach (1830–1916)

♦

Warum die Menschen so wenig behalten können, was sie lesen, ist, daß sie so wenig selbst denken, wo ein Mensch, was andre gesagt haben, gut zu wiederholen weiß, hat er gewöhnlich selbst viel nachgedacht, wenn sein Kopf anders nicht ein bloßer Schrittzähler ist, und dergleichen sind manche Köpfe, die des Gedächtnisses wegen Aufsehen machen.
Georg Christoph Lichtenberg (1742–1799)

♦

Erst durch das Lesen lernt man, wieviel man ungelesen lassen kann.
Wilhelm Raabe (1831–1910)

♦

Bücher lesen heißt wandern gehen.
Jean Paul (1763–1825)

Lessings Geständnis, daß er für seinen gesunden Verstand fast zuviel gelesen habe, beweist, wie gesund sein Verstand war.
Georg Christoph Lichtenberg (1742–1799)

♦

Die Deutschen lesen zu viel. Darüber, daß sie nichts zum zweitenmal erfinden wollen, lernen sie alles so ansehen, wie es ihre Vorfahren angesehen haben. Der zweite Fehler ist aber gewiß schlimmer als der erste.
Georg Christoph Lichtenberg (1742–1799)

♦

Mit Leuten, die das Lesen als passiven Vorgang bezeichnen, dürfte nicht zu reden ratsam sein. Wer weiß, vielleicht werden sie das Hören auch als passiven Vorgang betrachten und unter eurer Rede einschlafen oder sterben.
Ludwig Hohl (1904–1980)

♦

Ich lese gar keine Bücher, wo ich noch beim dritten oder vierten Bogen sagen kann: das kann ich auch.
Georg Christoph Lichtenberg (1742–1799)

Leser

Der aber, der das Nützliche
so mit dem Angenehmen zu verbinden weiß,
daß er den Leser im Ergötzen bessert,
vereinigt alle Stimmen. Solch ein Werk
macht seiner Meister Namen allen Zungen
geläufig und der späten Nachwelt wert!
Quintus Horatius Flaccus (Horaz) (65–8 v. Chr.)

♦

Leser, wie gefall ich dir?
Leser, wie gefällst du mir?
Friedrich Logau (1604–1655)

Der Leser hat's gut: er kann sich seine Schriftsteller aussuchen.
Kurt Tucholsky (1890–1935)

Es gibt dreierlei Arten Leser: eine, die ohne Urteil genießt, eine dritte, die ohne zu genießen, urteilt; die mittlere, die genießend urteilt und urteilend genießt.
Johann Wolfgang von Goethe (1749–1832)

◆

Das Verständnis eines Buches ist die Sache des Lesers, und der kluge Leser errät überall die Motive und Hintergedanken des Verfassers... Für den unklugen Leser aber wären alle retrospektiven Erläuterungen dennoch nicht hinreichend; er ist dumm, und je mehr man ihm verdeutlichen will, desto weniger begreift er.
Heinrich Heine (1797–1856)

◆

Das zweite Lesen wird den ersten Eindruck nie nur bestätigen, sondern aufheben oder vertiefen.
Kein wirklicher Leser hat ein wirkliches Kunstwerk je ausgelesen.
Ludwig Hohl (1904–1980)

◆

Sehr bald kam ich zu der Überzeugung, daß es zwecklos ist, zu schreiben, solange man keine Vorstellung von seiner Leserschaft hat, solange man niemand begegnet ist, dessen Aufforderung man nachkommen, dessen Ermutigung man Glauben schenken, auf dessen Urteil man sich verlassen könnte.
Marcel Bénabou [1990]

◆

Der Leser läßt es sich gern gefallen, daß der Autor ihn an Bildung beschämt. Es imponiert einem jeden, daß er nicht gewußt hat, wie Korfu auf albanisch heißt. Denn von nun an weiß er es und kann sich vor den anderen, die es noch immer nicht wissen, auszeichnen. Bildung ist die einzige Prämisse, die das Publikum nicht übel nimmt, und der Ruhm des Tages ist einem Autor sicher, der den Leser in diesem Punkte demütigt. Wehe dem aber, der Fähigkeiten voraussetzt, die nicht nachgeholt werden können oder deren Verwendung mit Unbequemlichkeiten verbunden ist! Daß der Autor mehr gewußt hat als der Leser, ist in Ordnung; aber daß er mehr ge-

dacht hat, wird ihm so leicht nicht verziehen. Das Publikum darf nicht dümmer sein. Und es ist sogar klüger als der gebildete Autor, denn es erfährt aus seiner Zeitschrift, wie Korfu auf albanisch heißt, während jener erst ein Lexikon befragen mußte.
Karl Kraus (1874–1936)

◆

Und das sind die rechten Leser, die mit und über dem Buche dichten.
Joseph Freiherr von Eichendorff (1788–1857)

◆

Man darf den Leser nicht voraussehen lassen, was man ihm sagen will, aber man muß ihn dazu bringen, den Gedanken selbst zu finden, denn dann achtet er uns, weil wir denken wie er, aber später als er.
Luc de Clapiers, Marquis de Vauvenargues (1715–1747)

◆

Meinem Leser
Ein gut Gebiß und einen guten Magen –
Dies wünsch ich dir!
Und hast du erst mein Buch vertragen,
Verträgst du dich gewiß mit mir!
Friedrich Wilhelm Nietzsche (1844–1900)

◆

Karl Kraus (1874–1936)

Warnung des Lesers

Wenn an eurem Horizont mein Wort erscheint –
ahnt ihr denn, was vorhergegangen?
Euch würde nach anderem Klima verlangen.
Ihr meint, der Himmel sei heiter gemeint?
Blitz, Hagel und Wetter!
Titanenkampf mit einer Letter!

◆

Die meisten Schriftsteller sind zugleich ihre *Leser* – indem sie schreiben – und daher entstehn in den Werken so viele Spuren des Lesers – so viele kritische Rücksichten – so manches, was dem Leser

zukömmt und nicht dem Schriftsteller. Gedankenstriche – großgedruckte Worte – herausgehobne Stellen – alles dies gehört in das Gebiet des Lesers. Der Leser setzt den *Akzent* willkürlich – er macht eigentlich aus einem Buche, was er will.
Novalis (1772–1801)

◆

Der wirkliche Leser wird in dem gut Geschriebenen immer neue Seiten entdecken; in jeder Lage ergeben sich neue Wirkungen. Selbst wenn er das Stück „auswendig" weiß, wird es erst recht inwendig, ein Teil von ihm und erreicht kein Ende, da es fortzeugend ist wie das Leben – da es selber das Leben ist, ein realer Teil der Dinge und unabsehbar in den Folgen.
Ludwig Hohl (1904–1980)

◆

Die schlechtesten Leser. – Die schlechtesten Leser sind die, welche wie plündernde Soldaten verfahren: sie nehmen sich Einiges, was sie brauchen können, heraus, beschmutzen und verwirren das Übrige und lästern auf das Ganze.
Friedrich Wilhelm Nietzsche (1844–1900)

Lexikon

Wenn einem Autor ein Lexikon nachkommen kann, so taugt er nichts.
Johann Wolfgang von Goethe (1749–1832)

◆

… die großen Lexika, die großen Krambuden der Literatur, wo jeder einzelne sein Bedürfnis pfennigweise nach dem Alphabet abholen kann!
Johann Wolfgang von Goethe (1749–1832)

Literarisch

Dreiviertel meiner ganzen literarischen Tätigkeit ist überhaupt Korrigieren und Feilen gewesen.

Theodor Fontane (1819–1898)

Literat

Keine Klasse von Menschen urteilt billiger von der anderen als die Denker von den Denkern und keine unbilliger als die Literaten von den Literaten.

Georg Christoph Lichtenberg (1742–1799)

Literatur

Literatur ist Sprache, die mit Sinn geladen ist.
Große Literatur ist einfach Sprache, die bis zur Grenze des Möglichen mit Sinn geladen ist.

Ezra Pound (1885–1972)

Von allen Werken der Literatur Schönheit oder ein moralisches Ziel zu verlangen, wäre dasselbe, wie von jedem Staatsbürger makellosen Lebenswandel und Bildung zu verlangen. Das Gesetz trifft nur die Verbrechen und überläßt die Schwächen und Laster dem Gewissen eines jeden einzelnen.

Alexander Sergejewitsch Puschkin (1799–1837)

Wer in der Literatur etwas bedeuten oder wenigstens eine fühlbare Umwälzung hervorrufen will, muß, wie in der politischen Welt, alles bereit finden und zur rechten Zeit geboren sein.

Nicolas-Sébastien Roch Chamfort (1741–1794)

♦

Alles, was sich nicht auf Literatur bezieht, hasse ich.

Franz Kafka (1883–1924)

Die Literatur als Beruf ist zerstörend: man soll sich vor den Worten mehr *fürchten*.
Elias Canetti (1905–1994)

◆

Die Eigenschaft, die ein niedriger Literat an einem höheren am wenigsten zu schätzen weiß, weil er sie gar nicht kennt, ja nicht zu ahnen vermag: ist die Ausdauer, das eigentliche zähe Wollen des Höheren.
Hugo von Hofmannsthal (1874–1929)

◆

In der Literatur gibt es zwei verschiedene Ähnlichkeiten. Wenn man findet, daß ein Autor einen anderen zum Verwandten, und wenn man entdeckt, daß er ihn bloß zum Bekannten hat.
Karl Kraus (1874–1936)

Lüge

Etwas, das man sagen gehört hat, wiederholen, wird schon zur halben Lüge.
Italienisches Sprichwort

◆

Mit der Lüge kommt man durch die ganze Welt, aber nicht wieder zurück.
Polnisches und jiddisches Sprichwort

◆

Eine Lüge, die Gutes bewirkt, ist besser als eine Wahrheit, die Unglück bringt.
Iranisches Sprichwort

Die Wahrheit hat Füße, ist sie entlaufen.
Die Lüge hat keine, ist sie dageblieben.
(Der émess hot fiss, is er entlofen,
der scheker hot nit kejn fiss,
is er do gebliben.)
Jiddische Spruchweisheit

♦

Eine Lüge mag weise sein, aber Wahrheit ist die Weisheit selbst.
Arabisches Sprichwort

♦

Eine halberzählte Geschichte ist der Vater vieler Lügen.
Chinesisches Sprichwort

♦

Eine halbe Wahrheit ist eine ganze Lüge.
(A halber émess is a ganzer ligen.)
Jiddische Spruchweisheit

♦

Gib einer Lüge vierundzwanzig Stunden Vorsprung, und du kannst sie niemals einholen.
Englische Spruchweisheit

♦

An Lügen gewinnt man nicht, denn daß man ihm nächstens desto weniger glaubt.

♦

Auf eine grobe Lüge gehört eine grobe Ohrfeige.

♦

Auf eine Lüge gehört eine Maulschelle.

Auf grobe Lüge derbe Wahrheit.

◆

Auf Lügen läßt sich kein Kohl kochen.

◆

Aus einem Körnchen Wahrheit bäckt die Lüge einen Laib Brot.

◆

Besser eine Lüge, die heilt, als eine Wahrheit, die verwundet.

◆

Der weit gewandert ist und alt, mag wohl lügen mit Gewalt.

◆

Die gröbsten Lügen sind die besten.

◆

Die halbe Wahrheit ist die gefährlichste Lüge.

◆

Die Lüge bedarf gelehrter, die Wahrheit einfältiger Leute.

◆

Die Lüge bringt sich selber um.

◆

Die Lüge mag noch so geschwind sein, die Wahrheit holt sie ein.

◆

Eine ehrliche Lüge schadet nicht.

◆

Eine Lüge macht die ganze Wahrheit verdächtig.

◆

Eine Lüge reicht der anderen die Hand.

Eine Lüge schleppt zehn andre nach.

♦

Es ist keine Lüge, sie findet ihr Mäntlein.

♦

Es gehen viel Lügen in einen Sack.

♦

Ferne Reisen, große Lügen.

♦

Großen Herren, Fremden und Alten pflegt man Lüge für gut zu halten.

♦

Hätt' ihn die erste Lüge erstickt, er wäre längst tot.

♦

Hohe Schwüre haben die Lüge vor der Türe.

♦

Je größer die Lüge, je schöner der Mantel.

♦

Jede Lüge will zehn andre zum Futter haben, wenn sie nicht sterben soll.

♦

Kann sein schützt vor Lügen.

♦

Lüg und Trug ist der Welt Acker und Pflug.

♦

Lüge hängt zusammen wie Sand, man kann ihn nicht ballen.

Lüge ist die erste Staffel zum Galgen.

◆

Lüge soll man mit Falschheit vergelten.

◆

Lüge und Wahrheit sind oft Nachbarn.

◆

Lügen in allen Formaten ist eine große Bibliothek.

◆

Lügen sind des Teufels Wahrheiten.

◆

Lügen und Lawinen wachsen immer.

◆

Lügen und Schlangen winden sich.

◆

Lügen zerschmelzen wie Schnee.

◆

Man bedarf sieben Lügen, eine Lüge zu bestätigen.

◆

Mit Lügen und Listen füllt man Säcke und Kisten.

◆

Nicht jede Lüge ist ein Scherz.

◆

Sag eine Lüge, so hörst du eine (die) Wahrheit.

◆

Schmutzige Wäsche und Lügen sammeln sich an.

Viele Worte, viel Lügen.

♦

Vielleicht sind anderthalb Lügen.

♦

Wahrheit gibt kurzen Bescheid, Lüge macht viel Redens.

♦

Wenn die Lüge erkaltet, so stinkt sie.

♦

Wenn man der Lüge glauben soll, muß man sie mit Wahrheit flikken.

♦

Wer anfängt mit Lügen, hört auf mit Betrügen.

♦

Wer die Wahrheit nicht leiden kann, der muß sich mit der Lüge trösten.

♦

Wo die Lüge gefrühstückt hat, da kann sie nicht zu Mittag essen.

♦

Wo die Wahrheit einkehrt, kann die Lüge nicht bleiben.

♦

Zu einer Lüge gehören immer sieben Lügen.

♦

Zu grober Lüge soll man pfeifen.

♦

Zwischen Wahrheit und Lüge ist ein schmaler Pfad.

Lügen haben kurze Beine.

◆

„Lügen haben kurze Beine"; und lange Arme.
Hans Kudszus (1901–1977)

◆

Erich Fried (1921–1989)

Die Lüge von den kurzen Beinen

Die
Beine
der
größeren
Lügen
sind
gar
nicht
immer
so kurz.

Kürzer
ist
oft
das
Leben
derer
die
an
sie
glaubten.

◆

Vielleicht hat man schon erraten, daß der Geist der Lüge mit unserer Suche nach der Wahrheit unentwirrbar verknüpft ist, ähnlich einem Nessusgewand, das auf dem menschlichen Körper klebt.
Paul Ricœur [1974]

Wir reden uns oft unsre eigenen Lügen ein, um uns nicht Lügen strafen zu müssen, und täuschen uns selbst, um die andern zu täuschen.

Luc de Clapiers, Marquis de Vauvenargues (1715–1747)

♦

Du darfst das Geheimnis, das dir der Bruder anvertraute, ableugnen, auch wenn du dazu lügen mußt, denn nicht jeden Ortes ist es Pflicht, die Wahrheit zu sagen.

Muhammad Al-Ghazâlî (1058–1111)

♦

Die Menschen leben nicht nur von Wahrheiten, sie brauchen auch Lügen: die Lügen, die sie frei erfinden, nicht die Lügen, die man ihnen aufzwingt.

Mario Vargas Llosa [1994]

♦

Wer die Umgangsformen beachtet, aber die Lüge verwirft, gleicht einem, der sich zwar modisch kleidet, aber kein Hemd auf dem Leibe trägt.

Walter Benjamin (1892–1940)

♦

Hans Manz [1991]

Widersprichwort

Lügen haben kurze Beine,
die sich eiliger bewegen,
hurtiger ausweichen,
wendigere Haken schlagen
als lange Beine.
Auch das ist eine Wahrheit.

Es ist nichts Schändlicheres in der Welt, als sich auf Lügen und Märchen einzurichten.
Johann Wolfgang von Goethe (1749–1832)

◆

Nicht die Lügen, sondern die sehr feinen *falschen* Bemerkungen sind es, die die Läuterung der Wahrheit aufhalten.
Georg Christoph Lichtenberg (1742–1799)

◆

O weh der Lüge! Sie befreit nicht, / Wie jedes andre, wahrgesprochne Wort, / Die Brust; sie macht uns nicht getrost, sie ängstet / Den, der sie heimlich schmiedet, und sie kehrt / Ein losgedruckter Pfeil, von einem Gotte / Gewendet und versagend, sich zurück / Und trifft den Schützen.
Johann Wolfgang von Goethe (1749–1832)

◆

Du mußt bedenken, daß eine Lüge dich nicht bloß eine Wahrheit kostet, sondern die Wahrheit überhaupt.
Friedrich Hebbel (1813–1863)

◆

Ich nahm die Wahrheit mal aufs Korn
Und auch die Lügenfinten,
Die Lüge macht sich gut von vorn,
Die Wahrheit mehr von hinten.
Wilhelm Busch (1832–1908)

◆

Ein aufrichtiger Irrtum ist keine Lüge; er ist nur ein Schritt auf die Wahrheit zu. Lüge ist, vor der Wahrheit Angst haben und sie ersticken wollen.
Romain Rolland (1866–1944)

Großherzige Lüge: Wann ist die Wahrheit so schön, daß sie dich übertreffen könnte?

Johann Wolfgang von Goethe (1749–1832)

♦

Ein Deutscher ist ein Mensch, der keine Lüge aussprechen kann, ohne sie selbst zu glauben.

Theodor W. Adorno (1903–1969)

♦

Weder Verleumdung noch Verrat richten den meisten Schaden in der Welt an, weil sie fortwährend niedergekämpft und nur empfunden werden in der Bekämpfung. Es ist die glitzernde und sanft ausgesprochene Lüge; die freundliche Ungenauigkeit; der einschmeichelnde Trugschluß; die patriotische Lüge des Historikers; die vorsorgliche Lüge des Staatsmannes; die eifernde Lüge des Parteipolitikers; die barmherzige Lüge des Freundes und die leichtfertige Lüge jedes Menschen gegen sich selbst, die den schwarzen, geheimnisvollen Trauerflor über die Menschheit breiten. Jedem, der ein Loch in diesen Schleier reißt, sind wir dankbar, wie wir dem danken, der einen Brunnen in der Wüste gräbt. Wohl uns, daß noch der Durst nach Wahrheit uns geblieben, nachdem wir eigenwillig uns von ihren Quellen abgewandt haben.

John Ruskin (1819–1900)

Lügen

Je wiiter s Määrli flügt, je mächtiger das s lügt.

Schweizer Sprichwort

♦

Er lügt, wie wenn's gedruckt wär'.

♦

Lügen, Buhlen und Stehlen hängen aneinander.

Lügen und Stehlen gehen miteinander.

◆

Lügen lernt man ohne Buch.

◆

Wer einmal lügt, dem glaubt man nicht, und wenn er auch die Wahrheit spricht.

◆

Wer gern lügt, kann viel Neues sagen.

◆

Wer gern lügt, stiehlt auch gern.

◆

Wer lügen will, mag Wunder sagen.

◆

Wer lügen will, muß ein gut Gedächtnis haben.

◆

Wer lügen will, soll von fernen Landen lügen, so kann man ihm nicht nachfragen.

◆

Wer lügen will, vergesse vor Ende nicht seines Anfangs.

◆

Wer lügt, der stiehlt, wer stiehlt, der lügt.

◆

Wer viel schwatzt, lügt viel.

◆

Wer von fernen Landen lügt, der lügt mit Gewalt.

Aus der Ferne ist gut lügen.

♦

Hülfe Lügen, so würde keiner gehangen.

♦

Wäre Lügen so schwer wie Steine tragen, würde mancher lieber die Wahrheit sagen.

♦

Was man heraus lügt, kann man nicht wieder hinein lügen.

♦

Allermanns Wort lügt selten.

♦

Aus der Weite ist gut lügen.

♦

Aus einem Jungen, der lügt, wird ein Alter, der betrügt.

♦

Das Gesicht lügt nicht.

♦

Das Herz lügt nicht.

♦

Der hat gut lügen, der von weit her ist.

♦

Der ist leichtfertig, der umsonst lügt.

♦

Der Spiegel lügt, der Schein betrügt.

Der Spiegel lügt nicht.

♦

Der Vater lügt, der Sohn betrügt.

♦

Hörensagen ist halb gelogen.

♦

Im Deutschen lügt man, wenn man höflich ist.
(Nach Goethe, Faust II)

♦

Klatschen und Lügen gehen Hand in Hand.

♦

Lügen braucht viel Worte.

♦

Lügen in allen Formaten gibt eine große Bibliothek.

♦

Lügen ist der Leber gesund.

♦

Lügen ist keine Kunst.

♦

Er lügt wie gedruckt.

♦

Lügt auch der Mund, das Herz tut's (kann's) nicht.

♦

Man kann sich eher an den Galgen lügen als herunter.

Meinen liegt nicht weit von Lügen.

♦

Mit Lügen und Listen füllt man Kasten und Kisten.

♦

Ohrenbläser lügen gern.

♦

Viel reden, viel lügen.

♦

Vom Hören lernt man lügen.

♦

Vom Hörensagen lügt man viel.

♦

Von fernen Ländern lügt man viel.

♦

Von fern lügt man gern.

♦

Wahrheit besteht, Lügen vergeht.

♦

Mache es so, wie du sagst, dann lügst du nicht.

♦

Wer anfängt mit Lügen, hört auf mit Betrügen.

♦

Wer das Lügen leidet, lehrt das Stehlen.

Wer schreit, lügt; die Wahrheit hat eine leise Stimme.

♦

Wer flüstert, lügt.

♦

Wer gern lügt, der stiehlt auch gern.

♦

Wer gern lügt, macht gern Wunder.

♦

Wer heute lügt, dem kann man morgen nicht glauben.

♦

Wer immer lügt, wird nicht mehr rot.

♦

Wer leicht schwört, der lügt auch.

♦

Wer lügt, betrügt.

♦

Wer lügt, der stiehlt, wer hurt, der bettelt.
Westfälisches Sprichwort

♦

Wer raunt, der lügt.

♦

Wer schweigt, lügt nicht.

♦

Wer viel schwatzt, lügt viel.

Wo verkauft wird, da wird gelogen.

♦

Zwei können den Dritten an den Galgen lügen.

♦

Er lügt nur zweimal im Jahr:
im Sommer und im Winter.
Jiddische Spruchweisheit

♦

Wer lügen will, muß die Zeugen fernhalten.
Lateinisches Sprichwort

♦

Habt ihr gelogen in Wort und Schrift,/Andern ist es und euch ein Gift.
Johann Wolfgang von Goethe (1749–1832)

♦

Weh dem, der lügt.
Titel von Franz Grillparzers Lustspiel „Weh dem, der lügt." (1838)

♦

Weh dem, der nicht lügt.
Gerhard Uhlenbruck [1977]

♦

Am feinsten lügt das Plausible.
Emil Gött (1864–1908)

♦

Keinen Anlaß zur Lüge haben, heißt noch nicht: aufrichtig sein.
Arthur Schnitzler (1862–1931)

Wer lügen will, muß sich erst selbst überreden.
Johann Wolfgang von Goethe (1749–1832)

◆

Die Leute, die sich belügen lassen, sind gefährlicher als diejenigen, die belügen; und die Leute, die sich verderben lassen, schändlicher, als die Verderber es sind. Denn es ist ein psychologisches Gesetz, daß die Dummen und die Schwachen, keineswegs ganz unbewußt, nach den Leuten auf der Suche sind, von denen sie Lüge und Verderbnis erwarten und nicht eher ruhen, als bis sie sie gefunden haben.
Arthur Schnitzler (1862–1931)

◆

Man lügt wohl mit dem Munde, aber mit dem Maule, das man dabei macht, sagt man doch noch die Wahrheit.
Friedrich Nietzsche (1844–1900)

◆

Das Lügen ist wahrlich ein verdammtes Laster. Sind wir doch Menschen und gesellige Wesen nur durch die Sprache. Würden wir die Tragweite und Scheußlichkeit dieses Lasters recht einsehen, wir würden es mit Feuer und Schwert verfolgen mit mehr Recht als andere Verbrechen.
Michel Eyquem de Montaigne (1533–1592)

◆

Das Lügen, das Erfinden schöner, unwahrer Dinge, stellt das eigentlich Ziel der Kunst dar.
Oscar Wilde (1854–1900)

◆

Zwischen Freimütigkeit und Roheit besteht derselbe Unterschied wie zwischen Geschicklichkeit und Lüge, man ist grob oder lügnerisch nur infolge eines geistigen Defekts, die Lüge ist nur die Roheit falscher Menschen, der Abschaum der Falschheit.
Luc de Clapiers, Marquis de Vauvenargues (1715–1747)

Lügner

Dem Lügner sieht man so tief ins Maul als dem Wahrsager.

♦

Der Lügner fängt sich selbst in seiner Lüge.

♦

Der Lügner muß ein gutes Gedächtnis haben.

♦

Der Lügner trägt des Teufels Livree.

♦

Der Lügner und der Dieb wohnen unter einem Dache.

♦

Der Meiner und der Lügner sind Brüder.

♦

Ein Lügner hat bald ausgedient.

♦

Junger Lügner, alter Dieb.

♦

Kleine Lügner, große Diebe.

♦

Schuldner sind Lügner.

♦

Ein Lügner erzählt seine Lügen so oft, bis er sie am Ende selber glaubt.
Jiddische Spruchweisheit

Vör en Deef (*Dieb*) kann man de Dör tomaken, avers vor en Lögner nich.
Schleswig-Holsteinische Spruchweisheit

♦

Zeig mir den Lügner, ich zeig dir den Dieb.

♦

Ein Lügner mäht mehr als ein Schwert.

♦

Wer einen Anlaß zur Lüge braucht, ist kein geborener Lügner.
Luc de Clapiers, Marquis de Vauvenargues (1715–1747)

♦

Der Lügner hofft vergeblich Treu und Glauben...
Johann Wolfgang von Goethe (1749–1832)

♦

Ein Lügner ist ein Mensch, der nicht zu täuschen versteht, und ein Schmeichler täuscht meist nur Dummköpfe. Nur wer sich der Wahrheit geschickt zu bedienen weiß und ihre Kraft kennt, darf sich einbilden, schlau zu sein.
Luc de Clapiers, Marquis de Vauvenargues (1715–1747)

Lyrik

Alles Lyrische muß im Ganzen sehr vernünftig, im Einzelnen ein bißchen unvernünftig sein.
Johann Wolfgang von Goethe (1749–1832)

♦

Lyrik verhält sich zum Drama wie der Knopf zum Anzug.
Georg Kaiser (1878–1945)

♦

Ein lyrisches Gesamtwerk muß eine (innere) Geschichte haben, die in Harmonie oder Kontrast stehen mag zur äußeren Geschichte. Ich

denke an so etwas wie die ›Phasen‹ der Maler, in unserer Zeit etwa des Picasso.
Bertolt Brecht (1898–1956)

♦

Die lyrische Generation von heute steht vor verschlossenen Türen. Keine Zeitschrift mehr, die dem Lyrischen Wert und Wichtigkeit gibt. Kein Verleger, der nicht vor einem Versband erschrickt. Kein Jahrbuch mehr, kein Sammelpunkt, keine Förderung und vor allem: kein Publikum. Der lyrische Ausdruck ist eine Art Esperanto geworden, ungewöhnliche und künstliche Sprache neben der allerorts geübten und – weil in ihrer Nützlichkeit nicht recht erweisbar – als sonderbares Spiel betrachtet, als Sport, dem man, weiß Gott, weniger Aufmerksamkeit schenkt als dem Schlagball und Rugby. Alles Lyrische ist heute innerhalb Deutschlands in einen Lärm oder in eine Leere hineingesprochen.
Stefan Zweig (1881–1942)

Lyriker

Die Souveränität des Dichters erweist sich auch an seiner Unabhängigkeit vom Stande der Wissenschaft. Das gilt besonders für den Lyriker. Der Beweis ist unter seinem Niveau.
Ernst Jünger (1895–1998)

♦

Der Lyriker bringt seine Gefühle zum Markt wie der Bauer seine Ferkeln.
Wilhelm Busch (1832–1908)

Märchen

Märchen: das uns unmögliche Begebenheiten unter möglichen oder unmöglichen Bedingungen als möglich darstellt.
Johann Wolfgang von Goethe (1749–1832)

Wie jammervoll und nüchtern erscheint mir eine Kinderstube, aus der das Märchen verbannt ist.
Marie Freifrau von Ebner-Eschenbach (1830–1916)

Maxime

Wenn der berühmte Autor der Maximen so gewesen wäre, wie er alle Menschen zu schildern versucht hat, verdiente er dann unsere Achtung und den abgöttischen Kult seiner Anhänger?
Luc de Clapiers, Marquis de Vauvenargues (1715–1747)

♦

Die Maximen bedeuten für die Lebensführung soviel wie die Meisterregeln für die Kunst.
Nicolas-Sébastien Roch Chamfort (1741–1794)

♦

Eine Maxime, die erst bewiesen werden muß, ist schlecht formuliert.
Luc de Clapiers, Marquis de Vauvenargues (1715–1747)

♦

Den guten Maximen bleibt es nicht erspart, trivial zu werden.
Luc de Clapiers, Marquis de Vauvenargues (1715–1747)

♦

Gegen die Maximen, die das Herz des Menschen entdecken, kämpft man so heftig an, weil man fürchtet, durch sie selber entdeckt zu werden.
François VI., Duc de La Rochefoucauld (1613–1680)

♦

Nicht zu jeder Zeit kann man sich an alle guten Vorbilder und Maximen halten.
Luc de Clapiers, Marquis de Vauvenargues (1715–1747)

Wenige Maximen sind wahr in jeder Hinsicht.
Luc de Clapiers, Marquis de Vauvenargues (1715–1747)

Maximen, Axiome sind wie Kompendien das Werk geistreicher Leute, die, so scheint es, für die mittelmäßigen und trägen Geister gearbeitet haben. Der Träge nimmt eine Maxime an, um sich die Beobachtungen zu ersparen, die deren Verfasser zu seinem Resultat geführt haben. Der träge und der mittelmäßige Mensch getrauen sich nicht, darüber hinauszugehen, und sie geben der Maxime eine Allgemeinheit, die der Verfasser, wenn er nicht selber mittelmäßig war, ihr gar nicht geben wollte. Ein überlegener Geist erfaßt mit einem Schlage die Ähnlichkeiten, die Unterschiede, die eine Maxime mehr oder minder oder überhaupt nicht auf diesen oder jenen Fall anwendbar machen. Es verhält sich hier so wie mit der Naturgeschichte, deren Klassen und Unterabteilungen dem Wunsch nach Vereinfachung entstammen. Eine solche Einteilung hat Kombinations- und Beobachtungsgabe erfordert. Aber der große Naturforscher, der Genius, sieht, daß die Natur individuell verschiedene Wesen erschaffen hat, er sieht das Unzulängliche aller Klassen und Unterabteilungen, die den mittelmäßigen oder trägen Geistern so nützlich sind. Zwischen beiden besteht ein Assoziationszusammenhang; sie verhalten sich oft zueinander wie Ursache und Wirkung.
Nicolas-Sébastien Roch Chamfort (1741–1794)

Metapher

Die Bemerkung des Aristoteles in seiner Rhetorik, daß jede Metapher sich umkehren lassen müsse, ist vorzüglich. So hat man gesagt, das Alter sei der Winter des Lebens; kehrt man die Metapher um, so ist sie ebenfalls richtig, denn man kann sagen, der Winter sei das Alter des Jahres.
Nicolas-Sébastien Roch Chamfort (1741–1794)

Die Metapher ist weit klüger als ihr Verfasser, und so sind es viele Dinge. Alles hat seine Tiefen. Wer Augen hat, der sieht alles in allem.
Georg Christoph Lichtenberg (1742–1799)

Monolog

Mit Frauen führe ich gern einen Monolog. Aber die Zwiesprache mit mir selbst ist anregender.
Karl Kraus (1874–1936)

Mund

Auch mit lachendem Munde kann man die Wahrheit sagen.

♦

Augen auf und Mund zu gibt ein Leben in Ruh'.

♦

Beredter Mund geht nicht zugrund.

♦

Besser einen Mund voll zuviel gegessen als zuviel gesprochen.

♦

Bitter im Mund ist dem Herzen gesund.

♦

Böser Mund muß einen starken Rücken haben.

♦

Butter im Munde, Schwerter im Herzen.

♦

Das Herz denkt oft anders, als der Mund redet.

Der eigene Mund ist der nächste Vetter.

♦

Der Mund betet und die Hand tötet.

♦

Der Mund macht, daß der Hintern Schläge kriegt.

♦

Der Mund redet, wovon das Herz voll ist.

♦

Der Mund sagt's, aber das Herz weiß nichts davon.

♦

Der Mund verrät des Herzens Grund.

♦

Der muß nicht pfeifen wollen, der den Mund nicht spitzen kann.

♦

Der Wein (Die Wahrheit) nimmt kein Blatt vor den Mund.

♦

Einem schweigenden Munde ist nicht zu helfen.

♦

Ein loser Mund ist ungesund.

♦

Feindes Mund redet selten was Gutes.

♦

Freunde mit dem Mund: einer auf ein Pfund; Freunde in der Not: tausend auf ein Lot.

Hoffnungen machen den Mund groß, Erfahrungen machen ihn klein.

♦

Honig im Munde, Galle im Herzen.

♦

Im Munde Bibel, im Herzen übel.

♦

Im Munde den Honig, im Herzen den Stachel.

♦

In armer Leute Mund verdirbt viel Weisheit.

♦

Je reger der Mund, je träger die Hände.

♦

Lügt auch der Mund, das Herz tut's nicht.

♦

Mach den Mund zu, so kommt keine Fliege hinein.

♦

Mancher gibt mit dem Munde und nimmt mit beiden Händen.

♦

Mancher hat das Evangelium im Munde und den Teufel im Herzen.

♦

Man soll (darf) den Mund nicht zu voll nehmen.

♦

Mit dem Munde trommeln ist nicht schwer.

Offene Tür und offener Mund bringen manchen auf den Hund.

♦

Oft lacht der Mund, und das Herz weiß nichts davon.

♦

So mancher Mund, so mancher Sinn.

♦

Trunkener Mund offenbart des Herzens Grund.

♦

Trunkener Mund, wahrer Mund.

♦

Verschloßner Mund und offene Augen haben noch niemandem geschadet.

♦

Viel im Munde, wenig in der Tat.

♦

Was der Mund redet, muß der Hals bezahlen.

♦

Was der Mund zuviel ausgibt, bekommt der Rücken wieder.

♦

Was in aller Leute Mund, ist nicht immer ohne Grund.

♦

Was kommt in den dritten Mund, wird aller Welt kund.

♦

Wenn das Bier (der Wein) eingeht, geht der Mund auf.

Wenn der Mund nicht kann, muß der Buckel dran.

◆

Wenn die Börse redet, muß der Mund schweigen.

◆

Wer den Mund hält, dem fliegt keine Mücke hinein.

◆

Wer den Mund nicht aufmacht, dem regnet es nicht hinein.

◆

Wer den Mund nicht auftut, muß den Beutel auftun.

◆

Wer einmal in den Mund der Leute kommt, der kommt selten heraus.

◆

Wer Galle im Munde hat, dem schmeckt alles bitter.

◆

Wie Mund, so Herz.

◆

Zucker im Munde, Pfeffer im Herzen.

◆

Zwei Zungen in einem Mund sind nicht gesund.

◆

Zwischen Becher und Mund wird manches kund.

◆

Wenn es im Herzen bitter ist, hilft im Mund kein Zucker.
(As oif dem harzen is biter, helft nit in mojl kejn zuker.)
Jiddische Spruchweisheit

Während es von Mund zu Mund geht, wird aus einer kleinen Nähnadel ein riesiger Balken.
Armenisches Sprichwort

◆

Was du nicht mit deinen Augen siehst, versichere nicht mit dem Mund.
(Wos du sehst nit mi dajne ojgen, fersicher nit mit dem mojl.)
Jiddische Spruchweisheit

◆

Wenn du deinen Mund öffnest, öffne auch deine Augen.
Armenische Spruchweisheit

◆

Die Ohren müssen hören, was der Mund spricht.
(Di ojeren müsen heren, wos dos mojl redt.)
Jiddisches Sprichwort

◆

Einen kochenden Topf kannst du zum Stillstand bringen, aber nicht den Mund des Dorfes.
Indisches Sprichwort

◆

Das Wort im Mund ist ein Herr, aus dem Mund ist es ein Narr.
(Dos wort in'm mojl is a har, fun'm mojl is es a nar.)
Jiddisches Sprichwort

◆

Bei einem Kind liegt die Prophetengabe im Mund.
(Baj a kind is di newúe in mojl.)
Jiddische Spruchweisheit

Wes des Herz voll ist, des geht der Mund über.
Matthäus 12,34

◆

Wovon das Herz *nicht* voll ist, davon geht der Mund über, habe ich öfters wahr gefunden als den entgegengesetzten Satz.
Georg Christoph Lichtenberg (1742–1799)

◆

Wes das Herz voll ist, davon – schweige der Mund!
Karl Gutzkow (1811–1878)

◆

Wes das Herz leer ist, des gehet der Mund über.
Karl Kraus (1874–1936)

◆

Was man nicht ausdrücken kann, davon geht einem der Mund über.
Eugen Gürster [1971]

◆

Wes der Kopf leer ist, dem geht der Mund über.
Karl Hoche [1971]

◆

Durch zweier Zeugen Mund wird allerwegs die Wahrheit kund.
Johann Wolfgang von Goethe (1749–1832)

◆

Wem das Hirn voll ist, fließt der Mund über.
Gerhard Uhlenbruck [1980]

◆

Wem der Mund voll ist, wann läuft dem schon das Herz über?
Klaus Möckel [1982]

wes das herz voll ist
dem gehet der mund über
deshalb
fahre ich gern
zur see.

Manfred Hausin [1983]

♦

Wer den Bauch voll hat, dem läuft der Mund über.

Andreas Bender [1987]

♦

Mund halten. – Der Autor hat den Mund zu halten, wenn sein Werk den Mund auftut.

Friedrich Nietzsche (1844–1900)

♦

Den Mund bringt man zum Schweigen. Den Ohren mutet man alles zu.

Heinrich Wiesner [1972]

♦

Der Deutsche hat den Mund zuerst zum Trinken, der Franzose zum Schwatzen und der Spanier zum Gähnen gebraucht.

Friedrich Hebbel (1813–1863)

Mündchen

Mündchen, was sagst du, Herzchen, was denkst du?

Mundwerk

Viel Mundwerk, wenig Handwerk.

Muttersprache

Welch eine Sprach' ist schön, welch eine Sprach ist reich?
Verschieden an Getön, im Sinn sind alle gleich.
  Nicht dies' und jene Sprach' entzückt, erfreut mich;
Was mich erfreut, entzückt, das ist die Sprach' an sich:
  Daß eine Sprach' es gibt, die, was du fühlst und denkest,
Dir deutlich macht, je mehr du dich in sie versenkest;
  Daß eine Sprach' es gibt, kraft deren du verkündest
Der Welt geheimen Sinn, so weit du sie ergründest:
  Drum ist die schönste Sprach' und beste, die du nennst,
Die Muttersprache, weil du sie am besten kennst.
Friedrich Rückert (1788–1866)

♦

Leider bedenkt man nicht, daß man in seiner Muttersprache oft ebenso dichtet, als wenn es eine fremde wäre. Dieses ist aber also zu verstehen: Wenn eine gewisse Epoche hindurch in einer Sprache viel geschrieben und in derselben von vorzüglichen Talenten der lebendig vorhandene Kreis menschlicher Gefühle und Schicksale durchgearbeitet worden, so ist der Zeitgehalt erschöpft und die Sprache zugleich, so daß nun jedes mäßige Talent sich der vorliegenden Ausdrücke als gegebener Phrasen mit Bequemlichkeit bedienen kann.
Johann Wolfgang von Goethe (1749–1832)

♦

Die Muttersprache zugleich reinigen und bereichern, ist das Geschäft der besten Köpfe. Reinigung ohne Bereicherung erweist sich öfter geistlos; denn es ist nichts bequemer, als von dem Inhalt absehen und auf den Ausdruck passen. Der geistreiche Mensch knetet seinen Wortstoff, ohne sich zu bekümmern, aus was für Elementen er bestehe; der geistlose hat gut *rein* sprechen, da er nichts zu sagen hat. Wie sollte er fühlen, welches kümmerliche Surrogat er an der Stelle eines bedeutenden Wortes gelten läßt, da ihm jedes Wort nie lebendig war, weil er nichts dabei dachte? Es gibt gar viele Arten von Reinigung und Bereicherung, die eigentlich alle zusammengreifen müssen, wenn die Sprache lebendig wachsen soll. Poesie und leidenschaftliche Rede sind die einzigen Quellen, aus denen dieses Leben hervordringt, und sollten sie in ihrer Heftigkeit auch etwas

Bergschutt mitführen, er setzt sich zu Boden, und die reine Welle fließt darüber her.
Johann Wolfgang von Goethe (1749–1832)

Nachrede

Nachrede schläft nicht.

◆

Vorrede erspart Nachrede.

◆

Wie einer sich hält, so redet man ihm nach.

◆

Nachrede, böse, mag leicht Freundesbund vergiften, / Zurede, gute, schwer Feindesversöhnung stiften.
Friedrich Rückert (1788–1866)

Öffentliche Meinung

Und nochmals gesagt. – Öffentliche Meinungen – private Faulheiten.
Friedrich Wilhelm Nietzsche (1844–1900)

◆

Die öffentliche Meinung wird verachtet von den erhabensten und von den am tiefsten gesunkenen Menschen.
Marie Freifrau von Ebner-Eschenbach (1830–1916)

◆

Das Gesetz der öffentlichen Meinung ist das allgemeine Gravitationsgesetz der politischen Geschichte.
José Ortega y Gasset (1883–1955)

Die Stärke der öffentlichen Meinung ist nie die Meinung – die ist gerade immer ihre Schwäche – , sondern die Schwierigkeit oder gar Unmöglichkeit, sie zu widerlegen.
Hans Albrecht Moser (1882–1978)

♦

Die öffentliche Meinung ist die Dirne unter den Meinungen.
Marie Freifrau von Ebner-Eschenbach (1830–1916)

♦

Die öffentliche Meinung ist eine Gerichtsbarkeit, die ein rechter Mann nie ganz anerkennt und die er nie ablehnen soll.
Nicolas-Sébastien Roch Chamfort (1741–1794)

Onomatopöie

Onomatopöie (griech. ὄνομα/onoma + ποιεῖν/poiein = ‚mit Namen belegen', ‚Namen erdichten'). Dieses uralte Stilmittel der Lyrik begegnet als Lautmalerei (*tick-tack*, *kikeriki*, *miau*) und Interjektion (*O! Ach! Juchhe!*) sowohl im Kindervers, im Volkslied und nicht minder in der hohen Dichtung. „*Pfui!*" klingt es aus Elternmund, „*Buh!*" aus dem Zuschauerraum, und aus romantischen Männerkehlen schallt es innig: „*O Täler weit, o Höhen!*" Besonders die Opernkomponisten liebten es, mit onomatopoetischen Wendungen in der Arie sich einen der Musik ergebenen Metatext zum Text zu schaffen. *Hum! hum! hum! hum! hum! hum! hum! Nu! Nu! Nu! Pa-Pa-Pa-Pa-Pa-Pa-Papagena! Pa-Pa-Pa-Pa-Pa-Pa-Papageno* (Mozart: *Zauberflöte*); *La la la, la la la, la la la – la!* (Rossini: *Barbier von Sevilla*); *Aia, Aia, Aia, Aia, Aia, Aia, ailala, ailala, ailala., ailala* (Orff: *Bernauerin*). Was insbesondere Richard Wagner lieb war – *Hoiho! Hoihohoho!* (*Götterdämmerung*), *Hohojo! Hallohoho! Jollo-hohoho! Hohoje! Hallololo! ho ho ho ho ho ho!* (*Fliegender Holländer*), *Weia! Waga! Wagalaweia! Wallala Weiala weia!* (*Rheingold*), *Hojotoho! Hojotoho! Heiaha! Haiaha!* (*Walküre*) –, ist der Renaissance laut- und geräuschimitierender Wörter im Comic von heute nur billig. Weniger kindlich und romantisch, aber äußerst vielfältig werden hier die Buchstaben zu Kombinationen geballt, daß es die reine Alphabetwonne ist. Zwar werden die „laut-

imitierenden Wörter im Comic" von den Traditionalisten nicht gerade als lyrische Elementarformen betrachtet, gleichwohl kann die Existenz solcher einfacher Formen der (Trivial)dichtung längst nicht mehr geleugnet werden. 1981 erschien in Frankfurt ein ganzes *„Lexikon der Onomatopöien"* mit 2222 Einträgen; es wurde von dem Physiker und Wiener Universitätsdozenten Ernst J. Havlik (*1944) zusammengestellt und schwelgt in den reinen Naturformen der Poesie. Die Abbildungen geben den Hin- und Widerläufen auf der Skala des Alphabets den illustrativen Kontext; in ihnen kommt – höchst paradox – die Semantik dieser Klangwörter erst auf den Begriff, z. B.

AAAAA...: Angst-, Schreckens, Schmerzens-, Todesschrei...

BRR... BRRR... B-R-R-R...: jemand friert, Ausdruck des Abscheus, Ekels...
CLICK (engl.): eine Lampe an- oder ausknipsen (vgl.... KLICK)
DIP: auf Zehenspitzen aus dem Bad hüpfende Frau (Wiederholung)
EEEEEEEE...: Angst-, Schreckensschrei,... weinen, heulen...
FOTSCH: Super-Spray zur Vernichtung von Sternen und Planeten
GRMBL Grmbl: verärgert grollen
HOP-HOP, HIP-HOP, HIP: Ruf, um die Pferde anzutreiben
IHHHHHHHHHH, IIIIIIIIIIIIIIII: bremsendes Auto, quietschende Reifen
JUA, JUAA: wieherndes Lachen (Kombination mit JA, JAHH)
KRAAAII: Schrei eines Adlers, der sich auf die Beute stürzt
LING: Glöckchenfee aus „Peter Pan"
MMMMMMMHHH: Bewunderung mit sexueller Erregung
NNNNNG: Laut bei körperlicher Anstrengung
OAIOHAOOOEEEHOOOOO: Tarzans Dschungelschrei
PENG: Gewehr-, Revolverschuß; Explosion (vgl. PÄNG)
QUACK, s. QUAK...: Mißglückte Zeitreise (Wiederholung)
RRRRRRRRRRRRRIIIITSCH:... Vorhang aufziehen
SPLATCH: Klatschen von etwas Nassem; jemand bespritzen
TONK:... eine Tür aufstoßen
UCH, UCCH, UCCHHH: Schmerzenslaut; erstaunter Indianer
VOOMP: Schuß aus einer Strahlenkanone (vgl. WHOMP)
WOIN WOOO: Autohupe, Sirene... (Kombination)
XING: dahinrasendes futuristisches Transportmittel
YAHOOU: Ausruf der Begeisterung; übermütige Mädchenherde
Z, ZZ,... ZZZZZZZZZZZZZZ: surren (z. B.... fliegender Käfer)

◆

Es *donnert, heult, brüllt, zischt, pfeift, braust, saust, summet, brummet, rumpelt, quäkt, ächzt, singt, rappelt, prasselt, knallt, rasselt, knistert, klappert, knurret, poltert, winselt, wimmert, rauscht, murmelt, kracht, glucket, röcheln, klingelt, bläset, schnarcht, klatscht, lispeln, keuchen, es kocht, schreien, weinen, schluchzen, krächzen, stottern, lallen, girren, hauchen, klirren, blöken, wiehern, schnarren, scharren, sprudeln.* Diese Wörter und noch andere, welche Töne ausdrücken, sind nicht bloße Zeichen, sondern eine Art von Bilderschrift für das Ohr.
Georg Christoph Lichtenberg (1742–1799)

Orthographie

Es gibt eine wahre und eine förmliche Orthographie.
Georg Christoph Lichtenberg (1742–1799)

Philologe

Kein großer Philologe hat ein poetisches oder philosophisches Meisterstück geschaffen, man ist nur froh, wenn er seine Sprache halb so gut schreibt, als er die fremde versteht.
Jean Paul (1763–1825)

Phrase

Im Anfang war das Wort – am Ende die Phrase.
Stanisław Jerzy Lec (1909–1966)

◆

Die Phrase ist das gestärkte Vorhemd vor einer Normalgesinnung, die nie gewechselt wird.
Karl Kraus (1874–1936)

◆

Schwierige und pomphafte Phrasen verhüllen winzige, nüchterne oder alltägliche Gedanken.
Arthur Schopenhauer (1788–1860)

◆

Die Phrase ist manchmal doch einer gewissen Plastik fähig. Von einem Buch, das als Reiselektüre empfohlen wurde, hieß es: „Und wer das Buch zu lesen beginnt, liest es in einem Zuge durch".
Karl Kraus (1874–1936)

◆

Phrasen: was im Filter der Vernunft hängen bleibt.
Rudolf Rolfs [1967]

Plappern

Ein leerer Topf am meisten klappert,
ein leerer Kopf am meisten plappert.

Plaudern

Vom Plaudern kocht keine Suppe.

◆

Wer viel plaudert, lügt viel.

Poesie

Poesie veredelt das Verhalten von Mann zu Frau.
Japanische Spruchweisheit

◆

Poesie bewegt Himmel und Erde.
Japanische Spruchweisheit

◆

Poesie ist die natürliche Sprache aller Anbetung.
Französisches Sprichwort

◆

Poesie ist Wahrheit in Sonntagskleidern.
Französisches Sprichwort

◆

Es gibt keine lyrische Poesie, wenn du Wasser trinkst.
Griechisches Sprichwort

Drei Dinge können nicht gelehrt werden – eine Singstimme, Freigebigkeit und Poesie.

Irisches Sprichwort

◆

Friedrich Rückert (1788–1866):

Zur Form geboren

Was sich läßt in Prosa schreiben,
Sollt ihr nicht zum Verse treiben;
Laßt vergebne Mühe bleiben!
  Die historische Romanze,
Einzeln oder gar im Kranze,
Ist nicht meine Lieblingspflanze.
  Und wer bannt in Reimes Schranken
Philosophische Gedanken,
Dem werd ich's noch minder danken.
  Doch, ich fürchte, meine Sprüche,
Stammend aus derselben Küche,
Gehn somit auch in die Brüche.
  Nein! sie sind zur Form geboren:
Wo sie nicht die Form erkoren,
Wär' ihr Inhalt mit verloren.
Darum muß der Reim sie ketten,
Weil sie sonst kein Wesen hätten,
Würde nicht der Schein es retten.
  Manch's erscheint in Versen eigen,
Was man würd' als Nichts verschweigen,
Sollte man's in Prosa zeigen.

Die Prosa bringt kein Werk hervor,
Wie groß es sei, es wird ein Bruchstück bleiben;
Die Poesie kann nicht vier Zeilen schreiben,
Sie sind ein Ganzes dir im Ohr.

Es ist die Wissenschaft der Tod der Poesie,
Die selbst einst war die Lebenslust der Erden.
Tod sucht ein höh'res Sein; so sucht die Philosophie
Zuletzt nur höh're Poesie zu werden.

Die Erinnerung ist der Pinsel, der am besten die Farbe echter Poesie aufträgt.
Rabindranâth Tagore (Thakur) (1861–1941)

◆

Ist Menschformung Ziel der Poesie,
ist Dichtung Erbschaft auch der Prophetie.
Muhammad Iqbâl (1877–1938)

◆

Poesie ist die Muttersprache des menschlichen Geschlechts.
Johann Georg Hamann (1730–1788)

◆

Poesie und Philosophie sind, je nachdem man es nimmt, verschiedne Sphären, verschiedne Formen, oder auch die Faktoren der Religion. Denn versucht es nur, beide wirklich zu verbinden, und ihr werdet nichts anders erhalten als Religion.
Friedrich Schlegel (1772–1829)

◆

Die Poesie heilt die Wunden, die der Verstand schlägt.
Novalis (1772–1801)

◆

Der Mangel an Ideen macht unsere Poesie jetzt so verächtlich. Erfindet, wenn ihr wollt gelesen sein. Wer, Henker, wird nicht gern etwas neues lesen?
Georg Christoph Lichtenberg (1742–1799)

◆

Poesie ist die Verkörperung des Geistes, die Vergeistigung des Körpers, die Empfindung des Verstandes und das Denken des Gefühls.
Franz Grillparzer (1791–1872)

◆

Die Poesie soll dazu helfen, nicht nur die Sprache der Zeit zu verfeinern, sondern ihrem allzu raschen Wechsel vorzubeugen: eine

Entwicklung der Sprache in allzu großer Eile wäre eine Entwicklung im Sinne fortschreitender Verschlechterung, und das ist unsere Gefahr.

Thomas Stearns Eliot (1888–1965)

◆

Poetischer Schein ist Spiel der Vorstellungen, und Spiel ist Schein von Handlungen.

Friedrich Schlegel (1772–1829)

◆

Es gehört zu den Finten der Poesie, eine Idee, die man in einem Gedichte besonders heraushebt, nicht mit dem klar sie bezeichnenden Worte zu nennen, weil sonst viel von der Wirkung verlorengeht. Es bleibt dem Leser überlassen.

August Graf von Platen (1796–1835)

◆

Die Philosophie entdeckt die Tugenden, die der Moral und Politik nützen. Beredsamkeit macht sie populär, Poesie sprichwörtlich.

Nicolas-Sébastien Roch Chamfort (1741–1794)

◆

Zweck der Prosa ist, etwas zu sagen, aber Toren glauben, der Reim sei der einzige Zweck der Poesie, und wenn ihre Verse die richtige Silbenzahl haben, so glauben sie, was sie mit so viel Mühe gemacht hätten, lohne auch die, es zu lesen.

Luc de Clapiers, Marquis de Vauvenargues (1715–1747)

◆

Ich kann das für keine Poesie halten, wozu die parties honteuses der Menschheit, Widerspruchsgeist, Reiz des Verbotenen, Pöbelbeifall und Modeton den Wärmestoff hergeben. Die Freiheitsdichter unserer Tage gemahnen mich an die Dienstmägde und Bauerndirnen, die von nichts zu reden wissen, aber beinahe witzig und graziös werden, wenn verdeckte Zweideutigkeiten ins Spiel kommen.

Franz Grillparzer (1791–1872)

Poetik. – Wenn man manche Gedichte in *Musik setzt*, warum setzt man sie nicht in Poesie.
Novalis (1772–1801)

◆

Die träumerische Viertelstunde eines Poeten oder Philosophen ist oft wichtiger für die Menschheit als der Lärm einer tagelang währenden Feldschlacht.
Wilhelm Raabe (1831–1910)

◆

In Arabien wünscht man immer noch dem Stamme Glück, der einen Poeten hervorbringt; auch in Deutschland mag man einer Familie zu diesem Ereignisse gratulieren, wenn man keinen Gemeingeist hat.
Friedrich Maximilian Klinger (1752–1831)

◆

Poesie und Prosa sind voneinander unterschieden wie Essen und Trinken. Man muß vom Wein nicht fordern, daß er auch den Hunger stillen soll, und wer, um das zu erreichen, ekelhaft Brot in seinen Wein brockt, mag das Schweinefutter selbst ausfressen.
Franz Grillparzer (1791–1872)

◆

Die *Poesie* beginnt gerade dort, wo „das Poetische" aufhört.
Alfred Polgar (1873–1955)

◆

Trotz starken Abattuseins hab' ich heute wieder meine Kapitel geschrieben – nach dem alten Goethe-Satze: „Gebt ihr euch einmal für Poeten, so kommandiert die Poesie." Daß es gleich gut wird, ist schließlich auch nicht nötig und eigentlich von *dem*, der täglich sein Pensum arbeitet, auch nicht zu verlangen. Es wird, wie's wird. In der Regel steht Dummes, Geschmackloses, Ungeschicktes neben ganz Gutem, und ist letzteres nur überhaupt da, so kann ich schon zufrieden sein.
Theodor Fontane (1819–1898)

Die reinste Poesie ist ein völliges Außer-sich-sein, die vollkommenste Prosa ein völliges Zu-sich-kommen. Das letztere ist vielleicht noch seltener als das erstere.
Hugo von Hofmannsthal (1874–1929)

◆

Die Poesie ist die Aufhebung der Beschränkungen des Lebens.
Franz Grillparzer (1791–1872)

◆

Poesie: die Übersetzung aus einer Ursprache, gewiß. Nur für diese Ursprache gibt es kein Wörterbuch.
Heinz Piontek [1985]

◆

Die Poesie der Dichter bedürfen die Frauen weniger, weil ihr eigenstes Wesen Poesie ist.
Friedrich Schlegel (1772–1829)

◆

Poetik. Die Poesie ist die Jugend unter den *Wissenschaften* – Als Kind mag sie ausgesehn haben wie der Engel unter der Madonna, der den Finger so bedeutend auf den Mund drückt, als traut er diesem Leichtsinn nicht.
Novalis (1772–1801)

◆

Je inkommensurabler und für den Verstand unfaßlicher eine poetische Produktion, desto besser.
Johann Wolfgang von Goethe (1749–1832)

◆

Die Gleichgültigkeit der Menschen gegen Poetereien übersteigt alles Maß, und es ist mir ein Beweis meines natürlichen Angewiesen- und Eingeschworenseins auf diese Dinge, daß ich, trotz der klaren

niederdrückenden Erkenntnis von dem Nichts meiner Beschäftigung, doch dabei ausharre, einfach weil ich nicht anders kann.
Theodor Fontane (1819–1898)

◆

Poesie deutet auf die Geheimnisse der Natur und sucht sie durchs Bild zu lösen.
Johann Wolfgang von Goethe (1749–1832)

◆

Nur dem trägen Gefühl bedeuten „poetisch" und „sachlich" Gegensätze, ist doch ein Gedicht als ein Stenogramm gegen die Formlosigkeit des Innern das Genaueste des Genauen...
Wilhelm Lehmann (1882–1968)

◆

Die wunderbarsten poetischen Sätze sind solche, die mit einer großen physischen Bestimmtheit und Deutlichkeit etwas physisch Unmögliches beschreibend hinstellen: sie sind wahrhaftige Schöpfungen durch das Wort. – Hier ist ein solcher Satz aus den Paralipomena zu den Lehrlingen von Sais: „Lange währte seine Reise. Die Mühseligkeiten waren groß. Endlich begegnete er einem Quell und Blumen, die einen Weg für eine Geisterfamilie bereiteten."
Hugo von Hofmannsthal (1874–1929)

◆

Keine Poesie, keine Wirklichkeit. So wie es trotz aller Sinne ohne Phantasie keine Außenwelt gibt, so auch mit allem Sinn ohne Gemüt keine Geisterwelt. Wer nur Sinn hat, sieht keinen Menschen, sondern bloß Menschliches: dem Zauberstabe des Gemütes allein tut sich alles auf. Es setzt Menschen und ergreift sie; es schaut an wie das Auge, ohne sich seiner mathematischen Operation bewußt zu sein.
Friedrich Schlegel (1772–1829)

Poetik. Die *Poesie* im strengern Sinn scheint fast die Mittelkunst zwischen den bildenden und tönenden Künstlern zu sein. Musik.

Poesie. Deskriptiv-Poesie. Sollte der Takt der Figur – und der Ton der Farbe entsprechen? Rhythmische und melodische Musik – Skulptur und Malerei.
Novalis (1772–1801)

♦

Man soll sehr gut schießen, wenn man etwas getrunken; sehet da die Verwandtschaft zwischen Schützenkunst und Poesie.
Georg Christoph Lichtenberg (1742–1799)

Poet

Der Poet wird geboren, nicht gemacht.
Lateinisches Sprichwort

♦

Der Philosoph zieht seine Schlüsse, der Poet muß die seinen entstehen lassen.
Marie Freifrau von Ebner Eschenbach (1830–1916)

♦

Der hat's wahrhaftig als Poet
Nicht hoch hinaus getrieben,
In dessen Liedern mehr nicht steht,
Als er hineingeschrieben.
Emanuel Geibel (1815–1884)

♦

In der Poetenwelt ist der *tiers état* nicht nützlich, sondern schädlich.
Heinrich Heine (1797–1856)

♦

In jedem tüchtigen Menschen steckt ein Poet und kommt beim Schreiben zum Vorschein, beim Lesen, beim Sprechen oder beim Zuhören.
Marie Freifrau von Ebner-Eschenbach (1830–1916)

Predigen

Andern ist gut predigen.

♦

Andern predigen ist leichter als selber tun.

♦

Einem hungrigen Magen ist nicht gut predigen.

♦

Einer nur kann predigen, aber viele können singen.

♦

Lange gepredigt, wenig studiert.

♦

Man kann lange predigen, ehe der Bauch voll wird.

♦

Man kann nicht alles auf dem Markte predigen.

♦

Predigen gehört in die Kirche.

♦

Tauben Ohren predigt man vergebens.

♦

Verständigen Leuten ist gut predigen.

♦

Voller Beutel hat gut predigen.

♦

Was man dem Esel predigt, ist verloren.

Wenn der Fuchs predigt, so nimm die Hühner in acht.

♦

Wer andern predigt, darf sich selbst nicht vergessen.

♦

Wer immer predigt, kriegt leere Bänke.

♦

Wer nicht hungert, kann gut vom Fasten predigen.

♦

Wer nicht will, dem wird vergeblich gepredigt.

♦

Wer predigt, soll auch amen sagen.

♦

Zweimal predigt der Pastor nicht.

Prediger

Der beste Prediger ist die Zeit.

♦

Der ist ein guter Prediger, der seine eigenen Lehren befolgt.

♦

Der Zuhörer Tränen sind des Predigers Ruhm.

♦

Ein junger Prediger, eine neue Hölle.

♦

Viel Prediger, wenig Lehrer.

Georg Christoph Lichtenberg (1742–1799)

Vergleichung zwischen einem Prediger und einem Schlosser

Der erste sagt: du sollst nicht stehlen *wollen*; und der andere: du sollst nicht stehlen *können*.

Predigt

Dem Hungrigen hilft keine Predigt.

◆

Der Bauch hört keine Predigt.

◆

Ein Lot Hilfe ist mehr wert als ein Pfund Predigt.

◆

Gutes Beispiel, halbe Predigt.

◆

Je mehr Tränen, je schöner die Predigt.

◆

Kurze Predigten sind die besten.

◆

Kurze Predigt und lange Bratwürste haben die Bauern gern.

◆

Lange Predigt, kurze Andacht.

◆

Wen die Predigt nicht wärmt, den wärmen nicht die Kerzen.

Lange Predigt, kurze Andacht.

Wer nicht in den Himmel will, braucht keine Predigt.

◆

Wie der Mann, so die Predigt.

◆

Es gibt Predigten, die man ohne Tränen zu weinen nicht anhören und ohne welche zu lachen nicht lesen kann.
Georg Christoph Lichtenberg (1742–1799)

Presse

Am Anfang war die Presse.
Marcel H. Keiser [1981]

◆

In früheren Jahren bediente man sich der Folter, jetzt bedient man sich der Presse. Das ist sicherlich ein Fortschritt. Aber es ist auch ein großes Übel; es schädigt und demoralisiert uns.
Oscar Wilde (1854–1900)

◆

Wo Pressefreiheit herrscht, ist es für einen Journalisten nicht ehrenrührig, auch die offizielle Meinung zu vertreten.
Gabriel Laub (1928–1998)

◆

Die ganze Menschheit befindet sich bereits der Presse gegenüber im Zustande des Schauspielers, dem ein unterlassener Gruß schaden könnte. Man wird preßfürchtig geboren.
Karl Kraus (1874–1936)

◆

Skandalpresse

Die Rolle einer Zeitung, welche sich in zunächst löblicher Weise darauf verlegt, Übelstände aufzudecken und skandalöse Zustände des öffentlichen Lebens zu bekämpfen, muß früher oder später dar-

auf hinauslaufen, daß sie vom Bösen lebt, welches sie bekämpft, und eingestellt werden müßte, setzte es aus. Was aber würde dann jenen, die eine solche Zeitung machen, einzig übrig bleiben? Sich in rankünöser Weise ein anderes Feld ähnlicher Betätigung zu suchen, ja, am Ende das Böse um jeden Preis aufzutreiben, sei es, wo es sei, und auch, wo es gar nicht ist.
Heimito von Doderer (1896–1966)

Prosa

Was ich nicht kann, das laß' ich bleiben,
Sprach Peter Squenz, mit sich vergnügt;
Ich konnte niemals Prosa schreiben.
Beweist sein Vers nicht, daß er lügt?
Johann Wilhelm Ludwig Gleim (1719–1803)

◆

In der wahren Prosa muß alles unterstrichen sein.
Friedrich Schlegel (1772–1829)

◆

Keine Leute sind eingebildeter als die Beschreiber ihrer Empfindungen, zumal wenn sie dabei etwas Prosa zu kommandieren haben.
Georg Christoph Lichtenberg (1742–1799)

Publikum

Das Publikum beklagt sich lieber unaufhörlich, übel bedient worden zu sein, als daß es sich bemühte, besser bedient zu werden.
Johann Wolfgang von Goethe (1749–1832)

◆

Das Publikum ist von unersättlicher Neugierde erfüllt, alles zu wissen, außer dem, was wissenswert ist. Der Journalismus, der dies weiß, erfüllt in richtiger Geschäftskenntnis dieses Verlangen. In früheren Jahrhunderten nagelte man die Ohren von Journalisten an Pumpen. Das war sehr häßlich. In unserem Jahrhundert haben die

Journalisten ihre eigenen Ohren an die Schlüssellöcher genagelt. Das ist weit ärger.
Oscar Wilde (1854–1900)

◆

Tief und ernst denkende Menschen haben gegen das Publikum einen bösen Stand.
Johann Wolfgang von Goethe (1749–1832)

◆

Leute, die Bücher schreiben, und sich dann einbilden, ihre Leser wären das Publikum, und sie müßten das Publikum bilden: diese kommen sehr bald dahin, ihr sogenanntes Publikum nicht bloß zu verachten, sondern zu hassen; welches zu gar nichts führen kann.
Friedrich Schlegel (1772–1829)

Publizisten

Manche Publizisten sollten in die Transportgewerkschaft aufgenommen werden: Sie befördern nur fremdes Gedankengut.
Gabriel Laub (1928–1998)

Rechtschreibung

Der eine hat eine falsche Rechtschreibung und der andere eine rechte Falschschreibung.
Georg Christoph Lichtenberg (1742–1799)

Rede

Eine unklare Rede ist ein blinder Spiegel.
Chinesisches Sprichwort

Die nächtliche Rede ist aus Butter, die mit den ersten Sonnenstrahlen zergeht.
Arabisches Sprichwort

An der Rede erkennt man den Mann.
Nach Jesus Sirach 27,8.

♦

An der Rede erkennt man den Toren,
wie den Esel an den Ohren.

♦

Armer Leut Rede gilt nicht.

♦

Das ist eine gute Rede, die ein gutes Schweigen verbessert.

♦

Die Reden sind gut, sagte der Fuchs, aber ins Dorf geh ich doch nicht.

♦

Die Rede von einem ist die Rede von keinem.

♦

Eine gute Rede findet eine gute Statt.

♦

Eine lose Rede schläft in dummen Ohren.

♦

Eine Rede ist kein Pfeil, ein Furz
kein Donnerkeil.

♦

Eines Mannes Rede ist keines Mannes Rede;
man soll sie hören alle beede.

♦

Ernste Rede ist kein Spaß.

Eitel honig Reden / seynd
nit ohn gift.

Freche Rede, zage Tat.

♦

Heilige Reden sind (noch) keine heiligen Werke.

♦

Kluge Rede ehrt den Mann.

♦

Kurze Rede, gute Rede.

♦

Lange Reden machen kurze Tage.

♦

Mit Reden macht man die Händel aus.

♦

Nicht jede Rede verdient eine Antwort.

♦

Reden und Federn treibt der Wind weg.

♦

Sanfte Rede stillt den Zorn.

♦

Stolze Leute, hochbeinige Reden.

♦

Verständige Rede schützt vor Fehde.

♦

Von Rede kommt Rede.

♦

Wie das Herz, so sind die Reden.

Wie der Kopf (Verstand), so die Rede.

♦

Wie die Leute, so ihre Reden.

♦

Wie die Rede, so der Mann (die Antwort).

♦

Wie die Rede, so sind die Ohren.

♦

Wo der Pfennig spricht, hört man andere Rede nicht.

♦

Wüste Reden, wüste Ohren.

♦

Sanfte Rede stillt den Zorn.

♦

Durch das Zuhören wird eine Rede schön.
Russ. Sprichwort

♦

Zehn Maße der Rede kamen herab in die Welt; die Frauen nahmen neun, die Männer eins.
Hebräische Spruchweisheit

♦

Die Rede muß kühn wie ein Löwe, weich wie ein zarter Hase, eindrucksvoll wie eine Schlange, gezielt wie ein Pfeil und ausgeglichen wie ein Szepter sein, das in der Mitte gehalten wird.
Tibetanische Spruchweisheit

Sanfte Rede stillt den Zorn.

Die Rede, die der Hund hält, dringt nicht zum Himmel.
Lateinisches Sprichwort

◆

Der Scherz in der Rede ist wie Salz in der Speise.
Arabisches Sprichwort

Wandel, nicht Rede ist des Weisen Lehre.
Lao-tse (um 600 v. Chr.)

♦

Die Rede ist wie das Zitherspiel nur dann vollkommen, wenn alle Saiten, von der tiefsten bis zur höchsten, angespielt harmonisch stimmen.
Marcus Fabius Quintilianus (ca. 35 v. Chr. – nach 86)

♦

Der Gebrauch ist der sicherste Meister beim Sprechen. Man muß es mit der Rede gerade so halten wie mit der Münze, die das Gepräge des Staates trägt.
Marcus Fabius Quintilianus (etwa 35 n. Chr. – nach 86)

♦

Wenn die Rede wie ein Gießbach dahinströmt, so mag sie wohl viel und mancherlei mit sich fortreißen, doch festhalten kann man nichts.
Marcus Tullius Cicero (106 v. Chr. – 43 v. Chr.)

♦

Eine große Rede läßt sich leicht auswendig lernen und noch leichter ein großes Gedicht. Wie schwer würde es nicht halten, eben so viel ohne allen Sinn verbundene Wörter, oder eine Rede in einer fremden Sprache zu memorieren. Also Sinn und Verstand kömmt dem Gedächtnis zu Hilfe. Sinn ist Ordnung und Ordnung ist doch am Ende Übereinstimmung mit unserer Natur. Wenn wir vernünftig sprechen, sprechen wir nur immer unser Wesen und unsere Natur. Um unserm Gedächtnisse etwas einzuverleiben suchen wir daher immer einen Sinn hineinzubringen oder eine andere Art von Ordnung. Daher Genera und Species bei Pflanzen und Tieren, Ähnlichkeiten bis auf den Reim hinaus. Eben dahin gehören auch unsere Hypothesen, wir müssen welche haben, weil wir sonst die Dinge nicht behalten können. Dieses ist schon längst gesagt, man kömmt aber von allen Seiten wieder darauf. So suchen wir Sinn in die Körperwelt zu bringen. Die Frage aber ist, ob alles für uns lesbar ist. Gewiß aber läßt sich durch vieles Probieren und Nachsinnen auch

eine Bedeutung in etwas bringen, was nicht für uns oder gar nicht lesbar ist. So sieht man im Sand Gesichter, Landschaften usw., die sicherlich nicht die Absicht dieser Lagen sind. Symmetrie gehört auch hieher. Silhouette im Tintenfleck pp. Auch die Stufenleiter in der Reihe der Geschöpfe, alles das ist *nicht in den Dingen, sondern in uns.* Überhaupt kann man nicht genug bedenken, daß wir nur immer uns beobachten, wenn wir die Natur und zumal unsere Ordnungen beobachten.
Georg Christoph Lichtenberg (1742–1799)

◆

Der Redestrom bleibe eingedämmt und in seine Ufer gebannt! Der austretende Strom schwemmt rasch Schlamm an.
Ambrosius von Mailand (um 340–397)

◆

Tausend Reden übertrifft an Macht das Gold.
Euripides (484 od. 480–406 v. Chr.)

◆

Die Rede des Menschen gleicht dem buntgewirkten Teppich, auseinandergelegt stellen sich die Muster und Bilder klar und deutlich dar, zusammengerollt aber erscheint alles entstellt und verzerrt. Darum laß mir Zeit, meine Rede zu bedenken.
Plutarch (um 46 n. Chr. – um 125)

◆

Redefreiheit: das unbestrittene Recht des Einzelnen, seine Meinung frei über alle Angelegenheiten zu äußern, die der Allgemeinheit stagelgrün aufliegen.
Felix Pollak (1909–1987)

◆

Das Schönste auf der Welt ist die Redefreiheit.
Diogenes von Sinope (323 v. Chr.)

Es ist die Redekunst, die vor der Überzeugung einhertritt und ihren Pfad mit Blumen bestreut.
Georg Christoph Lichtenberg (1742–1799)

Reden

Beherzt geredet ist halb gefochten.

♦

Besser viel wissen als viel reden.

♦

Besser zuviel schweigen als zuviel reden.

♦

Das Herz denkt oft anders, als der Mund redet.

♦

Der kann nicht reden, der nicht schweigen kann.

♦

Der Mund redet, wovon das Herz voll ist.

♦

Der Narr redet, wenn der Kluge denkt.

♦

Die Leute müssen was zu reden haben, die Hunde was zu bellen.

♦

Einer hilft sich mit reden, der andere mit beißen.

♦

Einer redet von Mose, der andere von den Propheten.

♦

Ein jeder redet von seinem Handwerk.

Erst höre, dann rede.

◆

Es ist nicht alles wahr, was die Leute reden.

◆

Es läßt sich alles reden, aber Brot und Käse läßt sich essen.

◆

Es mag einer denken, was er will, aber reden muß er, was sich ziemt.

◆

Es reden viele, aber nicht alle mit Verstand.

◆

Es redet jeder nach seinem Kopfe.

◆

Es sind kluge Leute, die nicht viel reden.

◆

Es sind nicht die weisesten Leute, die am meisten reden.

◆

Gelehrte reden viel Gutes, aber keiner tut es.

◆

Geredet ist geredet, man kann's mit keinem Schwamm mehr abwischen.

◆

Geredet ist nicht gemacht.

◆

Herren und Narren haben frei reden.

◆

Hintennach ist leicht reden.

Jeder redet, wie er's versteht.

♦

Je weniger man redet, je gesünder ist es.

♦

Klug reden kann einer im Liegen.

♦

Klug reden kann jeder, aber nicht besser machen.

♦

Klug reden kostet kein Geld.

♦

Laß die Leute reden, Gänse können's nicht.

♦

Man muß die Leute reden lassen.

♦

Man redet so lange vom Feste, bis es kommt.

♦

Man redet viel an einem langen Sommertage.

♦

Man redet viel, wenn der Tag lang ist.

♦

Mit dem Maul gewackelt ist nicht geredet.

♦

Narren reden wie Narren.

♦

Reden hat seine Zeit und Schweigen hat seine Zeit.
Nach Prediger Salomo 3,7

Rede nicht, wo kein Ohr ist.

♦

Reden ist Silber, Schweigen ist Gold.

♦

Reden läßt sich alles.

♦

Reden und Dreschen sind zwei verschiedene Dinge.

♦

Reden und Tun ist zweierlei.

♦

Rede, was wahr ist; trink, was klar ist; iß, was gar ist.

♦

Rede wenig, höre viel.

♦

Rede wenig, rede wahr,
zehre wenig, zahle bar.

♦

Schwarz auf weiß redet noch, wenn's niemand weiß.

♦

Schweigen ist gut, Reden ist besser.

♦

Tu, was du sollst, und laß die Leute reden.
Tu, was du willst, die Leute reden doch.

♦

Viel Reden macht Kopfweh.

Viel reden, viel irren (lügen).

♦

Was der Mund redet, muß der Hals bezahlen.

♦

Was der Nüchterne denkt, das redet der Volle.

♦

Was die Zunge redet, muß der Rücken bezahlen.

♦

Was einen schmerzt, davon redet man gern.

♦

Was einer nicht weiß, davon soll er nicht reden.

♦

Was geredet ist, ist geredet.

♦

Was hinter dem Wein geredet wird, gilt nicht.

♦

Was man nicht versteht, darüber muß man nicht reden.

♦

Wenn der Schneider nicht von der Elle redet, so redet er vom Tuch.

♦

Wenn die Börse redet, muß der Mund schweigen.

♦

Wenn man vom Hunde redet, wedelt er mit dem Schwanze.

♦

Wenn man vom Teufel redet, so ist er nicht weit (so kommt er).

Wenn Narren reden, haben kluge Ohren Feierabend.

♦

Wer angenehm redet, dem hört man überall zu.

♦

Wer bei Spöttern sitzt, muß nicht von Heiligen reden.

♦

Wer gegen die Sonne redet, richtet nichts aus.

♦

Wer gibt, schweige; wer empfängt, rede.

♦

Wer Gutes hören will, muß Gutes reden.

♦

Wer Gutes weiß, soll nichts Böses reden.

♦

Wer nicht redet, den kann man nicht hören.

♦

Wer nicht schweigen kann, kann nicht reden.

♦

Wer nicht zu reden weiß, der weiß auch nicht zu schweigen.

♦

Wer redet, der sät; wer hört, der erntet.

♦

Wer redet ohne Zügel, verdient seine Prügel.

♦

Wer redet, tut gut; wer schweigt, tut besser.

Wer redet, was er nicht sollte,
muß hören, was er nicht wollte.

◆

Wer redet, was er will,
der hört, was er nicht will.

◆

Wer redet, was ihm beliebt,
muß hören, was ihn betrübt.

◆

Wer verständig redet, ist weise genug.

◆

Wer viel redet, erfährt wenig.

◆

Wer viel redet, lügt gern (viel).

◆

Wer vom Handwerk ist, kann vom Handwerk reden.

◆

Wer wenig redet, hat wenig zu verantworten.

◆

Wer will, daß man Gutes von ihm rede, der rede nichts Schlechtes von anderen.

◆

Wer zu dir von andern spricht, redet bei andern von dir.

◆

Wie der Mann ist, so redet er.

◆

Wie einer redet, so ist er.

Wo die Gunst redet, muß die Zunge schweigen.

♦

Wo einer nicht hören will, da ist alles Reden umsonst.

♦

Wo Geld redet, muß der Verstand schweigen.

♦

Wo Gold das Wort führt, hilft alles Reden nichts.

♦

Wo kein Ohr ist, da rede nicht.

♦

Wo Reden den Hals kostet, ist Schweigen eine Tugend.

♦

Wo reden nicht hilft, müssen Prügel helfen.

♦

Zu bösen Sachen kann man nicht viel Gutes reden.

♦

Zuviel reden und zuviel schweigen ist allen Narren eigen.

♦

Wenn ich tu, was ich will, kann doch der andere reden, was er will.
(As ich tu, wos ich wil, meg doch jener reden wos er wil.)
Jiddische Spruchweisheit

♦

Im Reden ein Tiger, im Kämpfen eine Eidechse.
Bengalisches Sprichwort

♦

Alle Stummen wollen eine Menge reden.
(Ale schtume wilen a ssach reden.)
Jiddische Spruchweisheit

Reden wollen, aber nicht reden, das hat schon viele gereut.
Kâlidâsa (4. od. 5. Jh.)

◆

Wer sich beim Reden nicht verfehlt, der ist ein vollkommener Mann und vermag auch den ganzen Leib im Zaume zu halten.
Der Brief des Jakobus 3,2

◆

Wer der Sache Genüge geleistet hat, der hat in vollem Maße gut geredet.
Marcus Fabius Quintilianus (etwa 35 n. Chr. – nach 86)

◆

Das geht an dich und mich und jeden:
Mehr sein, weniger reden,
weniger sagen, fragen, klagen,
mehr die Wärme nach innen schlagen.
  Unsere Zungen in Züchten halten,
nicht immer die ewig alten
Sätze und Plätze wiederkäuen,
Phrasen und Fratzen in allem scheuen,
langsam prüfen, sich gern bescheiden,
alles schnelle Vorurteil meiden,
uns genügen im Unentbehrlichen,
uns vereinfachen, uns verehrlichen,
eins vom Kindes- zum Greisenleben:
weise, weise zu werden streben.
Christian Morgenstern (1871–1914)

◆

Wovon man am wenigsten versteht, davon läßt sich am meisten reden, und wes das Herz leer ist, des quillt der Mund am liebsten über.
Fritz Arcus [1985]

◆

Was er redet, ist zwar nichts, aber dafür lang.
Ludwig Hohl (1904–1980)

Viel bedenken, wenig reden und nicht leichtlich schreiben,
kann viel Händel, viel Beschwerden, viel Gefahr vertreiben.
Friedrich von Logau (1604–1655)

♦

Am unverständlichsten reden die Leute daher, denen die Sprache zu nichts anderm dient, als sich verständlich zu machen.
Karl Kraus (1874–1936)

♦

Viel von sich reden kann auch ein Mittel sein, sich zu verbergen.
Friedrich Nietzsche (1844–1900)

♦

Reden: ebensooft eine Kommunikationsstörung wie ein Kommunikationsmittel.
Felix Pollak (1909–1987)

♦

Redensart

Hans Manz [1991]

Redensarten

sind Sätze, die nur noch geredet,
aber nicht mehr
gedacht werden, und „Geflügelte Worte"
sind Aussprüche, die jeder kennt
und auf die manche hereinfliegen.

„Wem es wie Schuppen von den Augen fällt,
den kann man nicht mehr übers Ohr hauen."

„Wer trotz lauter Bäumen den Wald noch sieht,
muß nicht das Kind mit dem Bad ausschütten."

„Ein Hansdampf in allen Gassen
braucht nicht alles auf eine Karte zu setzen."

♦

Jede Redensart ist die Fratze eigener Gedanken, ein „Mitesser" im Zellengewebe des Denkers.
Christian Morgenstern (1871–1914)

♦

Es gibt Menschen, die sogar in ihren Worten und Ausdrücken etwas Eigenes haben (die meisten haben wenigstens etwas, das ihnen eigner ist), da doch Redensarten durch eine lange Mode so und nicht anders sind; solche Menschen sind jederzeit einer Aufmerksamkeit würdig; es gehört viel Selbstgefühl und Unabhängigkeit der Seele dazu, bis man so weit kommt. Mancher fühlt neu, und sein Ausdruck, womit er dieses Gefühl andern deutlich machen will, ist alt.
Georg Christoph Lichtenberg (1742–1799)

♦

Eine Redensart ist nur ein lederner Handschuh für einen witzigen Kopf: wie geschwind kann man die verkehrte Seite herauswenden!
William Shakespeare (1564–1616)

Redner

Wein ist ein kühner Redner.

♦

Ein guter Redner ist nicht so viel wert wie ein guter Zuhörer.
Chinesisches Sprichwort

♦

Dasjenige, was das Größte an einem Redner ist, nämlich Genie, Erfindung, natürliche Kraft und Gewandtheit und alles, was die Kunst nicht lehrt, ist nicht nachahmbar.
Marcus Fabius Quintilianus (etwa 35 n. Chr. – nach 86)

Es wäre vielleicht gut, wenn Redner sich einen hohen Absatz am Schuh machen ließen, um im Fall der Not sich auf einmal viel größer zu machen. Diese Figur müßte, zur rechten Zeit gebraucht, von unglaublicher Wirkung sein.
Georg Christoph Lichtenberg (1742-1799)

♦

Der Redner. – Man kann höchst passend reden und doch so, daß alle Welt über das Gegenteil schreit: nämlich dann, wenn man nicht zu aller Welt redet.
Friedrich Nietzsche (1844-1900)

♦

Karl Kraus (1874-1936)

Der Redner

Es ist nicht so einfach, mit ihm zu sprechen,
denn er hat die Gewohnheit, zu unterbrechen,
und wirft, kaum daß sie begonnen, in jede
Rede sofort seine Gegenrede.
Doch mag es indessen nicht jedem gelingen,
ihm gleich das nötige Stichwort zu bringen.
Viel besser darum als den anderen allen
pflegt er sich selber ins Wort zu fallen.
Einmal, als er heftig mit sich im Disput war,
und über manches Moment schon in Wut war,
war ich bereit, in Geduld mich zu fassen.
Er aber rief: bitte ausreden lassen.

♦

Was Rednern an Tiefe fehlt, ersetzen sie durch Länge.
Charles Secondat de Montesquieu (1689-1755)

♦

Eines guten Redners Amt oder Zeichen ist, daß er aufhöre, wenn man ihn am liebsten höret und meinet, er werde erst kommen.
Martin Luther (1483-1546)

Reim

Sind meine Reime gleich nicht alle gut und richtig,
So sind die Leser auch nicht alle gleich und tüchtig.

Friedrich Logau (1604–1655)

♦

Karl Kraus (1874–1936)

Es klingt anders

Weil euch der Reim nur ein Klang ist,
mag eure Ohren er immer erfreuen.
Wie würden sie allen Genuß bereuen,
wüßte das Herz, daß er ein Zwang ist!

♦

Reim ist ein teuer erkauftes spiel. hat ein künstler einmal zwei worte miteinander gereimt so ist eigentlich das spiel für ihn verbraucht und er soll es nie oder selten wiederholen.

Stefan George (1868–1933)

♦

Ich empfinde, wie notwendig der Reim in der Dichtung ist. Durch ihn kommen die Worte zu einem Ende und enden doch nicht; ihr Laut verstummt, aber nicht ihr Klang, und Ohr und Sinn können immer weiter fortfahren, mit dem Reim Fangball zu spielen.

Rabindranâth Tagore (Thakur) (1861–1941)

♦

Karl Kraus (1874–1936)

Der Reim

Der Reim ist nur der Sprache Gunst,
nicht nebenher noch eine Kunst.

Geboren wird er, wo sein Platz,
aus einem Satz mit einem Satz.

Er ist kein eigenwillig Ding,
das in der Form spazieren ging.

Er ist ein Inhalt, ist kein Kleid,
das heute eng und morgen weit,

Er ist nicht Ornament der Leere,
des toten Wortes letzte Ehre.

Nicht Würze ist er, sondern Nahrung,
er ist nicht Reiz, er ist die Paarung.

Er ist das Ufer, wo sie landen,
sind zwei Gedanken einverstanden.

Er ist so seicht und ist so tief
wie jede Sehnsucht, die ihn rief.

Er ist so einfach oder schal
wie der Empfindung Material.

Er ist so neu und ist so alt
wie des Gedichtes Vollgestalt.

Orphischen Liedes Reim, ich wette,
er steht auch in der Operette.

Wenn Worte ihren Wert behalten,
kann nie ein alter Reim veralten.

Fühlt sich am Vers ein Puls, ein Herz,
so fühlt es auch den Reim auf Schmerz.

Aus allgemeinrer Sachlichkeit
glückt neu der Reim von Leid auf Zeit.

Weist mich das Wort in weitere Fernen –
o staunend Wiedersehn mit Sternen!

Der erdensichern Schmach Verbreitung
bedingt dafür die Tageszeitung

und leicht trifft einem irdnen Tropf
der Reim den Nagel auf den Kopf.

Dem Wortbekenner ist das Wort
ein Wunder und ein Gnadenort.

Der Reim ölt nur der Verse Leim,
ist der Gedanken Honigseim.

Hier bietet die Natur den Schatz,
dort Technik süßeren Ersatz.

Ein Wort, das nie am Ursprung lügt,
zugleich auch den Geschmack betrügt.

Dort ist's ein eingemischter Klang,
hier eingeboren in den Drang.

Sei es der Unbedeutung Schall:
ein Schöpfer ruft es aus dem All.

Dort deckt der Reim die innre Lücke
und dient als eine Versfußkrücke.

Hier nimmt er teil am ganzen Muß,
die Fessel eines Genius,

Gebundnes tiefer noch zu binden.
Was sich nicht suchen läßt nur finden,

was in des Wortglücks Augenblick,
nicht aus Geschick, nur durch Geschick

da ist und was von selbst gelingt,
aus Mutterschaft der Sprache springt:
das ist der Reim. Nicht, was euch singt!

◆

Karl Kraus (1874–1936):

Instanz des Reimes

Zwei Sphären und zwei
beginnen zu zanken,
der Reim ist Gericht.
Zum Klang wird der Schrei,
der Klang zum Gedanken,
der Zank zum Gedicht.

Man lauert, sitzt und sinnt, verändert, schreibt, durchstreicht,
Schmeißt Silb und Reim herum, versetzt, verwirft, vergleicht...
Johann Christian Günther (1695–1723)

◆

Reim ist bloss ein wortspiel wenn zwischen den durch den reim verbundenen worten keine innere verbindung besteht.
Stefan George (1868–1933)

◆

Dreifachem Reim entziehe sich die Welt: dem Reim auf Feld und Geld und Held.
Karl Kraus (1874–1936)

◆

Heinrich Seidel (1842–1906):

Als ich Hunolds Bild in der Kunstausstellung fand
– Ein Gedicht in Schüttelreimen * –

Das ist der Löwe, das sind seine Klauen!
Die rücksichtslos so manche kleine Sauen
Auf die vorwitz'gen Vorderbeine hauen,
Wenn Verse sie salopp, wie Heine, bauen.

Das ist er ganz, das sind die Dichterlocken,
Ums Antlitz hängen sie gleich Lichterdocken,
Und stolz umgibt die Mähne schlichter Flocken
Das Haupt, das nie vor seiner Pflicht erschrocken.

Das ist die Stirn, der Verseleimekasten,
Darin zu manchem Lied die Keime lasten,
Wo sie gleich Garben in der Feime rasten,
Bis Dichterkünste sie in Reime faßten.

Zwar war sein Höchstes nie das scharfe Denken,
Doch Reime kann er nach Bedarfe schenken,
Mit vielem Glück die Äolsharfe lenken
Und an den Kaak des Witzes Larve henken.

Bedrückt von Ehrfurcht schweiget meine Leier,
Bald bringt dich nun gewiß der „kleine Meyer!"
Doch nimm zuvor hier Köhnkes reine Feier –
Hoch schwinge sich dein Ruhm, der feine Reiher!

*Verständnishilfe:
Hunold Müller von der Havel ist der Vorsitzende des „Allgemeinen deutschen Reimvereins" und Redakteur der „Äolsharfe". Er hält nichts von Witz und Humor, und von ihm stammen die Aussprüche: „Das Denken, nicht das Dichten bracht' uns ums Paradies" sowie: „Reimen muß die Nationalbeschäftigung der deutschen Nation werden" (Heinrich Seidel). Bei dem in Strophe 5, Zeile 3 erwähnten „Köhnke" handelt es sich um den Dichter dieses Gedichtes, Heinrich Seidel, der im „Allgemeinen deutschen Reimverein" unter diesem Pseudonym tätig war. Der wahre Name Hunold Müllers von der Havel ist Emil Jacobsen. Heinrich Seidel hat ihn als „Dr. Havelmüller" in seinem „Leberecht Hühnchen" ausführlich beschrieben. (Vgl. http://www.ub.fu-berlin.de/~goerdten/hunold.html)

Reimlexikon

Christian Morgenstern (1871–1914)

Ehrenrettung eines alten Reimlexikons

Wir sind zu sehr geneigt, uns zu verzwieseln,
wir wollen lieber wie ein Regen tröpfeln,
als, stromgleich von Felsköpfeln zu Felsköpfeln
uns werfend, ganze Bergstöck kühn verkieseln.

Was hilft's, vom Himmel selbst herabzurieseln
auf ganzer Länder tausendfaches Köpfeln; –
es ist ein Schaffen wie mit Spitzen-Klöpfeln,
es ist kein Rauschen, nur ein schnödes Nieseln.

Wie anders doch, gleich bajuwarschen Hieseln
die ganze Welt mit fester Faust zu schöpfeln,
die letzten dicken Wämser aufzuknöpfeln,

die bestverfilzten Zöpfe aufzudrieseln,
ein Wildstrom kommen allen Kleistertöpfeln –
und so um ew'gen Ruhm mit Glück zu mieseln.

Reporter

Der Reporter hat keine Tendenz, hat nichts zu rechtfertigen und hat keinen Standpunkt. Er hat unbefangen Zeuge zu sein und unbefangene Zeugenschaft zu liefern, so verläßlich, wie sich eine Aussage geben läßt – jedenfalls ist sie (für die Klarstellung) wichtiger als die geniale Rede des Staatsanwalts oder des Verteidigers.
Egon Erwin Kisch (1885–1948)

Rezensent

Der Tausendsakerment! / Schlagt ihn tot, den Hund! Es ist ein Rezensent.
Johann Wolfgang von Goethe (1749–1832)

♦

Ein Rezensent, der an einen Dichterkönig sein Messer legt, sollte doch ebensoviel Courtoisie besitzen wie jener englische Scharfrichter, welcher Karl I. köpfte und, ehe er dieses kritische Amt vollzog, vor dem königlichen Delinquenten niederkniete und seine Verzeihung erbat.
Heinrich Heine (1797–1856)

♦

Was ich von den Rezensenten verlange:
    Sie mögen nicht übersehen, was in den Werken steht, nicht Dinge sehen, die nicht in den Werken stehen, daß sie den Autor nicht dafür verantwortlich machen, was eine von ihm geschaffene Person behauptet, besonders dann nicht, wenn eine andere das genaue Gegenteil davon sagt.
Arthur Schnitzler (1862–1931)

Ein Rezensent, siehst du, das ist der Mann,
Der alles weiß, siehst du, und gar nichts kann.
Ernst von Wildenbruch (1845–1909)

Dies Fabelchen führt Gold im Munde: /Weicht aus dem Rezensentenhunde.

Gottfried August Bürger (1747–1794)

Rezensieren

Rezensieren und Tadeln sind im Wörterbuche manches jungen Gelehrten vollkommen synonym.

Johann Wolfgang von Goethe (1749–1832)

Zu verurteilen ist die Unsitte der Rezensenten, Autoren abzustempeln und einzuordnen. Früher gliederten die Kritiker die Autoren in alte, will sagen: griechische oder lateinische, und in neue, will sagen: Schriftsteller des Zeitalters der Königin Anna, der Königin Viktoria usw.; und heute wird nach Dekaden klassifiziert: die Schriftsteller der dreißiger, vierziger Jahre usw. Sehr bald, so scheint es, werden sie die Autoren wie Automobile nach Jahren abstempeln. Schon die Klassifizierung nach Jahrzehnten ist absurd, denn sie legt die Vermutung nahe, daß Autoren bequemerweise mit rund fünfunddreißig Jahren zu schreiben aufhören.

Wystan Hugh Auden (1907–1973)

Rezension

Ich sehe die Rezensionen als eine Art von Kinderkrankheiten an, die die neugebornen Bücher mehr oder weniger befällt. Man hat Exempel, daß die gesündesten daran sterben, und die schwächlichen oft durchkommen. Manche bekommen sie gar nicht. Man hat häufig versucht, ihnen durch Amulette von Vorrede und Dedikation vorzubeugen oder sie gar durch eigene Urteile zu inokulieren, es hilft aber nicht immer.

Georg Christoph Lichtenberg (1742–1799)

Je gewöhnlicher ein Mensch, desto mehr glaubt er an Rezensionen.

Jean Paul (1763–1825)

Rezensionsexemplar

Im Anfang war das Rezensionsexemplar, und einer bekam es vom Verleger zugeschickt. Dann schrieb er eine Rezension. Dann schrieb er ein Buch, welches der Verleger annahm und als Rezensionsexemplar weitergab. Der nächste, der es bekam, tat desgleichen. So ist die moderne Literatur entstanden.
Karl Kraus (1874–1936)

Roman

Roman: der uns mögliche Begebenheiten unter unmöglichen oder beinahe unmöglichen Bedingungen als wirklich darstellt.
Johann Wolfgang von Goethe (1749–1832)

♦

Die Romane endigen gern, wie das Vaterunser anfängt: mit dem Reich Gottes auf Erden.
Friedrich Schlegel (1772–1829)

♦

Die Lehren, welche ein Roman geben will, müssen solche sein, die sich nur im ganzen mitteilen, nicht einzeln beweisen oder durch Zergliederung erschöpfen lassen. Sonst wäre die rhetorische Form unvergleichlich vorzüglicher.
Friedrich Schlegel (1772–1829)

♦

Einen Roman zu schreiben, mag ein reines Vergnügen sein. Nicht ohne Schwierigkeiten ist es bereits, einen Roman zu erleben. Aber einen Roman zu lesen, davor hüte ich mich, so gut es irgend geht.
Karl Kraus (1874–1936)

Rundfunk

Aus der Verbreitung von Rundfunk und Fernsehen ergibt sich neben vielen anderen Problemen auch dieses: Was geschieht mit dem Sprichwort „Er lügt wie gedruckt"?
Gabriel Laub (1928–1998)

Sagen

Es ist leicht gesagt, aber schwer getan.

♦

Leicht zu sagen, schwer zu tragen.
(Gering zu sogen, schwer zu trogen.)
Jiddisches Sprichwort

♦

Sagen und tun ist zweierlei.

♦

Denken darf man alles, aber nicht sagen.

♦

Wenn ich etwas sage, verliert es sofort und endgültig die Wichtigkeit; wenn ich es aufschreibe, verliert es sie auch immer, gewinnt aber manchmal eine neue.
Franz Kafka (1883–1924)

♦

Man darf ungestraft nahezu alles tun, doch fast gar nichts sagen – offenbar gilt das Wort für gefährlicher als die Tat.
Herbert Eisenreich (1925–1986)

♦

Es wird manches gedruckt, was besser nur gesagt würde, und zuweilen etwas gesagt, was schicklicher gedruckt wäre. Wenn die Gedanken die besten sind, die sich zugleich sagen und schreiben lassen, so ist's wohl der Mühe wert, zuweilen nachzusehen, was sich von dem Gesprochnen schreiben, und was sich von dem Geschriebnen drucken läßt. Anmaßend ist es freilich, noch bei Lebzeiten Gedanken zu haben, ja bekanntzumachen. Ganze Werke zu schreiben ist ungleich bescheidner, weil sie ja wohl bloß aus andern Werken zusammengesetzt sein können, und weil dem Gedanken da auf den schlimmsten Fall die Zuflucht bleibt, der Sache den Vorrang zu lassen, und sich demütig in den Winkel zu stellen. Aber Gedanken, einzelne Gedanken sind gezwungen, einen Wert für sich haben zu wollen, und müssen Anspruch darauf machen, eigen und gedacht zu sein. Das einzige, was eine Art von Trost dagegen gibt, ist, daß nichts anmaßender sein kann, als überhaupt zu existieren, oder gar auf eine bestimmte selbständige Art zu existieren. Aus dieser ursprünglichen Grundanmaßung folgen nun doch einmal alle abgeleiteten, man stelle sich wie man auch will.

Friedrich Schlegel (1772–1829)

♦

Ich bin nicht der Meinung, daß einem jemals die Kraft fehlen kann, das, was man sagen oder schreiben will, auch vollkommen auszudrücken. Hinweise auf die Schwäche der Sprache und Vergleiche zwischen der Begrenztheit der Worte und der Unendlichkeit des Gefühls sind ganz verfehlt. Das unendliche Gefühl bleibt in den Worten genau so unendlich, wie es im Herzen war. Das, was im Innern klar ist, wird es auch unweigerlich in Worten. Deshalb muß man niemals um die Sprache Sorge haben, aber im Anblick der Worte oft Sorge um sich selbst.

Franz Kafka (1883–1924)

Satire

Satire scheint eine durchaus negative Sache. Sie sagt „Nein!" Eine Satire, die zur Zeichnung einer Kriegsanleihe auffordert, ist keine. Die Satire beißt, lacht, pfeift und trommelt die große, bunte Landsknechtstrommel gegen alles, was stockt und träge ist.

Satire ist eine durchaus positive Sache. Nirgends verrät sich der Charakterlose schneller als hier, nirgends zeigt sich fixer, was ein gewissenloser Hanswurst ist, einer, der heute den angreift und morgen den.

Kurt Tucholsky (1890–1935)

Die Satire soll gleich der Algebra bloß mit abstrakten und unbestimmten, nicht mit konkreten Werten oder bekannten Größen operieren; und an lebendigen Menschen darf man sie sowenig wie die Anatomie ausüben – bei Strafe seiner Haut und seines Lebens nicht sicher zu sein.
Arthur Schopenhauer (1788–1860)

♦

Satire: ein Schrei, zur Agonie des Flüsterns gesteigert; eine Grimasse der Qual, die wie Grinsen wirkt; jener Siedepunkt des Schmerzes, der die Sensation der Kälte erzeugt.
Felix Pollak (1909–1987)

♦

Die Satire ist eine Art Spiegel, in dem die Betrachter fast jedermanns Gesicht außer ihrem eigenen schauen können.
Jonathan Swift (1667–1745)

♦

Satiren, die der Zensor versteht, werden mit Recht verboten.
Karl Kraus (1874–1936)

Satiriker

Der große Satiriker zieht, was er ins Lächerliche zieht, mit dem gleichen Griff auch ins Ernsteste.
Alfred Polgar (1873–1955)

♦

Der Satiriker ist ein gekränkter Idealist: er will die Welt gut haben; sie ist schlecht, und nun rennt er gegen das Schlechte an.
Kurt Tucholsky (1890–1935)

Satz

Am Anfang war das Wort. Dann kamen die Wortspalter und machten Sätze daraus.
Werner Mitsch [1983]

Tausend sehn den Nonsense eines Satzes ein, ohne im Stand zu sein noch Fähigkeiten zu besitzen, ihn förmlich zu widerlegen.
Georg Christoph Lichtenberg (1742–1799)

◆

Jeder Satz, jedes Buch, so sich nicht selbst widerspricht, ist unvollständig.
Friedrich Schlegel (1772–1829)

◆

Wem nicht jeder Satz, den er schreibt, der wichtigste ist, soll das Schreiben lassen.
Wilhelm Raabe (1831–1910)

◆

Man braucht unendlich ferne Sätze, die man kaum versteht, als Halt über Jahrtausende.
Elias Canetti (1905–1994)

◆

Die Sätze so entstehen lassen, als rauche man seine Pfeife.
Charles Ferdinand Ramuz (1878–1947)

◆

Ein guter Satz hat viele Fenster.
Friedrich Georg Jünger (1898–1977)

Satzbau

In der Literatur hüte man sich vor Satzbauschwindlern. Ihre Häuser kriegen zuerst Fenster und dann Mauern.
Karl Kraus (1874–1936)

Gottfried Benn (1886–1956):

Satzbau

Alle haben den Himmel, die Liebe und das Grab,
damit wollen wir uns nicht befassen,
das ist für den Kulturkreis besprochen und durchgearbeitet.
Was aber neu ist, ist die Frage nach dem Satzbau
und die ist dringend:
warum drücken wir etwas aus?

Warum reimen wir oder zeichnen ein Mädchen
direkt oder als Spiegelbild
oder stricheln auf eine Handbreit Büttenpapier
unzählige Pflanzen, Baumkronen, Mauern,
letztere als dicke Raupen mit Schildkrötenkopf
sich unheimlich niedrig hinziehend
in bestimmter Anordnung?

Überwältigend unbeantwortbar!
Honoraraussicht ist es nicht,
viele verhungern darüber. Nein,
es ist ein Antrieb in der Hand,
ferngesteuert, eine Gehirnlage,
vielleicht ein verspäteter Heilbringer oder Totemtier,
auf Kosten des Inhalts ein formaler Priapismus,
er wird vorübergehn,
aber heute ist der Satzbau
das Primäre.

„Die wenigen, die was davon erkannt" – (Goethe) –
wovon eigentlich?
Ich nehme an: vom Satzbau.

Schimpfen

Die Injurie, das bloße Schimpfen, ist eine summarische Verleumdung ohne Angabe der Gründe.
Arthur Schopenhauer (1788–1860)

Schimpflied

„Man hat ein Schimpflied auf dich gemacht; / Es hat's ein böser Feind erdacht." Laß sie's nur immer singen! / Denn es wird bald verklingen.
Johann Wolfgang von Goethe (1749–1832)

Schimpfwort

Wer zum ersten Schimpfwort schweigt, bricht dem zweiten die Knochen.

♦

Der Pfeil des Schimpfs kehrt auf den Mann zurück, / Der zu verwunden glaubt...
Johann Wolfgang von Goethe (1749–1832)

Schlagwort

Es gibt Menschen, welche Schlagworte wie Münzen schlagen, und Menschen, welche mit Schlagworten wie mit Schlagringen zuschlagen.
    Nichts ist so verbreitet wie das Schlagwort. Es wird bis in die höchsten Geisteskreise hinauf gebraucht und hängt oft noch dem Scharfsinnigsten als Zöpfchen hinten.
Christian Morgenstern (1871–1914)

♦

Ein Schlagwort ist immer eine heruntergekommene Idee.
Ignazio Silone (1900–1978)

♦

Was ist das Bleibende der großen Denker von heute? Die Schlagworte von morgen.
Hans Krailsheimer (1888–1958)

Mit keinem Köder fischt Mephisto so glücklich als mit allem, was im Engeren und Weiteren unter den Begriff des Schlagworts fällt.
Christian Morgenstern (1871–1914)

Schreiben

Einmal geschrieben ist so gut wie zehnmal gelesen.

♦

Sobald man schreiben kann, fangen die Sorgen an.
Japanisches Sprichwort

♦

Begreifst Du es, Liebste: schlecht schreiben und doch schreiben müssen, wenn man sich nicht vollständiger Verzweiflung überlassen will. So schrecklich das Glück des guten Schreibens abbüßen müssen!
Franz Kafka (1883–1924)

Warum schreibt einer? Weil er nicht genug Charakter hat, nicht zu schreiben.
Karl Kraus (1874–1936)

♦

Man nimmt es oft den Schriftstellern übel, daß sie sich von der Welt zurückziehen. Man verlangt von ihnen, daß sie sich für die Gesellschaft interessieren, die ihnen doch fast gar nichts nützt. Man will sie zwingen, ewig der Ziehung einer Lotterie zuzuschauen, für die sie kein Los haben.
Nicolas-Sébastien Roch Chamfort (1741–1794)

♦

Schreiben: Über dem Abgrunde schweben, gehalten nur von der Grammatik.
Heimito von Doderer (1896–1966)

♦

Ich bin eigentlich nach England gegangen, um deutsch schreiben zu lernen.
Georg Christoph Lichtenberg (1742–1799)

♦

Schreiben können sie heute alle. Die Klassiker haben vor ihnen nur das voraus, daß sie auch lesen konnten.
Max Rychner (1897–1965)

♦

Schreibt man nicht, weil man denkt, so ist es zwecklos, zu denken, um zu schreiben.
Luc de Clapiers, Marquis de Vauvenargues (1715–1747)

♦

Das Schreiben, und wenn man auch nicht ans Drucklassen denkt, ist ein wahrhaft diätetisches Stärkungsmittel, dessen in unserer überbildeten Zeit sich ohnehin fast jeder bedienen kann. Man befreit sich von einem quälenden Gedanken, von einer drückenden Empfindung am besten, indem man ihn klar niederschreibt, indem man sie rein darstellt. Der Krampf der Seele löst sich, und der Wiederkehr ist vorgebaut.

Ernst von Feuchtersleben (1806–1849)

◆

Schreiben ist schon deswegen viel unbequemer als Lesen, weil alles Schreiben Kopieren ist, entweder des Geschriebenen oder eigner Gedanken.

August Graf von Platen (1796–1835)

◆

Wer interessant schreiben will, vermag es nur über einen Gegenstand, der das Herz und den Verstand in enge, freundliche Verbindung setzen kann. Das Herz muß den Verstand erwärmen und der Verstand über die Glut hauchen, wenn sie in Flammen ausbrechen will. Aus dem Verstande allein läßt sich viel Kluges, aber schwerlich etwas Interessantes schreiben; aus dem Herzen allein läßt sich wohl noch etwas so Interessantes schreiben, daß der Verstand etwas Kluges darin finden kann.

Friedrich Maximilian Klinger (1752–1831)

◆

Man muß jedesmal so schreiben, als ob man zum ersten und zum letzten Male schriebe. So viel sagen, als ob's ein Abschied wäre, und so gut, als bestände man ein Debüt.

Karl Kraus (1874–1936)

◆

Ich habe nie einsehen mögen, warum mittelmäßige Menschen deshalb aufhören sollten, mittelmäßig zu sein, weil sie schreiben können.

Christian Morgenstern (1871–1914)

◆

Rascher denken als sie schreiben, ja rascher denken, als sie nachdenken können, ist eine Plage aller klugen Leute.

Rudolf Alexander Schröder (1878–1962).

Ob ein Mann, der schreibt, gut oder schlecht schreibt, ist gleich ausgemacht, ob aber einer, der nichts schreibt und stille sitzt, aus Vernunft oder aus Unwissenheit stille sitzt, kann kein Sterblicher ausmachen.
Georg Christoph Lichtenberg (1742–1799)

♦

Denken und Sprechen heißt immer sein Gleichgewicht suchen. Und nun gar schreiben!
Carl Jacob Burckhardt (1891–1974)

♦

Dieses ganze Schreiben ist nichts als die Fahne des Robinson auf dem höchsten Punkt der Insel.
Franz Kafka (1883–1924)

♦

Schreiben muß etwas entsetzlich Köstliches sein, daß man so besessen derartige Foltern erträgt...
Gustave Flaubert (1821–1880)

♦

Gegenwärtig ist meine gute Schwester sehr kränklich... Sie hat nie an die Eingewöhnung, resp. Erwerbung einer zuverlässigen Hausmagd denken wollen; nun muß ich morgens den Kaffee machen, den Katzen (zwei eigenen und einer Hospitantin) das Fressen reichen, auch zuweilen die Milch sieden, daß sie nicht verdirbt, und dergleichen Schweinereien mehr und dabei noch den Novellenband fertig scheiben.
Gottfried Keller (1819–1890)

♦

Was ich hier schreibe, bin ich nicht – mich kann ich nicht schreiben, sondern nur, was es durch mich tut.
Adalbert Stifter (1805–1868)

Die Leute, die nicht schreiben, haben einen Vorzug: sie kompromittieren sich nicht.
Johann Wolfgang von Goethe (1749–1832)

◆

Zu untersuchen ist bei allem Geschriebenen, ob etwas erkauften Glanz hat oder jene Härte, die glänzt.
Ludwig Hohl (1904–1980)

◆

Man darf nicht überstürzt schreiben; man muß fünf Tage an derselben Seite arbeiten können, wenn es nötig ist – man muß sich Zeit zum Überlegen lassen.
Charles Ferdinand Ramuz (1878–1947)

◆

Die mit Aufgabe des Schreibens sofort eintretende Schwerfälligkeit des Denkens ...
Franz Kafka (1883–1924)

◆

Das Beste fällt mir immer erst über dem Schreiben ein.
Gottfried Keller (1819–1890)

◆

Alles Schreiben läuft auf Mischen hinaus, die Ingredienzen bleiben ewig dieselben. Aber, jede neue Zeit ruft ein neues Rezept hervor und jedes neue Rezept eine neue Medizin.
Friedrich Hebbel (1813–1863)

◆

Wer richtig gelesen sein will, muß so schreiben, wie man richtig liest: langsam.
Herbert Eisenreich (1925–1986)

◆

Über etwas schreiben heißt, sich mit etwas überschreiben.
Christian Morgenstern (1871–1914)

Ich zwinge mich, über etwas zu schreiben, an das ich nicht glaube, um nicht auf mich, der daran nicht glaubt, beschränkt zu bleiben – vielleicht werde ich daran glauben, wenn ich es mit Geduld beschrieben habe.
Peter Handke [1982]

♦

Beim Schreiben kommt man bisweilen an Stellen, vor denen man unwillkürlich innehält. Da muß man sich entweder zwingen weiterzuschreiben, oder man muß die Stelle umgehen und sie auf ein andermal verschieben, nie aber darf man es sich erlauben, unter dem Vorwand der Unlust gar nichts zu schreiben.
Lew Nikolajewitsch Tolstoi (1828–1910)

♦

Nur nicht überschätzen, was ich geschrieben habe, sonst mache ich mir das zu Schreibende unerreichbar.
Franz Kafka (1883–1924)

♦

Wenn du es mit all deinem Schreiben und Bergsteigen nicht weiter gebracht hast, als daß du am Ende deines Lebens erkennst, du hättest nicht schreiben oder bergsteigen sollen, sondern besser Landwirtschaft getrieben, dann hast du es freilich nicht weit gebracht.
Ludwig Hohl (1904–1980)

♦

Ich mag immer den Mann lieber, der so schreibt, daß es Mode werden kann, als den, der so schreibt, wie es Mode ist.
Georg Christoph Lichtenberg (1742–1799)

Schriftsteller

Wir sind viel eifriger, die oft eingebildeten Widersprüche eines Schriftstellers festzustellen, als aus seinen – wahren oder falschen – Einsichten zu lernen.
Luc de Clapiers, Marquis de Vauvenargues (1715–1747)

♦

Heutzutage machen drei Pointen und eine Lüge einen Schriftsteller.
Georg Christoph Lichtenberg (1742–1799)

♦

Schriftsteller, besonders Dichter, sind wie Pfauen, denen man einige wenige Körner in ihren Käfig wirft. Von Zeit zu Zeit holt man sie heraus und läßt sie ihr Rad schlagen. Hahn und Hühner, Enten und Truthühner laufen frei im Geflügelhof herum und füllen sich ihren Kropf, wie sie wollen.
Nicolas-Sébastien Roch Chamfort (1741–1794)

Sonniger Schriftsteller. Er lobt nicht sich selbst, aber er lobt die Güte des Herrn, die ihn geschaffen hat. Das ist seine Form der Eitelkeit.
Robert Musil (1880-1942)

♦

Wenn man aber bei einem Schriftsteller immer dieselben Schönheiten und Fehler findet, so läßt das eher auf eine Verbindung großer Mängel mit hervorragenden Vorzügen schließen: auf lebhafte Phantasie und wenig Urteil, auf Energie und geringe formale Begabung und so weiter. Und wenn ich auch den menschlichen Geist nicht sehr bewundere, so möchte ich ihn doch nicht so weit herabsetzen, um einen einseitigen Geist, der ständig den gesunden Menschenverstand beleidigt, unter die Besten zu rechnen.
Luc de Clapiers, Marquis de Vauvenargues (1715-1747)

♦

In einer eigentümlichen Lage befindet sich der Schriftsteller, während er diejenigen seiner Gedanken konzipiert, die ihm bedeutend erscheinen. Er behorcht sich selbst.
Ernst von Feuchtersleben (1806-1849)

♦

Die echten Schriftsteller sind Gewissensbisse der Menschheit.
Ludwig Andreas Feuerbach (1804-1872)

♦

Die Nachwelt beurteilt die Schriftsteller nur nach ihren Werken und nicht nach ihren Stellungen. ‚Eher, was sie vollbracht, als was sie gewesen', scheint ihr Wahlspruch zu sein.
Nicolas-Sébastien Roch Chamfort (1741-1794)

♦

An schlechten und mittelmäßigen Schriftstellern ließe sich noch mancher schöne Kranz verdienen. Man hat bisher fast lauter Schlechtes und Mittelmäßiges über dieselben – und doch würde eine Philosophie des Schlechten Mittelmäßigen und Gemeinen von der höchsten Wichtigkeit sein.
Novalis (1772-1801)

Dieser Schriftsteller schreibt einen läufigen Stil.
Kurt Tucholsky (1890–1935)

♦

Schriftsteller können sich alle Arten menschlicher Selbstgefälligkeit zuschulden kommen lassen außer einer, der Selbstgefälligkeit des Wohlfahrtsbeamten, der da sagt: „Wir sind hier auf Erden, um andern zu helfen; wozu eigentlich die andern da sind, weiß ich nicht."
Wystan Hugh Auden (1907–1973)

♦

Die allgemeinste Regel für den Schriftsteller und auch für den Künstler, die ich kenne, ist, daß sein *Ausdruck* immer unter der Sache sei, die er *darstellt*. Ich halte dieses für das wahre Geheimnis des Geistes und der Kraft.
Friedrich Heinrich Jacobi (1743–1819)

♦

Ich glaube, es gibt kaum Schriftsteller, die mit ihrem Jahrhundert zufrieden waren.
Luc de Clapiers, Marquis de Vauvenargues (1715–1747)

♦

Die Schriftsteller entwickeln meist viel mehr Verstand, wenn sie die Gedanken ihrer Gegner, als wenn sie ihre eigenen analysieren.
Ernst von Feuchtersleben (1806–1849)

♦

Was eigentlich den Schriftsteller für den Menschen ausmacht, ist beständig zu *sagen*, was vorzüglichste Menschen, oder überhaupt der größte Teil denkt oder fühlt, ohne es zu wissen, die Mittelmäßigen sagen nur, was jeder würde *gesagt* haben. Hierin besteht ein großer Vorteil zumal der dramatischen und Roman-Dichter.
Georg Christoph Lichtenberg (1742–1799)

Damit man sagen könne, daß ein Schriftsteller sich widersprochen habe, muß es unmöglich sein, ihn mit sich in Einklang zu bringen.
Luc de Clapiers, Marquis de Vauvenargues (1715-1747)

◆

Die verbreitetste Individualität der Schriftsteller besteht ja darin, daß jeder auf ganz besondere Weise sein Schlechtes verdeckt.
Franz Kafka (1883-1924)

◆

Der gute Schriftsteller ist der, der viel und lange gelesen und nach 100 Jahren noch in allerlei Format aufgelegt und eben dadurch das Vergnügen des Menschen im allgemeinen wird. Das ganze menschliche Geschlecht lobt nur das Gute, das Individuum oft das Schlechte.
Georg Christoph Lichtenberg (1742-1799)

◆

Nie ist ein Schriftsteller schwächer, als wenn er schwächlich Großes behandelt.
Luc de Clapiers, Marquis de Vauvenargues (1715-1747)

◆

Mehrere Schriftsteller glauben den Ruhm zu lieben und lieben nur die Eitelkeit. Dabei handelt es sich um zwei verschiedene, ja entgegengesetzte Dinge, denn das eine ist eine kleine, das andre eine große Leidenschaft. Zwischen Eitelkeit und Ruhm besteht ungefähr derselbe Unterschied wie zwischen einem Gecken und einem Liebenden.
Nicolas-Sébastien Roch Chamfort (1741-1794)

◆

Kein Schriftsteller muß je glauben, daß das, was einer gemischten Gesellschaft gefällt, deswegen der Welt gefalle. Die kleine Gesellschaft hat alle erforderlichen Mittel, einen Gedanken in allen seinen Relationen zu betrachten, sie kann aus der Gelegenheit und Umständen die Zeit messen, die der Urheber brauchte, ihn hervorzubringen, die Vergleichung der Zeit oder anderer Umstände mit dem inneren Gewicht des Gedankens könnte man sein Moment nennen, und man sieht, daß ein schlechter Gedanke zuweilen ein großes Moment bekommen, wenn er unerwartet kommt, dabei nicht viel Zeit kann gekostet haben. Die Welt schätzt bloß das Werk nach dem Gewicht, nicht nach der Zeit, worin es ist zu Stande gebracht worden. Wüßte der Leser die Umstände genau, so würde der Gedanke nichts verlieren, es ist aber höchst ungereimt, zu glauben, daß dasjenige, was ich einer Gesellschaft sage, die ich kenne, eben die Wirkung auf ein ganzes Publikum haben soll, das ich doch nicht kenne.

Georg Christoph Lichtenberg (1742–1799)

◆

Sperone Speroni erklärt sehr einfach, warum ein Schriftsteller oft sich selber klar und dem Leser dunkel ist. Der Schriftsteller geht vom Gedanken zum Ausdruck, der Leser vom Ausdruck zum Gedanken.

Nicolas-Sébastien Roch Chamfort (1741–1794)

◆

Es ist wunderbar, daß ein Deutscher immer sich ein wenig schämt zu sagen: er sei ein Schriftsteller ...

Clemens Brentano (1778–1842)

◆

Das Publikum kann freilich zu seinen Schriftstellern sagen: Ihr steht in unserm Solde. Die meisten könnten aber dem Publikum antworten: So dienen wir dir auch!

Friedrich Maximilian Klinger (1752–1831)

◆

Ich glaube, und zwar glaube ich es aufrichtig, daß es keinen besseren Weg gibt, um ein ernsthafter Schriftsteller zu werden, als täglich etwas zu kritzeln. Man sollte jeden Tag versuchen, etwas aus der eigenen Wesenstiefe herauszuholen: einen Klang, einen Akzent, einen fossilen oder pflanzlichen Überrest von irgend etwas, das sich aber noch nicht zum reinen Gedanken geklärt hat ...

Italo Svevo (1861–1928)

Mein Geschriebenes drucken zu lassen, und zwar zu besten Honoraren, hab ich keine Schwierigkeiten; mir kommt es darauf an, Geld zu kriegen, *ohne* zu schreiben. *Das* ist das Geheimnis schriftstellerischen Wohlergehens.
Theodor Fontane (1819–1898)

◆

Überhaupt: der persönliche Charakter des Schriftstellers bringt seine Bedeutung beim Publikum hervor, nicht die Künste seines Talents.
Johann Wolfgang von Goethe (1749–1832)

◆

Die Werke, die ein Schriftsteller mit Liebe schreibt, sind gewöhnlich die besten, wie Kinder der Liebe die schönsten sind.
Nicolas-Sébastien Roch Chamfort (1741–1794)

◆

Kafka betonte gelegentlich, er sei sehr erstaunt, daß mancher Schriftsteller so unvorsichtig sei, Goethe zu zitieren, – ein Satz von Goethe leuchte doch unfehlbar aus dem sonstigen Text jedes Autors allzu blendend hervor.
Max Brod (1884–1968)

◆

Ich sehe klar ein, daß ich eigentlich erst bei dem 70er Kriegsbuche und dann bei dem Schreiben meines Romans ein *Schriftsteller* geworden bin, d. h. ein Mann, der sein Metier als eine *Kunst* betreibt, als eine Kunst, deren *Anforderungen* er kennt. Dies letztere ist das Entscheidende. Goethe hat einmal gesagt: „Die Produktion eines anständigen Dichters und Schriftstellers entspricht allemal dem Maß seiner *Erkenntnis.* Furchtbar richtig. Man kann auch ohne Kritik mal was Gutes schreiben, ja vielleicht *so* Gutes, wie man später *mit* Kritik nie wieder zustande bringt. Das alles soll nicht bestritten werden. Aber das sind dann die „Geschenke der Götter", die, weil es Göttergeschenke sind, sehr selten sind, einmal im Jahre, und das Jahr hat 365 Tage. Für die verbleibenden 364 entscheidet die Kritik, das Maß der Erkenntnis. In poetischen Dingen hab ich die Erkennt-

nis 30 Jahre früher gehabt als wie die in der Prosa; daher les ich meine Gedichte mit Vergnügen oder doch ohne Verlegenheit, während meine Prosa aus derselben Zeit mich beständig geniert und erröten macht.
Theodor Fontane (1819–1898)

◆

Weder eine mittelmäßig Frau noch einen mittelmäßigen Schriftsteller kann man so loben, wie sie selber es tun.
Luc de Clapiers, Marquis de Vauvenargues (1715–1747)

◆

Schriftsteller sind ungewöhnliche Menschen. Ihnen geht der Mund über, wenn das Herz leer ist.
Nikolaus Cybinski [1982]

◆

Ein Schriftsteller, den ein großer Herr seine Überlegenheit fühlen ließ, gab folgende Antwort: „Ich weiß, was sich schickt, Herr Herzog, aber ich weiß auch, daß es bequemer ist, über mir zu stehen als neben mir."
Nicolas-Sébastien Roch Chamfort (1741–1794)

◆

Der berühmte Ben Jonson sagte, daß alle, die sich mit den Musen verheirateten, Hungers starben, während die anderen, die sie nur als Geliebte nehmen, sich sehr wohl dabei fühlten. Das läuft auf das Zitat heraus, das ich von Diderot hörte: „Ein vernünftiger Schriftsteller könnte wohl Geliebter einer Frau sein, die ein Buch geschrieben hat, aber heiraten dürfte er nur eine, die Hemden nähen kann. Am besten fährt wohl derjenige, der weder der Geliebte einer Schriftstellerin noch überhaupt verheiratet ist."
Nicolas-Sébastien Roch Chamfort (1741–1794)

◆

Man sagt und wiederholt oft nach der Lektüre eines edlen Werkes: Schade, daß die Schriftsteller sich nicht selber in ihren Schriften schildern und daß man aus einem solchen Werk nicht schließen kann, daß der Verfasser auch selbst sei, was er zu sein scheint. Es ist wahr, daß viele Beispiele diesen Gedanken nahelegen, aber ich habe beobachtet, daß man diese Überlegung oft anstellt, um die Vorzüge nicht achten zu müssen, deren Abbild man in den Schriften eines rechten Mannes findet.

Nicolas-Sébastien Roch Chamfort (1741-1794)

◆

Die ersten Schriftsteller arbeiteten ohne Vorbilder und schöpften alles aus sich selbst; – so kommt es, daß ihre Schriften ungleichmäßig sind und tausend Schwachheiten mit einem vollkommenen göttlichen Genie vereinen. Alle Epigonen haben von ihren Erfindungen gezehrt und sich so selbst gefunden, niemand findet alles in sich allein.

Luc de Clapiers, Marquis de Vauvenargues (1715-1747)

◆

Der Feierabend eines Schriftstellers, der gute Werke veröffentlicht hat, wird vom Publikum mehr geachtet als die betriebsame Fruchtbarkeit eines Autors, der nur die mittelmäßigen Werke vermehrt. Das Schweigen eines Menschen, der bekannt ist dadurch, daß er etwas zu sagen hat, macht mehr Eindruck als das Geschwätz des Redseligen.

Nicolas-Sébastien Roch Chamfort (1741-1794)

◆

Viele Schriftsteller verbergen einander die gegenseitige Bewunderung. Sie erwarten vom Lob kein Gegenlob und fürchten ein Ansehen, das sie selbst gesteigert hätten.

Luc de Clapiers, Marquis de Vauvenargues (1715-1747)

◆

Es ist ein Fehler, den der bloß witzige Schriftsteller mit dem ganz schlechten gemein hat, daß er gemeiniglich seinen Gegenstand eigentlich nicht erleuchtet, sondern ihn nur dazu braucht, sich selbst zu zeigen. Man lernt den Schriftsteller kennen und sonst nichts. So hart es auch zuweilen widergehen sollte, eine witzige Periode wegzulassen, so muß es doch geschehen, wenn sie nicht notwendig aus

der Sache fließt. Diese Kreuzigung gewöhnt allmählich den Witz an die Zügel, die ihm die Vernunft anlegen muß, wenn sie beide zusammen mit Ehren auskommen sollen.
Georg Christoph Lichtenberg (1742–1799)

◆

Schriftsteller sind selten eifersüchtig auf den manchmal übertriebenen Ruf, dessen sich manche Werke der Hofleute erfreuen. Solche Erfolge sehen sie so an wie anständige Frauen das Vermögen der Huren.
Nicolas-Sébastien Roch Chamfort (1741–1794)

◆

Die Schriftsteller nehmen uns unsern geistigen Besitz und verkleiden ihn, um uns die Freude des Wiederfindens zu machen.
Luc de Clapiers, Marquis de Vauvenargues (1715–1747)

◆

Mittelmäßige Schriftsteller werden mehr bewundert als beneidet.
Luc de Clapiers, Marquis de Vauvenargues (1715–1747)

◆

Schriftsteller – seine Grundverfassung.
    Sehen wollen ist mehr als irgend etwas sein wollen. Der Schriftsteller hat das erste gewählt.
Heimito von Doderer (1896–1966)

◆

Die Schriftsteller, die sich hauptsächlich durch formale Feinheiten auszeichnen, veralten früher als andere.
Luc de Clapiers, Marquis de Vauvenargues (1715–1747)

◆

Mancher, der gescheit ist und es bleiben könnte, gibt sich auf, weil er als Schriftsteller *tief* sein möchte. Die wahrhaften Tiefen wollen etwas ganz anderes sein als tief.
Max Rychner (1897–1965)

Der gute Geschmack, der Takt und gute Ton haben mehr Beziehungen zueinander, als die Schriftsteller glauben. Takt ist guter Geschmack in Haltung und Benehmen, guter Ton ist guter Geschmack in Rede und Unterhaltung.
Nicolas-Sébastien Roch Chamfort (1741–1794)

◆

Schriftsteller schätzen, wen sie unterhalten, wie Reisende, wen sie in Erstaunen setzen.
Nicolas-Sébastien Roch Chamfort (1741–1794)

◆

Was ist ein Schriftsteller, dessen Stellung nicht gehoben ist durch seinen Charakter, das Verdienst seiner Freunde und ein wenig Vermögen? Wenn dieser letzte Vorteil ihm fehlt, so daß er nicht imstande ist, in der Gesellschaft zu leben, für die ihn seine Verdienste bestimmen – wozu bedarf er dann noch der Welt? Ist seine einzige Aufgabe nicht, eine Stätte zu wählen, wo er seine Seele, seinen Charakter, seine Vernunft bilden kann? Soll er die Last der Gesellschaft tragen, ohne einen der Vorteile zu haben, die sie andern Gesellschaftsklassen verschafft? Mehr als ein Schriftsteller hat durch den Entschluß zur Einsamkeit das Glück gefunden, das er sonst vergeblich gesucht hätte. Er kann von sich sagen, daß man ihm alles gab, indem man ihm alles nahm. Wie oft kann er nicht das Wort des Themistokles wiederholen: ‚Ach, ich würde zugrunde gehen, wenn ich nicht schon zugrunde gegangen wäre.'
Nicolas-Sébastien Roch Chamfort (1741–1794)

◆

... ja die italienischen Schriftsteller sind schwerer zu beurteilen als die andrer Nationen. Ihre Prosaisten werden Poeten, eh man sichs versieht, weil sie dasjenige, was mit dem Dichter geboren wird, in ihren Kinderjahren gleich aus der zweiten Hand empfangen und mit einem bequemen Reichtum nach ihren Fähigkeiten gar leicht gebaren können. Hieraus läßt sich einsehen, warum es bei den Deutschen gerade das Umgekehrte ist und warum wahrhaft poetische Naturen unsrer Nation zuletzt gewöhnlich ein trauriges prosaisches Ende nehmen. ---

Überhaupt hat das Publikum nur den dunkelsten Begriff vom Schriftsteller. Man hört nur uralte Reminiszenzen; von seinem Gange und Fortschritte nehmen die wenigsten Notiz. Doch muß ich billig sein und sagen, daß ich einige gefunden habe, die hierin eine merkwürdige Ausnahme machen.

Johann Wolfgang von Goethe (1749–1832)

♦

Der bedeutende Mensch gestaltet lebhafter und vollkommener als sonst jemand, daher erscheinen die guten Schriftsteller so klar und lichtvoll, daß man unmittelbar von ihren Gedanken ergriffen wird.

Luc de Clapiers, Marquis de Vauvenargues (1715–1747)

♦

Zuvorderst gibt es zweierlei Schriftsteller: solche, die der Sache wegen, und solche, die des Schreibens wegen schreiben. Jene haben Gedanken gehabt oder Erfahrungen gemacht, die ihnen mitteilenswert scheinen; diese brauchen Geld, und deshalb schreiben sie, für Geld. Sie denken zum Behuf des Schreibens. Man erkennt sie daran, daß sie ihre Gedanken möglichst lang ausspinnen und auch halbwahre, schiefe, forcierte und schwankende Gedanken ausführen, auch meistens das Helldunkel lieben, um zu scheinen, was sie nicht sind; weshalb ihrem Schreiben Bestimmtheit und volle Deutlichkeit abgeht. Man kann daher bald merken, daß sie, um Papier zu füllen, schreiben: bei unsern besten Schriftstellern kann man es mitunter, z. B. stellenweise in Lessings „Dramaturgie" und sogar in manchen Romanen Jean Pauls. Sobald man es merkt, soll man das Buch wegwerfen; denn die Zeit ist edel. Im Grunde aber betrügt der Autor den Leser, sobald er schreibt, um Papier zu füllen; denn sein Vorgeben ist, zu schreiben, weil er etwas mitzuteilen hat. – Honorar und Verbot des Nachdrucks sind im Grunde der Verderb der Literatur. Schreibenswertes schreibt nur, wer ganz allein der Sache wegen schreibt. Welch ein unschätzbarer Gewinn würde es sein, wenn in allen Fächern einer Literatur nur wenige, aber vortreffliche Bücher existierten. Dahin aber kann es nie kommen, solange Honorar zu verdienen ist. Denn es ist, als ob ein Fluch auf dem Gelde läge: jeder Schriftsteller wird schlecht, sobald er irgend des Gewinnes wegen schreibt. Die vortrefflichsten Werke der großen Männer sind alle aus der Zeit, als sie noch umsonst oder für ein sehr geringes Honorar schreiben mußten. Also auch hier bewährt sich das spanische Sprichwort: „Ehre und Geld gehn nicht in denselben Sack." – der ganze Jammer der heutigen Literatur in und außer Deutschland hat zur Wurzel das Geldverdienen durch Bücherschreiben. Jeder, der Geld braucht, setzt sich hin und schreibt ein Buch, und das Publikum ist so dumm, es zu kaufen. Die sekundäre Folge davon ist der Verderb der Sprache.

Arthur Schopenhauer (1788–1860)

◆

Die meisten Schriftsteller schätzen die Kunst, aber nicht die Tugend. Alexanders Statue bedeutet ihnen mehr als sein Edelmut. Das Abbild der Dinge berührt sie, aber das Original läßt sie kalt. Sie wollen nicht als bloße Handarbeiter behandelt werden, und doch sind sie Handarbeiter durch und durch, bis ins Mark hinein.

Luc de Clapiers, Marquis de Vauvenargues (1715–1747)

◆

In den Schriften berühmter Schriftsteller, aber mittelmäßiger Köpfe, findet man immer höchstens das, was sie einem zeigen wollen, da in den Schriften des systematischen Denkers, der alles mit seinem Geiste umfaßt, man immer das Ganze sieht und wie jedes zusammenhängt. Erstere suchen und finden ihre Nadel bei dem Lichte eines Schwefelhölzchens, das nur an der Stelle leuchtet und kümmerlich, wo es sich befindet, da die andern ein Licht anzünden, das sich über alles erstreckt.

Georg Christoph Lichtenberg (1742–1799)

◆

Der Wunsch nach Beifall, den der Schriftsteller fühlt, ist sein Trieb, den ihm die Natur eingepflanzt hat, um ihn zu etwas Höherem anzulocken; er glaubt, den Kranz schon erreicht zu haben, und wird bald gewahr, daß eine mühsamere Ausbildung jeder angeborenen Fähigkeit nötig ist, um die öffentliche Gunst festzuhalten, die wohl auch, durch Glück und Zufall, auf kurze Momente erlangt werden kann.

Johann Wolfgang von Goethe (1749–1832)

Eine große Wahrheit, von der man durchdrungen ist und die man lebhaft fühlt, kann man ruhig aussprechen, auch wenn andre sie schon ausgesprochen haben. Jeder Gedanke ist neu, der das Siegel der Eigenart eines Schriftstellers trägt.
Luc de Clapiers, Marquis de Vauvenargues (1715–1747)

◆

Ein Schriftsteller, der einen täglichen Fall verewigt, kompromittiert nur die Aktualität. Wer aber die Ewigkeit journalisiert, hat Aussicht, in der besten Gesellschaft anerkannt zu werden.
Karl Kraus (1874–1936)

◆

Ich bin immer verwundert, daß die Könige nie erproben, ob Schriftsteller, die große Gedanken haben, nicht auch imstande wären, sie auszuführen; es kommt wohl daher, daß ihnen die Zeit zum Lesen fehlt.
Luc de Clapiers, Marquis de Vauvenargues (1715–1747)

◆

Mancher Schriftsteller, sobald er ein bißchen Beifall erhält, glaubt, alles von ihm interessiere die Welt. Der Schauspielschmierer Kotzebue hält sich sogar berechtigt, dem Publikum zu sagen, daß er seiner sterbenden Frau ein Klistier gesetzt habe.
Georg Christoph Lichtenberg (1742–1799)

◆

Betrachtet man nur bestimmte Werke der besten Schriftsteller, so wird man versucht sein, sie geringzuachten. Um gerecht zu urteilen, muß man alles lesen.
Luc de Clapiers, Marquis de Vauvenargues (1715–1747)

◆

Homer hat gewiß nicht gewußt, daß er *gut* schrieb, so wenig wie Shakespeare. Unsere heutigen guten Schriftsteller müssen alle die fatale Kunst lernen: *zu wissen, daß sie gut schreiben.*
Georg Christoph Lichtenberg (1742–1799)

Berufs-Schriftsteller. Der Berufs-Schriftsteller macht seine Muse zur Prostituierten und wird dann ihr Strizzi.
Heimito von Doderer (1896–1966)

◆

Mancher Schriftsteller hat in der Moral dasselbe Ziel wie die moderne Architektur, die vor allem die Bequemlichkeit anstrebt.
Luc de Clapiers, Marquis de Vauvenargues (1715–1747)

◆

Es gibt Schriftsteller, die schon in zwanzig Seiten ausdrücken können, wozu ich manchmal sogar zwei Zeilen brauche.
Karl Kraus (1874–1936)

◆

Wenn zwei Schriftsteller sich in verschiedenen Gattungen in gleicher Weise hervorgetan haben, so achtet man gewöhnlich nicht genug auf den Rang ihrer Begabung, und Boileau wird mit Racine zusammengestellt: das ist ungerecht.
Luc de Clapiers, Marquis de Vauvenargues (1715–1747)

◆

Es gibt Schriftsteller, wahre Pechvögel, deren Federn zwar andere schmücken, aber sie selber nicht.
Theodor Haecker (1879–1945)

◆

Selbst die besten Schriftsteller reden zuviel.
Luc de Clapiers, Marquis de Vauvenargues (1715–1747)

◆

Das, was man wahr empfindet, auch wahr auszudrücken, das heißt mit jenen kleinen Beglaubigungszügen der Selbstempfindung, macht eigentlich den großen Schriftsteller; die gemeinen bedienen sich immer der Redensarten, die immer Kleider vom Trödelmarkt sind.
Georg Christoph Lichtenberg (1742–1799)

Die Schriftsteller, welche ihre Schriften mit der Feile in der Hand verfertigen, werden im gemeinen Leben wenig oder schlecht sprechen. Sie sind zu sehr gewohnt, gut zu sprechen, um geschwind zu sprechen.

Jean Paul (1763–1825)

♦

Ein Mann, der weder mittags noch abends zu Hause speist, hält sich für beschäftigt. Und wer den Morgen damit zubringt, sich den Mund zu spülen und seinen Schneider zu empfangen, macht sich lustig über den Müßiggang des Schriftstellers, der jeden Morgen spazierengeht.

Luc de Clapiers, Marquis de Vauvenargues (1715–1747)

♦

Die *Schriftsteller* kann man einteilen in Sternschnuppen, Planeten und Fixsterne. Die ersteren liefern die momentanen Knalleffekte: man schauet auf, ruft „siehe da!" und auf immer sind sie verschwunden. Die zweiten, also die Irr- und Wandelsterne, haben viel mehr Bestand. Sie glänzen, wiewohl bloß vermöge ihrer Nähe, oft heller als die Fixsterne und werden von Nichtkennern mit diesen verwechselt. Inzwischen müssen auch sie ihren Platz bald räumen, haben zudem nur geborgtes Licht und eine auf ihre Bahngenossen (Zeitgenossen) beschränkte Wirkungssphäre. Sie wandeln und wechseln: ein Umfeld von einigen Jahren Dauer ist ihre Sache. – Die dritten allein sind unwandelbar, stehn fest am Firmament, haben eigenes Licht, wirken zu einer Zeit wie zur andern, indem sie ihr Ansehn nicht durch die Veränderung unsers Standpunkts ändern, da sie keine Parallaxe haben. Sie gehören nicht, wie jene andern, einem Systeme (Nation) allein an; sondern der Welt. Aber eben wegen der Höhe ihrer Stelle braucht ihr Licht meistens viele Jahre, ehe es dem Erdbewohner sichtbar wird.

Arthur Schopenhauer (1788–1860)

Schriftsteller wird man, wenn man alle Dinge beim Wort nimmt.
Hans Kudszus (1901–1977)

◆

Ich liebe einen Schriftsteller, der alle Zeiten und alle Länder überblickt, der viele Wirkungen auf wenige Ursachen zurückführt, der die Vorurteile und Sitten der verschiedenen Jahrhunderte vergleicht und durch Beispiele, die der Malerei oder der Musik entnommen sind, mich die Schönheiten der Beredsamkeit und die enge Verknüpfung der Künste erkennen lehrt. Von einem Mann, der so Beziehungen zwischen allem Menschlichen auffindet, sage ich, daß er einen großen Geist besitzt, wenn seine Folgerungen richtig sind. Wenn er aber falsch schließt, so vermute ich, daß er die Gegenstände schlecht unterscheidet oder daß er ihren Zusammenhang nicht mit einem einzigen Blick überschaut, und schließlich, daß er doch nicht die wirkliche Weite und Tiefe des Geistes besitzt.
Luc de Clapiers, Marquis de Vauvenargues (1715–1747)

◆

Jeder Schriftsteller schildert sich einigermaßen in seinen Werken, auch wider Willen, selbst...
Johann Wolfgang von Goethe (1749–1832)

◆

Schriftsteller, welche im allgemeinen ihren Gedanken keine Deutlichkeit zu geben verstehen, werden im einzelnen mit Vorliebe die stärksten, übertriebensten Bezeichnungen und Superlative wählen: dadurch entsteht eine Lichtwirkung, wie bei Fackelbeleuchtung auf verworrenen Waldwegen.
Friedrich Nietzsche (1844–1900)

◆

Das ganze Schriftsteller- und Rezensentenwesen ist doch immer nur dem fabelhaften Geisterstreite gleich, wo die gebeinlosen Heroen sich zur Luft in der Mitte voneinander hauen, und alle sogleich wieder hergestellt sich mit Vater Odin wieder zu Tische setzen.
Johann Wolfgang von Goethe (1749–1832)

Schriftstellerei

Politik ist ein Kompromiß oder eine Schriftstellerei.
Ludwig Marcuse (1894–1971)

♦

Das ist das Fatalste an der Schriftstellerei, wenn einer sich einbildet, das höchste des Dichtens bestehe nicht im Dichten, sondern im Bewußtsein, Sprache zu beschreiben.
Martin Kessel [1960]

♦

Es ist ein sonderbares Metier, die Schriftstellerei, und Du kannst mir danken, daß ich Dir zugerufen habe: bleibe davon! Nur die, die durchaus weiter nichts können und deutlich fühlen, daß sie, wohl oder übel, nun mal an diese Stelle gehören und nur an diese, nur die dürfen es wagen.
Theodor Fontane (1819–1898) [an seinen Sohn Theodor]

♦

Man findet Talent und Lust zur Schriftstellerei an einem Weltmann lächerlich. Nun frage ich die vernünftigen Menschen: Was tun eigentlich die, welche nicht schreiben?
Luc de Clapiers, Marquis de Vauvenargues (1715–1747)

♦

Schriftstellerei ist heute vielfach nicht wichtiger zu nehmen, als daß, sagen wir, heute jedermann Kakao trinken kann, während es früher nur die Reichen konnten.
Christian Morgenstern (1871–1914)

♦

Die Schriftstellerei ist, je nachdem man sie treibt, eine Infamie, eine Ausschweifung, eine Tagelöhnerei, ein Handwerk, eine Kunst, eine Wissenschaft und eine Tugend.
August Wilhelm von Schlegel (1767–1845)

Schwätzen

Was heißt *schwätzen*? Schwätzen heißt mit einer unbeschreiblichen Geschäftigkeit von den gemeinsten Dingen, die entweder schon jedermann weiß oder nicht wissen will, so weitläuftig sprechen, daß darüber niemand zum Wort kommen kann, und jedermann Zeit und Weile lang wird. Die deutsche Sprache ist sehr arm an Wörtern für Handlungen die sich so zu andern Handlungen des vernünftigen Mannes verhalten wie Geschwätz zur zweckmäßigen vernünftigen Unterredung. So fehlt es uns an einem solchen Wort für rechnen.

Georg Christoph Lichtenberg (1742–1799)

◆

Ich tuon rehte als die tôren,
die dâ bringent z'oren,
swaz in kumet in den muot;
ez sî übel oder guot,
sî lântz herûze snallen
und ûz dem munde vallen,
als man sîs gebeten habe.

(Ich mache es gerade wie die Narren, die alles zu Gehör bringen, was ihnen in den Sinn kommt, ganz gleich, ob es gute oder böse Dinge sind: Die Narren schwätzen und plappern herum, als hätte man es ihnen befohlen.)

Ruprecht von Würzburg, Von zwein koufmannen (14. Jh.)

◆

Gott gab uns nur einen Mund,
weil zwei Mäuler ungesund.
Mit dem einen Maule schon
schwätzt zuviel der Erdensohn.
Wenn er doppelmäulig wär',
fräß' und lög' er auch noch mehr.

Heinrich Heine (1797–1856)

Schwätzer

Ein Schwätzer ist schlimmer als ein Dieb.
Englisches Sprichwort

◆

Man brachte den Schwätzer zur Hölle. Da sagte er: Euer Brennholz ist schlecht.
Arabisches Sprichwort

◆

Des Schwätzers Worte haben keine Henkel zum Anfassen.
Japanisches Sprichwort

◆

Ein Schwätzer leistet selten viel.
Japanisches Sprichwort

◆

Widriger sind mir die redenden, als die schreibenden Schwätzer: Diese leg' ich weg; jenen entflieh' ich nicht stets.
Friedrich Gottlieb Klopstock (1724–1803)

Schweigen

Reden ist gut, Schweigen ist besser.

◆

Kluges Schweigen ist besser als dummes Reden.

◆

Große Dinge sprechen sich am besten durch Schweigen aus.
Polnisches Sprichwort

◆

Hast du – behalte; weißt du – schweig'; kannst du – handle!
(Host du – halt; weijsst du – schwajg; kenst du – tu!)
Jiddische Spruchweisheit

Wenn ein Narr schweigt, wird er auch unter die Klugen gerechnet.
(As a nar schwajgt, wert er ojch gerechnet zwischen di klugen.)
Jiddische Spruchweisheit

◆

Das Schweigen ist der Bruder der Zustimmung.
Arabisches Sprichwort

◆

Wenn die Menschen nur von dem sprächen, was sie verstehen, würde bald ein großes Schweigen auf der Erde herrschen.
Chinesische Spruchweisheit

◆

Es ist immer noch Zeit, das, was man verschwiegen hat, an den Mann zu bringen, unmöglich aber ist es, das Gesagte wieder zurückzunehmen.
Plutarch (um 46 n. Chr. – um 125)

◆

Im Schweigen mag der Mensch am ehesten seine Lauterkeit bewahren.
Meister Eckehart (um 1260–1327)

◆

Im Anfang war das Wort – dann kam das Schweigen.
Stanisław Jerzy Lec (1909–1966)

◆

Schweigen ist nie Leere, sondern bis zum äußersten pralle Latenz.
Heimito von Doderer (1896–1966)

◆

Schweigen kann seinen Sinn nur durch das es umgebende Reden haben; es ist wie ein Interpunktionszeichen, es kann nicht allein stehen. Wie ein Gedankenstrich.
    Nun sind die Interpunktionszeichen wichtig; heißt das, daß jene gedichtet haben, die nur in Interpunktionszeichen gedichtet haben?

– Und um genau zu sein, sind die Interpunktionszeichen noch mehr als das andere Schweigen , denn sie variieren, jenes nicht (es gibt das plumpe, irdische Schweigen des Punkts und das höhere, durchsichtige des Strichpunkts, das klare, einfache, nur wie eine Verschiebung wirkende des Beistrichs, das tiefe, mächtig Raum greifende dreier Punkte oder das wie ein Pfeil in die Ferne schießende zweier Striche, und andere); das gewöhnliche Schweigen ist gleichzusetzen *einem*, immer wiederholten Interpunktionszeichen.

Wir meinen also nicht, daß man immer reden solle. Wenn du durch dein Schweigen das hervorhebst, was du gesagt hast oder sagen wirst, magst du schweigen. Denn schweigen allein ist nichts.

Ludwig Hohl (1904–1980)

◆

Erst das Schweigen tut das Ohr auf für den innern Ton in allen Dingen, in Tier und Baum und Berg und Wolke. Die Natur wird stumpf für den, der immer spricht.

Richtiges Schweigen ist das lebendige Gegenspiel des rechten Redens. Es gehört dazu, wie Einatmen und Ausatmen. Reden ohne Schweigen wird Geschwätz.

Romano Guardini (1885–1968)

◆

Alle Worte des Lästerns und aller Grimm der Feindschaft wider den Echten und Schweigsamen sind wie Steine, die gegen ihn geworfen werden, und er baut aus ihnen sein Haus.

Rabbi Nachman (1772–1810)

◆

Schweigen ist ein köstlicher Genuß, aber um ihn ganz auszuschöpfen, muß man einen Gefährten haben. Allein ist man nur stumm.

Karl Heinrich Waggerl (1897–1973)

◆

Mancher redet nur, weil er nicht zu schweigen versteht. Wie selten kommt es vor, daß einer schweigt, wo ihm reden frommen würde.

Ambrosius von Mailand (um 340–397)

Wem eine edle und wahrhaft königliche Erziehung zuteil geworden
ist, der hat erst schweigen und dann reden gelernt.
Plutarch (um 46 n. Chr. – um 125)

♦

Werner Sprenger [1981]

Für wen ist Dein Schweigen Gold?

Da hatte er,
plötzlich,
DIE Gelegenheit,
allen alles zu sagen.
Und da hatte er,
plötzlich,
ja gar nichts zu sagen.
Denn zu lange hatte er
keine Gelegenheit,
etwas zu sagen.
Und dies ist die Moral
von dem Gedicht:
Weil wir so oft nichts sagen,
haben wir so oft nichts zu sagen.
Und das wissen die,
und damit rechnen sie,
die, die das Sagen haben.
Auch Dein Schweigen ist Gold,
Gold für die Mächtigen.

♦

Burckhard Garbe [1982]

Schweigende Mehrheit

„wer schweigt
stimmt zu" –
STIMMT NICHT.

so leicht kann man nicht die vielen
GLEICHGÜLTIGEN
MÜDEN

FEIGEN
ZÖGERNDEN
ZWEIFELNDEN
VERZWEIFELNDEN
. :
SCHWEIGENDEN
auf seine seite rechnen:

manche „volkssprichwörter"
wurden von
den wenigen
MÄCHTIGEN
gemacht

◆

Edi Hornischer [1986]

Schweigen im Walde

Ein Mensch, der gerne redet, schweigt
bisweilen, wenn es angezeigt,
das heißt: Ist er auf dem Gebiete,
das zur Debatte steht, 'ne Niete,
dann hält er grad aus diesem Grund
(bevor er Unsinn sagt) den Mund.
Mitunter gilt er deshalb zwar
als unfreundlich, ja unnahbar,
für b l ö d hielt ihn jedoch in seiner
Gesellschaft deshalb bislang keiner.

Der Mensch, mit diesem Trost im Sinn,
schweigt drum – bisweilen – weiterhin.

Moral: Wer schweigt, wird sich im Leben
nur selten eine Blöße geben;
nur wer viel redet, der hat auch
so manchen Mist im Sprachgebrauch...

Wer nicht zu schweigen weiß, verdient nicht zu herrschen.
François de Fénelon (1651–1715)

♦

Behutsames Schweigen ist das Heiligtum der Klugheit. Das ausgesprochene Vorhaben wurde nie hochgeschätzt; es liegt dem Tadel bloß; nimmt es gar einen unglücklichen Ausgang, so wird man doppelt unglücklich sein. Ahme daher das göttliche Walten nach; erhalte die Leute in Vermutungen und Unruhe.
Baltasar Gracián y Morales (1601–1658)

♦

Im menschlichen Verkehr beginnt die Tragödie nicht, wenn ein Mißverständnis über Worte besteht, sondern wenn das Schweigen nicht verstanden wird.
Henry Thoreau (1817–1862)

♦

Es ist ein großes Unglück, nicht Geist genug zu besitzen, um gut zu sprechen, noch Verstand genug, um zu schweigen.
Jean de La Bruyère (1645–1696)

♦

Wes das *Hirn* voll ist, des läuft der Mund über. Schweigen muß gelernt werden, vielleicht in Form von systematischem Training, in einer Gruppe. Schweigen als Ausdruck nicht von Verachtung des anderen, sondern als Austausch von Gesten, die mit dem Erwerb und Gebrauch der Sprache vielleicht verlernt wurden. Schweigen, um neu sprechen zu lernen. Wes das *Herz* voll ist, des geht der Mund über.
Fritz Arcus [1985]

♦

Erwünscht ist die Trägheit des Bösen und das Schweigen des Dummkopfs.
Nicolas-Sébastien Roch Chamfort (1741–1794)

Schweigen ist der sicherste Weg für den, der sich selbst nicht traut.
François VI., Duc de La Rochefoucauld (1613–1680)

♦

Kein Mensch, der schweigen konnte, war mir noch ein gemeiner.
Jean Paul (1763–1825)

♦

In einer fremden Sprache sagt man, was man kann, nicht, was man sagen will. Je höher der Mensch begabt ist, um so weniger sagt er selbst in der Muttersprache, was er sagen möchte. Der Weise fühlt sich am Ende zum Schweigen verurteilt.
Max Julius Friedländer (1867–1958)

♦

Zum „Weisen" gehört in erster Linie das Schweigen und das Sprechen, denn da ist er dabei, und das ist wichtig für den Empfänger des Schweigens und der Rede. Erst in zweiter Linie kommt für ihn das Schreiben, denn da ist er für den Leser nicht mehr dabei, es sei denn, der Leser sei selber ein Weiser. Aber das ist selten.
Theodor Haecker (1879–1945)

♦

Dort, wo alles gesagt werden kann, ist Schweigen gut.
Friedrich Georg Jünger (1898–1977)

♦

Felix Pollak (1909–1987)

Unterscheidung

Stummsein ist ein Gebrechen: stumm ist, wem's am Wort gebricht,
Schweigen heißt: ohne Worte sprechen. Schweigen ist ein Verzicht.
Schweigen heißt: ent-sprechen. Stumm ist, was noch nicht spricht.
Stumm sind schneeige Flächen. Schweigsam mein Spiegelgesicht.

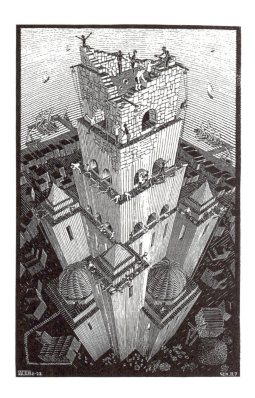

Selbst wenn dir einer die Kehle zudrückt – halte aus und hilf durch dein Schweigen.
Seneca (4. v. Chr. – 65 n. Chr.)

♦

Das Unsagbare ist zu verschweigen – eine Klippe, an der schon viele gescheitert sind.
Ernst Jünger (1895–1998)

♦

Ohne die Kenntnis der fremden Sprache wirst du niemals das Schweigen des Ausländers verstehen können.
Stanislaw Jerzy Lec (1909–1966)

Sentenz

Lob der Sentenz. – Eine gute Sentenz ist zu hart für den Zahn der Zeit und wird von allen Jahrtausenden nicht aufgezehrt, obwohl sie jeder Zeit zur Nahrung dient: dadurch ist sie das große Paradoxon in der Literatur, das Unvergängliche inmitten des Wechselnden, die Speise, welche immer geschätzt bleibt, wie das Salz, und niemals, wie selbst dieses, dumm wird.

Friedrich Wilhelm Nietzsche (1844–1900)

Sinngedicht

Der Einfall, den zwei Reime sagen,
Nennt Despreaux ein Sinngedicht;
Wer wird was nach Reimen fragen?
Vergißt man nur den Einfall nicht.

Abraham Gotthelf Kästner (1719–1800)

♦

Was ist ein Sinngedicht? Wie Mann und Weib verbunden
Ein Zeilenpaar, das sich vereint im Reim empfunden.

Friedrich Rückert (1788–1866)

♦

Fassen könntest du leicht an Sinngedichten dreihundert:
Aber wer stände dich aus, Büchlein? wer läse dich durch?
Höre nur, welchen Vorteil die Kürze den Werken gewähret
Erstlich verderb' ich dadurch weniger gutes Papier.
Zweitens vollendet der Schreiber in einer Stunde das Ganze,
Und so steht er nicht bloß meinem Geschwätze zu Dienst.
Noch ein dritter Vorteil ist der, daß, wenn man dich vorliest,
Du, so schlecht du bist, keinem zum Überdruß wirst.
Lesen kann dich der Gast, indem man mit Wasser den Wein mischt;
Lau wird der Becher noch sein, wenn du geendiget bist. –
Durch so große Kürze glaubst du dich völlig gesichert? –
Ach! ich befürchte, du bist Vielen auch so noch zu lang.

Karl Wilhelm Ramler (1725–1798)

Sprache

Einen Menschen erkennt man an seiner Sprache.
Jiddische Spruchweisheit

◆

Günter Eich (1907–1972)

Das was für mich Sprache ist

Sprache beginnt, wo verschwiegen wird.
Es gibt eine aussprechende Sprache und eine verschweigende Sprache.
Das Aussprechen geschieht nicht nur als Mitteilung, als Zeitungsnachricht, es geschieht auch in der Literatur.
Es gibt sogar Gedichte, bei denen der Raum zwischen den Zeilen leer ist.
Die Sprache, die ich sprechen möchte, müßte verbergen.
Leider weiß ich, daß ich diese Sprache nicht immer spreche, daß sie mir nicht immer gelingt.

◆

So wie von Jahr zu Jahr mit neuem Laube
der Wald sich schmückt, das alte fallen läßt,
so lässet auch die Sprache unvermerkt
die alten Wörter fallen, und es sprossen neue
ins Leben auf und füllen ihren Platz.
Wir sind uns selbst und alles Unsrige
dem Tode schuldig.
Horaz (65–8 v. Chr.)

◆

Die Sprache ist die Mutter, nicht die Magd des Gedankens.
Karl Kraus (18974–1936)

Friedrich Rückert (1788–1866)

Der Sprachgarten

Ich hab' in meinem Garten
Ein Dutzend Sprachen gebaut,
Und Blüten mancher Arten
Hab' ich von ihnen geschaut;
Doch mehr an Gottes Segen
Und gutem Boden gelegen
Ist's, als an meinem Warten,
Wenn alles nicht schoß ins Kraut.
Will recht ein Gärtner sorgen
Für seinen Blumenflor,
So muß er jeden Morgen
Bedenken den ganzen Chor;
Doch ich vertiefe mich immer
In einer Blume Schimmer,
Indes mir andres verborgen
Verkommt oder kommt empor.
Besinn' ich mich dann zu sehen
Nach meiner übrigen Schar;
So seh ich's besser stehen,
Als zu erwarten war.
Es ist gewachsen von selber;
Einiges doch ist gelber
Und nah' dran zu vergehen,
Und manch's ist vergangen gar.
Doch es scheint nur vergangen,
Die Wurzel im Grunde blieb.
Begieß es, und erlangen
Wird's einen neuen Trieb.
Aber dann bleib nicht hocken
Bei diesem wieder, bis trocken
Die andern sind, die nun prangen;
Sie sind dir doch alle lieb!
Was hilft es zu begießen,
Wenn es nicht regnet und taut?
Mag es, wie Gott will, sprießen,
Ich hab' es angebaut.

Nur ungebaut immer wieder
Seh' ich dich, deutsches Lieder-
Unkraut, in Samen schießen
Und überwuchern mein Kraut.

♦

Die Sprache ist ein umständliches Wesen,
dem man nicht beikommt mit geschäft'ger Hast
und was geschrieben, dreimal sei's gelesen,
auch wenn auf's erste man den Sinn erfaßt.

Karl Kraus (1874–1936)

♦

Die Kenntnis jeglicher Sprache beginnt mit der Erkenntnis, daß es keine Synonyme gibt.

Felix Pollak (1909–1987)

♦

Niemand hat mehr Geist als er Sprache hat.

Friedrich Georg Jünger (1898–1977)

♦

Wer in Begriffen, und nicht in Bildern denkt, verfährt der Sprache gegenüber mit derselben Grausamkeit wie jener, der nur Gesellschaftskategorien und nicht die Menschen sieht.

Ernst Jünger (1895–1998)

♦

Fünf Schicksale leiten den Menschen: seine geistige Natur, sein Körper, sein Volk, seine Heimat, die Sprache: sich über alle fünf zu erheben, ist das Göttliche.

Hugo von Hofmannsthal (1874–1929)

♦

... ich bin geneigt zu glauben, daß, wenn die in irgendeinem Lande allgemein gebräuchliche Sprache unregelmäßig und verderbt wird, der Verfall oder die Erniedrigung nachfolgt. Denn was deuten Ausdrücke, die ohne Geschick und Sinn gebraucht werden, die gleichzeitig verderbt und verkehrt angewandt sind, anders an als ein sorgloses, nachlässiges und zur Knechtschaft reifes Volk? Andererseits haben wir von keinem Volke oder Staate gehört, welchem nicht ein gewisser Grad von Gedeihen geblüht hätte, solange seine Sprache ihre Anmut und Reinheit bewahrte.

John Milton (1608–1674)

♦

Die Sprache ist kein Mittel des Geistes, sie ist Geist. Wer sie als Mittel handhabt, ist geistlos.

Friedrich Georg Jünger (1898–1977)

♦

Sprachkürze gibt Denkweite.

Jean Paul (1763–1825)

♦

Wahre Sprachliebe ist nicht möglich ohne Sprachverleugnung.

Hugo von Hofmannsthal (1874–1929)

♦

Christian Morgenstern (1871–1914)

Sprachstudien

Korf und Palmström nehmen Lektionen,
um das Wetter-Wendische zu lernen.
Täglich pilgern sie zu den modernen
Ollendorffschen Sprachlehrgrammophonen.

Dort nun lassen sie mit vielen andern,
welche gleichfalls steile Charaktere
(gleich als obs ein Ziel für Edle wäre),
sich im Wetter-Wendischen bewandern.
Dies Idiom behebt den Geist der Schwere,
macht sie unstet, launisch und cholerisch...
Doch die Sache bleibt nur peripherisch.
Und sie werden wieder – Charaktere.

Die Turmbläser, die sich schon hinter der obersten, erst halbfertigen Brüstung des Turms von Babel eingefunden hatten, bemerkten zu spät den Abbruch der Arbeiten, das Wegziehen der Leitern. Noch lange hörten wir aus der Atmosphäre eine uns umfassende Musik und dann, jeder in seiner Sprache, diese verlorenen Rufe.
Heinz Piontek [1985]

Den Sinn für den Reichtum und die Schönheit der deutschen Sprache zu wecken, ihren schriftlichen wie auch den mündlichen Gebrauch an unsern großen Meistern des Wortes zu schulen und teils in lebendiger Wechselrede, teils durch Pflege des freien Vortrages zu üben, scheint uns das wertvollste der Erziehungsziele zu sein, die in der Richtung auf Vollkommenheit der Leistung liegen.
Ludwig Klages (1872–1956)

Natürlich ist auch die Sprache großem Druck durch Umwelt und gesellschaftliche Struktur ausgesetzt, aber sie ist von außerordentlicher Härte und Unnachgiebigkeit; denn wenn Sprache und Literatur von äußeren Faktoren abhingen, hätten wir schon lange nichts mehr als das bloße Alphabet.
Jossif Brodskij (1940–1996)

Wer die Sprache reinigt, ohne sie zu bereichern, der schwächt sie.
Friedrich Georg Jünger (1898–1977)

◆

Alles, was in einer Sprache geschrieben wird, und, wagen wir das Wort, alles, was in ihr gedacht wird, deszendiert von den Produkten der wenigen, die jemals mit dieser Sprache schöpferisch geschaltet haben.
Hugo von Hofmannsthal (1874–1929)

Eine beständig erfundene Sprache ermüdet, es sind Ruheplätze nötig. Vielleicht muß der Text lebendige und tote Partien haben, diese, damit jene aufgenommen werden können.
Charles Ferdinand Ramuz (1878–1947)

◆

Die eigene Sprache muß durch den Einbruch des fremden Dichtwerkes erweitert und gesteigert werden.
Walter Benjamin (1892–1940)

◆

Der Deutsche soll alle Sprachen lernen, damit ihm zu Hause kein Fremder unbequem, er aber in der Fremde überall zu Hause sei.
Johann Wolfgang von Goethe (1749–1832)

◆

Es handelt sich nicht darum, uns in der Sprache, sondern die Sprache in uns auszuprägen.
Hugo von Hofmannsthal (1874–1929)

◆

Meine Sprache ist die Allerweltshure, die ich zur Jungfrau mache.
Karl Kraus (1874–1936)

◆

Man findet Spuren aller Wissenschaften in den Sprachen und umgekehrt vieles in den Sprachen, das in den Wissenschaften nützen kann.
Georg Christoph Lichtenberg (1742–1799)

◆

Die Sprache ist eine ungeheure fortwährende Aufforderung zur Höherentwicklung. Die Sprache ist unser Geisterantlitz, das wir wie ein Wanderer in die unabsehbare und unausdenkbare Landschaft Gott unablässig weiter hineintragen.
Christian Morgenstern (1871–1914)

Lebt man beständig in einer Welt, die stumpf für die Sprache und durch das Wort kaum zu erschüttern ist, so gerät man um so mehr in Gefahr, durch Ausgesprochenes die Einzelnen zu verletzen, und sich durch Reden der Verkennung auszusetzen.
Hugo von Hofmannsthal (1874–1929)

♦

Sprache und Geist haben ihre Grenzen; die Wahrheit ist unerschöpflich.
Luc de Clapiers, Marquis de Vauvenargues (1715–1747)

♦

In keiner Sprache kann man sich so schwer verständigen wie in der Sprache.
Karl Kraus (18974–1936)

♦

Carl Gustav Jochmann (1789–1830)

Die Sprache der freien Presse

Die immer größere Verbreitung der englischen Sprache in den meisten Gegenden des europäischen Festlandes ist ein gutes Zeichen, wenn auch nicht der Zeit, doch der Zukunft, und Stiftungen zum Behuf eines allgemeineren und kostenfreien Unterrichts in derselben möchten überall sehr wohltätig, vielleicht auch eben darum, sehr verdächtig sein. Sprachen sind wohl nur Schlüssel, und freilich sind es alle, aber die Frage ist: Schlüssel wozu? – Der Schlüssel zum Büchersaale ist nur ein Schlüssel, und der zur Plauderkammer ist auch einer, allein im figürlichen Sinne schwerlich ein so unentbehrlicher.

♦

Die Wahrheit ist nicht so abgenutzt wie die Sprache, weil es weniger Leuten zusteht, sie zu gebrauchen.
Luc de Clapiers, Marquis de Vauvenargues (1715–1747)

Geistreicher und schöner als Sprachkritik wäre ein Versuch, sich der Sprache auf magische Weise zu entwinden, wie es in der Liebe der Fall ist.

Hugo von Hofmannsthal (1874–1929)

♦

Wenn die Sprache nur ein Gewand ist, so wird sie schäbig oder unmodern. Bis dahin mag man unter Leute gehen. Ein Smoking macht nicht unsterblich, aber beliebt. Doch was haben nur neuestens die jungen Herren an? Eine Sprache, die aus lauter Epitheta besteht! Ein Gewand ohne Stoff, aber ganz aus Knöpfen.

Karl Kraus (1874–1936)

♦

Die Gewalt einer Sprache ist nicht, daß sie das Fremde abweist, sondern daß sie es verschlingt.

Johann Wolfgang von Goethe (1749–1832)

♦

Friedrich Rückert (1788–1866)

Die Sprache und ihre Lehrer

Die Sprache ging durch Busch und Gehege,
Sie bahnte sich ihre eigenen Wege.
Und wenn sie einmal verirrt im Wald,
Doch fand sie zurecht sich wieder bald.
Sie ging einmal den gebahnten Steg,
Da trat ein Mann ihr in den Weg
Die Sprache sprach: Wer bist du Dreister?
Er sprach: Dein Lehrer und dein Meister.
Die Sprache dacht' in ihrem Sinn:
Bin ich nicht selber die Meisterin?
Aber sie ließ es sich gefallen,
Ein Streckchen mit ihrem Meister zu wallen.
Der Meister sprach in einem fort,
Er ließ die Sprache nicht kommen zum Wort.
Er hatt' an ihr gar manches zu tadeln,
Sie sollte doch ihren Ausdruck adeln,

Die Sprache lächelte lang in Huld,
Endlich kam ihr die Ungeduld.
Da fing sie an, daß es ihn erschreckte,
Zu sprechen in einem Volksdialekte.
Und endlich sprach sie sogar in Zungen,
Wie sie vor tausend Jahren gesungen.
Sie konnt es ihm am Maul ansehn,
Daß er nicht mocht' ein Wort verstehn.
Sie sprach: Wie du mich siehst vor dir,
Gehört' das alles auch zu mir;
Das solltest du doch erst lernen fein,
Eh' du wolltst mein Lehrer sein.
Drauf gingen sie noch ein Weilchen fort,
Und der Meister führte wieder das Wort.
Da kamen sie, wo sich die Wege teilten,
Nach jeder Seit' auseinander eilten.
Die Sprache sprach: Was rätst nun du?
Der Meister sprach: Nur gerade zu!
Nicht rechts, und links nicht ausgeschritten;
Immer so fort in der rechten Mitten!
Die Sprache wollt' einen Haken schlagen,
Der Meister packte sie beim Kragen:
Du rennst mein ganz System übern Haufen,
Wenn du so willst in die Irre laufen.
Die Sprache sprach: Mein guter Mann,
Was geht denn dein System mich an?
Du deutest den Weg mir mit der Hand,
Ich richte mich nach der Sonne Stand;
Und wenn die Stern' am Himmel stehn,
So lassen auch die mich nicht irre gehn.
Macht ihr nur keinen Dunst mir vor,
Daß ich sehn kann den ewigen Chor.
Doch daß ich jetzo mich links will schlagen,
Davon kann ich den Grund dir sagen:
Ich war heut' früh rechts ausgewichen,
Und so wird's wieder ausgeglichen.

Das Glück der Sprache liegt darin, daß man in aller Öffentlichkeit so viele private Geheimnisse mit ihr haben kann.

Felix Pollak (1909–1987)

♦

Ich beherrsche nur die Sprache der andern. Die meinige macht mit mir, was sie will.

Karl Kraus (1874–1936)

♦

Welche Hochachtung hat doch der Franzose vor der Sprache! „Il a trouvé ce mot..." Das Wort war vorher da, der Autor hat es nur gefunden.

Kurt Tucholsky (1890–1935)

♦

Die Sprache, sofern sie die Gegenwart betrifft, ist unartikuliert. Ihr Entwicklungsgebiet ist Vergangenheit und Zukunft.

Gerhart Hauptmann (1862–1946)

♦

Die Sprache des Gesetzes wird niemals der Sprache der Zeitung, des Buches, des Verkehrs gleichen können. Sie ist seine knappe Sprache, die kein Wort zuviel sagt, eine barsche Sprache, die befiehlt, ohne zu begründen, eine kalte Sprache, die sich niemals erregt, und in allen diesen Eigentümlichkeiten so berechtigt wie nur irgendeine andere Stilform.

Gustav Radbruch (1878–1949)

♦

Die Sprache kann für alles außerhalb der sinnlichen Welt nur andeutungsweise, aber niemals auch nur annähernd vergleichsweise gebraucht werden, da sie, entsprechend der sinnlichen Welt, nur vom Besitz und seinen Beziehungen handelt.

Franz Kafka (1883–1924)

Die Sprache eines Volkes ist der hellste Spiegel seines Gemütes und seines geistigen Lebens; wer sich der Sprache seines Volkes entfremdet, entfremdet sich seinem Volke selbst.
Ernst Moritz Arndt (1769–1860)

◆

Das Englische ist eine einfache, aber schwere Sprache. Es besteht aus lauter Fremdwörtern, die falsch ausgesprochen werden.
Kurt Tucholsky (1890–1935)

◆

Wahre Sprachliebe ist nicht möglich ohne Sprachverleugnung.
Hugo von Hofmannsthal (1874–1929)

◆

Die deutsche Sprache ist die tiefste, die deutsche Rede die seichtste.
Karl Kraus (1874–1936)

◆

Sprachkunde

Sprachkunde, lieber Sohn, ist Grundlag' allem Wissen;
Derselben sei zuerst und sei zuletzt beflissen!
Einleitung nicht allein und eine Vorbereitung
Zur Wissenschaft ist sie, und Mittel zur Bestreitung;
Vorübung nicht der Kraft, um sie geschickt zu machen,
Durch Ringen mit dem Wort, zum Kampfe mit den Sachen:
Sie ist die Sache selbst im weit'sten Wissenskreise,
Der Aufschluß über Geist und Menschendenkungsweise.
In jeder räumlichen und zeitlichen Entfernung
Den Menschen zu verstehen, dient seiner Sprach' Erlernung.
Nur Sprachenkunde führt zur Weltverständigung;
Drum sinne spät und früh auf Spachenbändigung!
Friedrich Rückert (1788–1866)

Sprachwissenschaft

In der Sprachwissenschaft muß ein Autor nicht unfehlbar sein. Auch kann die Verwendung unreinen Materials einem künstlerischen Zweck frommen. Ich vermeide Lokalismen nicht, wenn sie einer satirischen Absicht dienen. Der Witz, der mit gegebenen Vorstellungen arbeitet und eine geläufige Terminologie voraussetzt, zieht die Sprachgebräuchlichkeit der Sprachrichtigkeit vor, und nichts ist ihm ferner als der Ehrgeiz puristischen Strebens. Es geht um Sprachkunst. Daß es so etwas gibt, spüren fünf unter tausend. Die anderen sehen eine Meinung, an der etwa ein Witz hängt, den man sich bequem ins Knopfloch stecken kann. Von dem Geheimnis organischen Wachstums haben sie keine Ahnung. Sie werten nur das Material. Die platteste Vorstellung kann zu tiefster Wirkung gebracht werden: sie wird unter der Betrachtung solcher Leser wieder platt. Die Trivialität als Element satirischer Gestaltung: ein Kalauer bleibt in ihrer Hand.

Karl Kraus (1874–1936)

Sprechen

Besser zehnmal hören als einmal sprechen.

♦

Denke zweimal, ehe du einmal sprichst.

♦

Man spricht von nichts, es kommt von etwas.

♦

Wer spricht, was er will, muß hören, was er nicht will.

♦

Wer viel spricht, der muß viel hören.

♦

Wo ein Herz spricht, da hört ein Herz.

Wo viel gesprochen wird, hört man wenig Wahrheit.

♦

Wenn das Pferd etwas zu sagen hätte, würde es sprechen.
Jiddische Spruchweisheit

♦

Sprechen, ohne zu denken, ist wie schießen, ohne zu zielen.
Englisches Sprichwort

♦

Zuviel Kratzen brennt, zuviel Sprechen schadet.
Französisches Sprichwort

♦

Die, die gut sprechen, haben nicht immer die besten Dinge zu sagen.
Chinesisches Sprichwort

♦

Die sprechen am meisten, die am wenigsten zu sagen haben.
Englisches Sprichwort

♦

Wenn ich täte, was ich spreche,
stürb' ich als ein Heiliger.
Muslih Ad-Dîn Saadî (um 1184 – um 1291)

♦

Es ist sehr reizend, ein ausländisches Frauenzimmer unsere Spache sprechen und mit schönen Lippen Fehler machen zu hören. Bei Männern ist es nicht so.
Georg Christoph Lichtenberg (1742–1799)

Wer in seinem Sprechen die Windstille ist, kann in seinem Schweigen ein Orkan sein.
Hans Kudszus (1901–1977)

♦

Und er glaubt, die Sprache der Götter zu sprechen, während er nur die der Menschen spricht, vergleichbar dem schlechten Schauspieler, der nicht natürlich vortragen kann.
Luc de Clapiers, Marquis de Vauvenargues (1715–1747)

♦

Er spricht mit dem Maule wie der Franzose, mit Handlungen wie der Engländer, mit den Achseln wie der Italiener oder mit allen drein, wie der Deutsche.
Georg Christoph Lichtenberg (1742–1799)

♦

Ein jeder, weil er spricht, glaubt, auch über die Sprache sprechen zu können.
Johann Wolfgang von Goethe (1749–1832)

♦

Je mehr man in einer Sprache durch Vernunft unterscheiden lernt, desto schwerer wird einem das Sprechen derselben. Im Fertig-Sprechen ist viel Instinktmäßiges, durch Vernunft läßt es sich nicht erreichen. Gewisse Dinge müssen in der Jugend erlernt werden, sagt man, dieses ist von Menschen wahr, die ihre Vernunft zum Nachteil aller übrigen Kräfte kultivieren.
Georg Christoph Lichtenberg (1742–1799)

♦

Das Unaussprechliche ist – unaussprechlich – in dem Ausgesprochenen enthalten.
Ludwig Wittgenstein (1889–1951)

Die Fehler, die die Damen beim Sprechen machen, sind oft unwiderstehlich.
Georg Christoph Lichtenberg (1742–1799)

Sprichwort

Ein Sprichwort im Mund wiegt hundert Pfund.

◆

Ein Sprichwort trügt nicht, der Himmel fällt nicht, Hochmut währt nicht.

◆

Jedes Sprichwort muß einen Zipfel haben, wo man's anfaßt.

◆

Kein Sprichwort lügt, sein Sinn nur trügt.

◆

Sprichwörter lehrt die Erfahrung.

◆

Sprichwort, Wahrwort.

◆

Wie das Land, so das Sprichwort.

◆

Sprichwörter sind die Töchter der täglichen Erfahrung.
Niederländische Spruchweisheit

◆

Sprichwörter sind die Kinder der Erfahrung.
Englische Spruchweisheit

Ein gutes Sprichwort trifft nicht die Augenbraue, es geht immer direkt ins Auge.
Russische Spruchweisheit

♦

Altes Sprichwort – altes Silber.
Estländisches Sprichwort

♦

Das Sprichwort unterliegt nicht dem Urteil der Gerichtshöfe.
Russische Spruchweisheit

♦

Das Sprichwort macht den Dieb weise.
Estländisches Sprichwort

♦

Sprichwörter sind keine Psalmen.
Russische Spruchweisheit

♦

Sprichwörter sind keine Evangelien.
Spanisches Sprichwort

♦

Für jedes Wort gibt es ein Sprichwort.
Russische Spruchweisheit

♦

Wer Sprichwörtern keine Beachtung schenkt, wird Fehler nicht vermeiden.
Türkische Spruchweisheit

♦

Ein Sprichwort ist der Schlüssel zum Gedanken.
Estländische Spruchweisheit

Was Blumen für den Garten, Gewürze für die Speise, die Sterne für den Himmel sind, das sind die Sprichwörter, die in die Rede eingeflochten werde.
Hebräische Spruchweisheit

♦

Sprichwörter sind der Schmuck der Sprache.
Iranisches Sprichwort

♦

Ein Sprichwort kann nicht auf dem Jahrmarkt gekauft werden.
Russische Spruchweisheit

♦

Wahr ist jedes Sprichwort, falsch jeder Aberglaube.
Walisisches Sprichwort

♦

Sprichwörtern kann nicht widersprochen werden.
Irisches Sprichwort

♦

Das Regenwasser enthält kein Salz, das Sprichwort keine Lüge.
Mongolisches Sprichwort

♦

Das Sprichwort widersteht dem Wandel der Zeit.
Russische Spruchweisheit

♦

Wenn man das Buch der Sprichwörter gelesen hat, macht es keine Mühe, gut zu sprechen.
Mongolische Spruchweisheit

Ein Ältester, der viele Sprichwörter kennt, kann jeden Streit schlichten.
Sudanesische Spruchweisheit

♦

Sprichwörter sind die Münze des Volkes.
Russische Spruchweisheit

♦

Das Sprichwort kommt von den Verstandesmenschen, und der Verstand von den Sprichwörtern.
Rumänische Spruchweisheit

♦

Die Redensart ist ein Blümchen, das Sprichwort eine Frucht.
Russisches Sprichwort

♦

Weise machen Sprichwörter, aber Narren sprechen sie nach.
Englische Spruchweisheit

♦

Es gibt kein Sprichwort, das nicht ein Körnchen Wahrheit enthält.
Russische Spruchweisheit

♦

Das Gebet fängt mit dem Halleluja an, die Rede mit dem Sprichwort.
Äthiopische Spruchweisheit

♦

Sprichwörter im Gespräch – Fackeln in der Dunkelheit.
Bosnisches Sprichwort

♦

Sprichwörter leuchten ein. Aphorismen leuchten auf.
Felix Pollak (1909–1987)

Friedrich Wilhelm Nietzsche (1844–1900)

Das Sprichwort spricht

Scharf und milde, grob und fein,
Vertraut und seltsam, schmutzig und rein,
Der Narren und Weisen Stelldichein:
Dies alles bin ich, will ich sein,
Taube zugleich, Schlange und Schwein!

◆

Klabund (pseud. Alfred Henschke: 1890–1928)

Das Sprichwort

Es ist nicht gut, daß der Mensch allein sei, dachte die Kröte. Denn sie war den ganzen lieben langen Tag und die ganze lange liebe Nacht allein. Niemand mochte sie, niemand ging mit ihr spazieren, niemand spielte mit ihr im Kaffeehaus Tarock, niemand verstand sie. Es war ein schauderhaftes Leben.

„Zahlen!" zischte sie in der Bar, wo sie bösartig auf einem hohen Schemel hockte und Glühwein trank, was ihr sowieso nie bekam, zog sich ihre Regenhaut an und begab sich zum Schöpfer aller Dinge.

Sie lüftete höflich ihren braunen Plüschhut und trug ihm ihr Anliegen vor.

„Es ist nicht gut, daß der Mensch allein sei", sagte sie, weinerlich und betrübt, „habe ich jemandem etwas Leides getan? Ich sehe nur so aus."

„Entschuldigen Sie", sagte der liebe Gott, „ich verstehe Sie nicht recht – aber Sie zitierten soeben ein Sprichwort: sind Sie vielleicht ein Mensch?"

Betroffen dachte die Kröte nach, und kleinlaut gab sie schließlich zu: „Nein."

„Also", sagte der liebe Gott. –

Die Kröte lebte hinfort einsam weiter. Was blieb ihr auch anderes übrig? Sie war der Dialektik des lieben Gottes nicht gewachsen.

Fred Endrikat (1890–1942)
Sprichwörter

Man darf dem Tag nicht vor dem Abend dankbar sein
und soll das Schicksal nicht für alles loben.
Ein Gutes kommt niemals allein,
und alles Unglück kommt von oben.

Die Peitsche liegt im Weine.
Die Wahrheit liegt beim Hund.
Morgenstund hat kurze Beine.
Lügen haben Gold im Mund.

Ein Meister nie alleine bellt.
Vom Himmel fallen keine Hunde.
Dem Glücklichen gehört die Welt.
Dem Mutigen schlägt keine Stunde.

◆

Karl Riha [1981]
sprichwörter

eil	emi	twe	ile				
wen	ige	rwä	rem	ehr			
rei	mdi	cho	der	ich	fre	ssd	ich

◆

Richard Pietraß [1980]
Hochzeit der Sprichwörter

I
Eines Tages heirateten die Sprichwörter
Und gaben ihrem Leben einen Sinn

II
Unter aufgetischten Weisheiten bog sich die Tafel
Und die Lüge schlüpfte von Platz zu Platz
Den Wein des Vergessens einzuschenken

Druschochse schmatzte vor einem Sack Korn
Während sich zwei Getroffene Hunde
Höflich das Maul hielten, nicht immerfort zu bellen

Hohler Stein trug eine Perlenkette Steter Tropfen
Und Fetter Hahn kündete bleibendes Wetter
Fensterwärts übte Gläserner Greis Steinwürfe

Gutes Gewissen machte es sich auf seinem Kissen bequem
Während Gelegenheit einen neuen Dieb fabrizierte
Fleiß und Faulheit aßen von den Früchten ihrer Arbeit

Einzig Gute alte Zeit hatte noch keinen Gespielen gefunden
Und drohte sich das Ewige Leben zu nehmen Da erbarmte sich
Nichteuklidischer Raum und schenkte ihr den Ring des Saturn

Handwerk saß in Erwartung eines Trinkgeldes
Unruhig auf seinem doppelt vergoldeten Boden
Derweil Fünfjahrplan um die Hand von Erfüllung anhielt

Nun war selbst Gute Ware gezwungen sich feilzubieten
Vorsicht und Nachsicht Herz und Schmerz waren sich selbst genug
Wogegen Schwacher Geist ein Willig Fleisch verführte

III
Überaus Verbotene Früchte standen auf dem Tisch
Und von der Decke hingen Kronleuchter Saurer Trauben

Ofenhin bat Gebranntes Kind einen Nichtraucher um Feuer
Wo Nacktfrosch verzweifelt eine passende Jacke suchte

Einauge leitete die Delegation der Betriebsblinden
Während Hast ihre Knochenbrüche im Rollstuhl ausfuhr

Undank und Der Welt Lohn fluchten auf die Sparkassen
Eigennutz erwürgte in der Stille den Bruder

Vorrede und Nachrede Gewalt und Recht Rechte und Linke
Umarmten sich berauscht im dritten Glas

Oh ja das Kraut war mit fetten Worten angerichtet
Und Guter Hahn in aller Munde

Lediglich Teufel saß am Kamin bei einem Fliegengericht
Während Gebratene Taube Sperling unterm Flügel barg

Vorsicht brachte dem Brautpaar eine ganze Kiste Porzellan
Schwalbe einen selbstgemachten Sommer

Letztes Hemd faßte sich in die leere Tasche
Und zog einen Hasen ans Licht der seinen Namen nannte

Dummheit und Dünkel kamen auf Stelzen
Aufschub brachte einen gestohlenen Tag

Durchs offene Fenster kam Geflügeltes Wort
Und überraschte Unschuld beim Sprung über den eigenen Schatten

IV
Auch das schönste Fest ging einmal zu Ende
Blindes Huhn ließ sich das letzte Korn auftragen
Hund und Katze zerfetzten ihren Kontrakt

Licht packte Schatten beim Kragen und verschwand in ihm
Rast rieb die rostigen Schenkel und hinkte davon

Hinterm kalten Ofen steht ein ausgestopfter Standesbeamter
und bittet um Zustimmung

Jochen Lobe [1987]

Zur Entwicklungsgeschichte eines Sprichworts

Er wollte einen Hecht gesehen haben im Teich.
Aber beim Abfischen fanden sich nur Karpfen.
Da ließ er das Wasser ab.
Keine Spur von einem Hecht.
Setzlinge wieder, Futter, Hege und Vorfreude.
Die Angel rein, Geduld Geduld, den kriegn wir schon.
Das ging so über Jahre.
Schließlich blieb dann wenigstens der Vergleich am Haken
hängen wie ein Hecht im Karpfenteich.

♦

Eugen Gürster [1971]

Schweizerisches Sprichwort

Ein schweizerisches Sprichwort sagt: „Liebe deinen Nachbarn, aber lasse eine Hecke wachsen zwischen dir und ihm." In Amerika glaubt man, es fördere die Nächstenliebe, wenn man die trennende

Hecke niederreißt. Ob man dort noch immer glaubt, daß man dem Menschen *nahe* kommt, wenn man ihm *näher* kommt?

◆

Man darf sich nur dann sprichwörtlicher Wendungen (oder gar ganzer Sprichwörter) bedienen, wenn man sie wiedererweckt, wenn man durch jeden ihrer ausgedörrten Teile frisches Leben strömen läßt (was selten möglich, schwerer ist, als ohne sie sich ausdrücken).
  Denn auch die Worte sterben unaufhörlich ab und müssen unaufhörlich ihr Leben neu empfangen.
Ludwig Hohl (1904-1980)

◆

Es ist aber in der Welt so eingerichtet, daß die dämlichsten Sprichworte recht behalten.
Alfred Döblin (1878-1957)

Sprüche

Ein weiser Spruch ist ein Freund in Gefahr.

◆

Wer in Blut und Sprüchen schreibt, der will nicht gelesen, sondern auswendig gelernt werden.
Friedrich Wilhelm Nietzsche (1844-1900)

◆

Ludwig Thoma (1867-1926)

Spruchweisheit

Zu Zeiten, da man seine Weisheit nicht
Aus Leitartikeln schöpfte, wo die Alten,
Weil sie das wechselvolle Leben kannten,
Für sehr viel klüger als die Jungen galten,

Zu jenen Zeiten hat sich unser Volk
An guten Regeln einen Schatz gegründet,
Hat an der Väter Klugheit sich gehalten
Und nicht an schönen Reden sich entzündet.

Das war wohl gut so, und ich möchte euch,
Ihr Herrn vom grünen Tisch, ihr Diplomaten,
Von Herzen bitten, bringt sie ab und zu
Zum allerhöchsten Ohr der Potentaten.

In allem halte Maß. Das Wort
Ist wirklich wert, daß man es oft verwende,
Den Kopf behalte kühl und warm den Fuß,
Denn blinder Eifer führt zu schlechtem Ende.

Dann heißt es weiter: Schweigen ist wie Gold,
Die Red' ist silbern, manchmal auch von Bleche,
Es ist nicht nötig und es ist nicht gut,
Daß vor dem Handeln man geschwollen spreche.

Gelingt dir etwas oder scheint es so,
Dann mußt du nicht in lauter Freude toben,
Denn nichts Gewisses weiß man nicht, und auch
Soll man den Tag nicht vor dem Abend loben.

Nichts wird so heiß gegessen wie gekocht,
Was dich nicht selber brennt, sollst du nicht blasen,
Man muß nicht überall dabei sein, und
In fremde Töpfe steckt nicht eure Nasen.

Ich wüßte noch so manches kluge Wort,
Doch hab' ich eine Weisheit nicht vergessen,
Die auch die Alten manchmal schon verspürt:
Mit großen Herrn ist nicht gut Kirschen essen.

◆

Nicht Sprüche sind es, woran es jetzt fehlt; die Bücher sind voll stoischer Sprüchlein. – Woran fehlt es also? – An solchen, die sie anwenden.

Epiktet (50 n. Chr.–138)

Gert Loschütz [1971]

Sprüche

Jeder ist seines Glückes
Toleranz, ja das kenn ich schon
jeder ist so tolerant, wie
ich das kenne, jeder bleibt
bei seinen, jeder kehrt vor
seiner eignen, jeder nimmt
was ihm eignet: so nützlich
vereinzelt, ist das wenigen viel
und vielen wenig

◆

Denksprüche fürs Volk klingen in Reimen prächtig! Daher die Macht unsrer gereimten Sprüchwörter, unsrer alten Oden und Alexandriner. Ein berühmter Dichter hat von einem ungezwungenen Reim gesagt: Er stützt und hebt die Harmonie und leimt die Rede ins Gedächtnis.
 Dies ist wahr. Wohlgereimte Sentenzen sind Machtsprüche; sie tragen im Reim das Siegel der ewigen Wahrheit. Von Anfange der Welt an hat man Rätsel und Denksprüche gereimet.
Johann Gottfried von Herder (1744–1803)

◆

Walter Löwen [1986]

Sprücheküche

In der Kürze
liegt die Würze.
Was zu kurz,
ist oft dein Sturz.
Was nur Scham bedeckt,
meist nach Armut schmeckt.

Wer klagt, der hat.
Wer schweigt, ist satt.
Wer schreit, der kriegt.
Wer kämpft, der siegt.

Wer wagt, gewinnt.
Wer flachst, der spinnt.

Was ist sicher auf der Welt?
Dein Leib verwelkt, dein Haus verfällt.
Beständig ist der Wandel nur,
Veränderung folgt seiner Spur.
Drum ehre den, der das bewahrt,
was schon in Ehren angejahrt.

Gut Ding will Weile haben.
Wer vorwärts will, muß traben.
Wer stets nur plant, vollbringt es nie.
Wer achtlos rennt, riskiert sein Knie.
Wer redlich bleibt, ist weise.
Denk stets ans Ziel der Reise.

Wer ewig bloß den Amboß spielt,
vergab den Hammer, den er hielt,
und bleibt in seinem Leben
der, welcher stets muß geben.
Wer jede Chance kühn ergreift,
wird beim Versagen eingeseift.

All diese schönen Sprüche
verraten Koch und Küche.

♦

Kurt Sigel [1978]

Sinnsprüche und Redensarten

Verhole Gluhd duhd selde guhd
mit Schbeck da fängt merr Mois
der hat noch Mut der rickwärts schdermt
die Ehr is fer die Läus

Bei banger Redd da forzt de Sinn
dem hawwe merr die Supp versalze
e bissi begehrn haaßt net glei entehrn
die lahmsde Gickel duhn am laudesde balze

Jung gefreit kimmt selden allaans
dorsch die Blus saache werd immer verschdanne
wer vorne schdreichelt un hinne duhd haache
dem hat nie de Hausseeche schief geschdanne

◆

Kurt Sigel [1978]

Spruchgedicht

Redd net fer Silwer
wann de Schweische vergolde kannst
die Lieb geht dorsch de Geldbeudel
un was lang währt kann net besser werrn

Wer zuletzt lacht
duhd's demit er net flenne muß
wer ehrlisch liecht secht die Wahrheit
un maant ganz was anneres

Kaa Sau frißt ihr Ferkel
solang ihrn Trooch noch voll is
wer seet der meeht vielleicht gar nix
kimmt Zeit vergeht Unrat

Stil

Manche Menschen, deren Geist natürlich, beweglich, vielseitig, ungestüm ist, verwerfen den kurzen, knappen Stil, der zum Nachdenken zwingt; eiligst möchten sie bei ihrer Lektüre weiterkommen und sich nicht aufhalten lassen; sie gleichen Menschen, die müde werden, wenn sie zu langsam spazierengehen.
Luc de Clapiers, Marquis de Vauvenargues (1715–1747)

◆

Den Gedanken verbessern. – Den Stil verbessern – das heißt den Gedanken verbessern, und gar nichts weiter! – Wer dies nicht sofort zugibt, ist auch nie davon zu überzeugen.
Friedrich Nietzsche (1844–1900)

Der Stil ist die Physiognomie des Geistes. Sie ist untrüglicher als die des Leibes. Fremden Stil nachahmen heißt eine Maske tragen. Wäre diese auch noch so schön, so wird sie durch das Leblose bald insipid und unerträglich, so daß selbst das häßlichste lebendige Gesicht besser ist. Darum gleichen denn auch die lateinisch schreibenden Schriftsteller, welche den Stil der Alten nachahmen, doch eigentlich den Masken: man hört nämlich wohl, was sie sagen, aber man sieht nicht auch dazu ihre Physiognomie, den Stil. Wohl aber sieht man auch diese in den lateinischen Schriften der Selbstdenker, als welche sich zu jener Nachahmung nicht bequemt haben, wie z. B. Scotus Erigena, Petrarca, Bacon, Descartes, Spinoza, Hobbes u a. mehr.

Affektation im Stil ist dem Gesichterschneiden zu vergleichen. – Die Sprache, in welcher man schreibt, ist die Nationalphysiognomie: sie stellt große Unterschiede fest – von der griechischen bis zur karaibischen.

Stilfehler soll man in fremden Schriften entdecken, um sie in den eigenen zu vermeiden.

Arthur Schopenhauer (1788–1860)

Es gibt wenige Geister, die den Wert der Natürlichkeit kennen und die Natur ungeschminkt lassen. Die Kinder frisieren ihre Kätzchen, ziehen den kleinen Hunden Handschuhe an, und als Männer studieren sie sich eine besondere Haltung ein und werden gekünstelt in Stil und Sprache. Ich kam einst durch ein Dorf, in dem man an einem Festtag alle Maulesel zusammentrieb, um sie einzusegnen, und ich sah, wie man die Rücken dieser armen Tiere mit Bändern schmückte. So teuer ist den Menschen die Verkleidung, daß sie selbst noch Pferde kleiden.
Luc de Clapiers, Marquis de Vauvenargues (1715–1747)

Der große Stil. – Der große Stil entsteht, wenn das Schöne den Sieg über das Ungeheure davonträgt.
Friedrich Wilhelm Nietzsche (1844–1900)

Die Absicht, bedeutend zu schreiben, bedeutend zu sprechen, verdirbt vieles. Absicht gibt dem Stil etwas Abgesehenes.
Friedrich Georg Jünger (1898–1977)

Sein Stil ist das, wofür der Künstler nichts kann; Manier das, woran er selber schuld ist.
Charles Tschopp (1899–1982)

Ich habe schon manches Stilproblem zuerst durch den Kopf, und dann durch Kopf und Adler entschieden.
Karl Kraus (18974–1936)

♦

Im Stil des echten Dichters ist nichts Schmuck, alles notwendige Hieroglyphe.
Friedrich Schlegel (1772–1829)

Ich künstle so lange an meinem Stil herum, bis er natürlich wird.
Johann Wolfgang von Goethe (1749–1832)

♦

Stil: die Seife des Schriftstellers. Also eine hygienische, keine ästhetische Kategorie.
Hans Kudszus (1901–1977)

♦

Und doch stelle ich mir einen Stil vor, der schön wäre... und er wäre rhythmisch wie der Vers, präzis wie die Sprache der Wissenschaft und mit Wellungen, mit Schwellungen wie ein Cello, mit sprühenden Feuern. Einen Stil, der einem wie ein Dolchstoß in die Idee eingänge, in dem unser Gedanke endlich auf glatten Oberflächen reiste, wie wenn man mit einem guten Wind hinter sich in einem Boot hinzieht.
Gustave Flaubert (1821–1880)

♦

Der gesuchte Stil. – Der gefundene Stil ist eine Beleidigung für den Freund des gesuchten Stils.
Friedrich Wilhelm Nietzsche (1844–1900)

Stilist

Ein guter Stilist soll bei der Arbeit die Lust eines Narzissus empfinden. Er muß sein Werk so objektivieren können, daß er sich bei einem Neidgefühl ertappt und erst durch Erinnerung darauf kommt, daß er selbst der Schöpfer sei. Kurzum, er muß jene höchste Objektivität bewähren, die die Welt Eitelkeit nennt.
Karl Kraus (1874–1936)

♦

Denker als Stilisten. – Die meisten Denker schreiben schlecht, weil sie uns nicht nur ihre Gedanken, sondern auch das Denken der Gedanken mitteilen.
Friedrich Wilhelm Nietzsche (1844–1900)

Tagebuch

Tagebücher, Briefwechsel: Das fünfte Rad am Wagen und vielleicht das einzige, das posthum weiterläuft.
Ernst Jünger (1895–1998)

Text

In den Gebieten, mit denen wir es zu tun haben, gibt es Erkenntnis nur blitzhaft. Der Text ist der langanhaltende Donner.
Walter Benjamin (1892–1940)

Ton

Der Tonfall des Landes, in dem man geboren, bleibt im Geist und im Herzen wie in der Sprache.
François VI., Duc de La Rochefoucauld (1613–1680)

◆

Es ist leicht erklärlich, daß die Unredlichen und selbst die Dummköpfe in der Welt immer besser fortkommen als die ehrlichen und die geistreichen Leute. Den Unredlichen und Dummköpfen fällt es leichter, mit dem Ton der Welt Schritt zu halten, der im allgemeinen aus Unredlichkeit und Dummheit besteht. Ein Rechtlicher und ein Verständiger hingegen kommen nicht so bald in Verkehr mit der Welt und verlieren kostbare Zeit. Die einen gleichen Kaufleuten, die die Landessprache verstehen und schnellen und guten Umsatz haben, die andern aber müssen erst die Sprache ihrer Kunden erlernen, ehe sie ihnen Waren anbieten und mit ihnen verkehren können. Das verbietet ihnen ihr Stolz, darum lassen sich mit ihnen keine Geschäfte machen.
Nicolas-Sébastien Roch Chamfort (1741–1794)

◆

Der Ton stimmt oft die Behauptung statt daß die Behauptung den Ton angeben sollte. Selbst gute Schriftsteller, wenn sie auch gerne schön sprechen, finden sich unvermerkt zuweilen da, wo sie eigentlich nicht hin wollten.
Georg Christoph Lichtenberg (1742–1799)

Die wahre Bedeutung eines Wortes in unsrer Muttersprache zu verstehen bringen wir gewiß oft viele Jahre hin. Ich verstehe auch zugleich hiermit die Bedeutungen, die ihm der Ton geben kann. Der Verstand eines Wortes wird uns, um mich mathematisch auszudrücken, durch eine Formel gegeben, worin der Ton die veränderliche und das Wort die beständige Größe ist. Hier eröffnet sich ein Weg, die Sprachen unendlich zu bereichern, ohne die Worte zu vermehren. Ich habe gefunden, daß die Redens-Art: *Es ist gut* auf fünferlei Art von uns ausgesprochen wird, und allemal mit einer andern Bedeutung, die freilich auch oft noch durch eine dritte veränderliche Größe nämlich: die Miene bestimmt wird.

Georg Christoph Lichtenberg (1742–1799)

Übersetzen

Du übersetzt die alten Poeten?
Das heißt wohl recht, Gestorbene töten.

Moses Ephraim Kuh (1731–1790)

♦

Die Sprache wirst du bald unter- bald überschätzen,
   Jenach du willst in sie und aus ihr übersetzen.
Denn jede hat in sich etwas Unübersetzbar's,
   Das dann bei dem Versuch dir scheinet ein Unschätzbar's.
Und wie dein Geist sich mit der Übertragung quält,
   Scheint seine Sprach' ihm arm, weil grade das ihr fehlt.
Doch übersetz' aus ihr, so findest du sie reich;
   So findest du zuletzt die zwei ungleichsten gleich;
Verschiednen Blumen gleich, in ihrer Art vollkommen,
   Daß nichts hinzugetan kann sein noch weggenommen.
Es wäre doch, beim Lenz! ein seltsames Ergötzen,
   Rosen in Mohn und Mohn in Rosen übersetzen.
In fremder Sprache sieht befremdlich alles aus,
   Wie alles ungewohnt im unbekannten Haus.
Doch willst du dir daselbst gefallen als ein Gast,
   Mußt du vergessen, daß zu Haus du's anders hast.

Friedrich Rückert (1788–1866)

... wie es für eine Nation ein Hauptschritt zur Kultur ist, wenn sie fremde Werke in ihre Sprache übersetzt ...

Goethe: Schriften zur Literatur. Allemannische Gedichte.

♦

Beim Übersetzen des Don Juan [Byrons] ließen sich dem Engländer manche Vorteile ablernen; nur einen Spaß können wir ihm nicht nachmachen, welcher öfters durch seltsame und zweifelhafte Aussprache mancher, auf dem Papier ganz verschieden gestalteter Worte bewirkt wird. Der englische Sprachkenner mag beurteilen, inwiefern der Dichter auch da mutwillig über die Schnur gehauen. Nur zufällig konnte die Übersetzung der hier mitgeteilten Strophen entstehen, und wir lassen sie abdrucken nicht als Muster, sondern zur Anregung. Unsere sämtlichen talentvollen Übersetzer sollten sich teilweise daran versuchen; man müßte sich Assonanzen, unreine Reime und wer weiß was alles erlauben; dabei würde eine gewisse lakonische Behandlung nötig sein, um Gehalt und Gewicht dieses frechen Mutwillens auszudrücken; erst wenn etwas geleistet ist, wird man sich weiter darüber besprechen können.

Sollte man uns vorwerfen, daß wir, durch Übersetzung eine solche Schrift in Deutschland ausbreitend, unverantwortlich handeln, indem wir eine treue, ruhige, wohlhäbige Nation mit dem Unsittlichsten, was jemals die Dichtkunst vorgebracht, bekannt zu machen trachten, so antworten wir, daß nach unserm Sinne diese Übersetzungsversuche nicht gerade zum Druck bestimmt sein müßten, sondern als Übung guter talentvoller Köpfe gar wohl gelten dürften. Sie mögen alsdann, was sie hiebei gewonnen, zu Lust und Freude ihrer Sprachgenossen bescheidentlich anwenden und ausbilden.

Goethe: Über Kunst und Altertum, 1821

♦

Beim Übersetzen muß man bis ans Unübersetzliche herangehen; alsdann wird man aber erst die fremde Nation und die fremde Sprache gewahr.

Goethe: Maximen und Reflexionen 1056.

Beim Übersetzen muß man sich nur ja nicht in unmittelbaren Kampf mit der fremden Sprache einlassen. Man muß bis an das Unübersetzbare herangehen und dieses respektieren; denn darin liegt eben der Wert und der Charakter einer jeden Sprache.
Goethe: F. v. Müller, 20. 9. 1827

◆

Denn gewiß, man kann seinen Anteil an einer ausländischen Dicht- und Sinnesart nicht besser ausdrücken, als wenn man sich derselben durch Übersetzen und Nachbilden anzunähern sucht.
Goethe: Schriften zur Literatur. Nationelle Dichtkunst III.

◆

Denn was man auch von der Unzulänglichkeit des Übersetzens sagen mag, so ist und bleibt es doch eines der wichtigsten und würdigsten Geschäfte in dem allgemeinen Weltverkehr.
Goethe: Schriften zur Literatur. German Romance IV.

◆

Das Übersetzen ist ein großes Geschäft. Denn bei der Übersetzung der Bibel haben wir viel Mühe darauf verwendet. Es wird aber Leute geben, die werden es besser wissen wollen als wir, aber nicht besser machen. Sie werden mich bei einem einzigen Wort zerrupfen, da ich sie doch bei hundert Worten – wenn sie selbst übersetzen würden – zurückweisen wollte.
Martin Luther (1483–1546)

◆

Am schwersten ist aus einer Sprache in eine andere das Schweigen zu übersetzen.
Hans Kudszus (1901–1977)

Übersetzer

Diesen Winter habe ich mich mehr als ich wünschte und dachte, mit dem Theater beschäftigt und eine Redaktion von Shakespeares Romeo und Julie vorgenommen. [...] Für den Druck ist das Stück nicht geeignet; auch möchte ich denen abgöttischen Übersetzern und Conservatoren Shakespeares nicht gern einen Gegenstand hingeben, in dem sie ihren Dünkel auslassen können.

Goethe an J. F. Cotta, 21. Februar 1812

♦

Ein Franzose, *Fabre d'Olivet,* übersetzt gedachtes Stück in reimfreie Verse und glaubt es in einer Folge von philosophisch-kritischen Bemerkungen widerlegt zu haben. Nun ist mir zwar diese seine Arbeit nicht zu Gesicht gekommen, allein der „Moniteur" vom 30. Oktober 1823 nimmt sich des Dichters an, und indem er über einzelne Teile und Stellen völlig in unserem Sinne sich ausdrückt, so weckt er unsere eigene Betrachtung wieder lebhaft auf, wie es zu geschehen pflegt, wenn wir unter vielen gleichgültigen und verworrenen Stimmen endlich eine ansprechende vernehmen, da wir uns denn gern zu beifälliger Erwiderung finden lassen. Wir hören den Sachwalter selbst, indem er sich folgendermaßen ausspricht:

„Jene Szene, welche sich bis zu Kains Verfluchung durch Eva hinaufsteigert, zeugt unseres Bedünkens von der energischen Tiefe der Byronschen Ideen; sie läßt uns in Kain den würdigen Sohn einer solchen Mutter erkennen."

Der Übersetzer fragt hier, woher wohl der Dichter sein Urbild genommen? Lord Byron könnte ihm antworten: aus der Natur und ihrer Betrachtung, wie *Corneille* seine *Kleopatra,* wie die Alten ihre *Medea* darin fanden, wie uns die Geschichte so viele Charaktere, beherrscht von grenzenlosen Leidenschaften, aufstellt.

Goethe: Über Kunst und Altertum, 1824

♦

Wer die deutsche Sprache versteht und studiert, befindet sich auf dem Markte, wo alle Nationen ihre Waren anbieten, er spielt den Dolmetscher, indem er sich selbst bereichert. – Und so ist jeder Übersetzer anzusehen, daß er sich als Vermittler dieses allgemein geistigen Handels bemüht und den Wechseltausch zu befördern sich zum Geschäft macht. Denn was man auch von der Unzulänglichkeit des Übersetzens sagen mag, so ist und bleibt es doch eins der wichtigsten und würdigsten Geschäfte in dem allgemeinen Weltwesen. – Der Koran sagt: „Gott hat jedem Volke einen Prophe-

ten gegeben in seiner eignen Sprache." So ist jeder Übersetzer ein Prophet seinem Volke.
Goethe an Carlyle, 20. Juli 1827

◆

Der Koran sagt: „Gott hat jedem Volke einen Propheten gegeben in seiner eigenen Sprache." So ist jeder Übersetzer ein Prophet in seinem Volke. Luthers Bibelübersetzung hat die größten Wirkungen hervorgebracht, wenn schon die Kritik daran bis auf den heutigen Tag immerfort bedingt und mäkelt. Und was ist denn das ganze ungeheure Geschäft der Bibelgesellschaft anders, als das Evangelium einem jeden Volke in seine Sprache und Art gebracht zu überliefern.
Goethe: Über Kunst und Altertum, 1828

◆

Wer die deutsche Sprache versteht und studiert, befindet sich auf dem Markte, wo alle Nationen ihre Waren anbieten; er spielt den Dolmetscher, indem er sich selbst bereichert. Und so ist jeder Übersetzer anzusehen, daß er sich als Vermittler dieses allgemein-geistigen Handels bemüht und den Wechseltausch zu befördern sich zum Geschäft macht. Denn was man auch von der Unzulänglichkeit des Übersetzens sagen mag, so ist und bleibt es doch eines der wichtigsten und würdigsten Geschäfte in dem allgemeinen Weltverkehr.
Goethe: Über Kunst und Altertum, 1828

◆

Übersetzer sind als geschäftige Kuppler anzusehen, die uns eine halbverschleierte Schöne als höchst liebenswürdig anpreisen: sie erregen eine unwiderstehliche Neigung nach dem Original.
Goethe: Maximen und Reflexionen (gedr. 1833)

◆

Wie hoch haben wir daher den Übersetzer als Vermittler zu verehren, der uns jene Schätze herüber in unsere täglichen Umgebungen bringt, wo wir vor ihnen nicht als fremden seltsamen Ausgeburten erstaunen, sondern sie als Hausmannskost benutzen und genießen.
Goethe an H. Voß, 22. 7. 1821

Es ist nicht die Aufgabe des Übersetzers von Lyrik, einen fremdländischen Verfasser einzuführen, sondern ihm in der eigenen Sprache ein Denkmal zu errichten.
Stefan George (1868–1933)

♦

Die Übersetzer sind die Relaispferde der Bildung.
Alexander Sergejewitsch Puschkin (1799–1837)

Übersetzung

…aber auch die sorgfältigste Übersetzung bringt immer etwas Fremdes in die Sache, wegen Verschiedenheit des Sprachgebrauchs.
Goethe: Geschichte der Farbenlehre, 4. Abt.: Scaliger (gedr. 1810)

♦

Die ‚Relicks' [Thomas Percys „Reliques of Ancient English Poetry"] und Ossians Schottisches machen ganz verschiedne Wirkung auf Ohr und Seele. Der ungebildete Ausdruck, die wilde Ungleichheit des Silbenmaßes (von dem ich freilich nicht mehr sagen kann, als daß es ungleich ist), das nachklingende Pleonastische [Überladene], das zwar Mackps. [Macpherson] manchmal übersetzt (‚Sons of song, of foamy streams'), im Original hängt's aber fast an jeder Zeile (‚nan speur, na hoicha', nach ‚beo, nan teud', nan nial'), gibt dem Silbenmaß einen eignen Fall, und dem Bild eine nachdrückliche Bestimmung [Bestimmtheit]; das alles zusammen ruckt so weit von dem englischen Balladenrhythmus, von ihrer Eleganz pp···
Goethe an Herder, September 1771

♦

Wilhelm hatte sich schon lange mit einer Übersetzung Hamlets abgegeben; er hatte sich dabei der geistvollen Wielandschen Arbeit bedient, durch die er überhaupt Shakespearen zuerst kennen lernte. Was in derselben ausgelassen war, fügte er hinzu, und so war er im Besitz eines vollständigen Exemplars in dem Augenblicke, da er mit Serlo über die Behandlung so ziemlich einig geworden war. Er fing nun an, nach seinem Plane auszuheben und einzuschieben, zu trennen und zu verbinden, zu verändern und oft wiederherzustellen;

denn so zufrieden er auch mit seiner Idee war, so schien ihm doch bei der Ausführung immer, daß das Original nur verdorben werde. [...]

... das Kind trat herein und sang das Lied, das wir so eben aufgezeichnet haben.

Melodie und Ausdruck gefielen unserm Freunde besonders, ob er gleich die Worte nicht alle verstehen konnte. Er ließ sich die Strophen wiederholen und erklären, schrieb sie auf und übersetzte sie ins Deutsche. Aber die Originalität der Wendungen konnte er nur von ferne nachahmen. Die kindliche Unschuld des Ausdrucks verschwand,, indem die gebrochene Sprache übereinstimmend, und das Unzusammenhängende verbunden ward. Auch konnte der Reiz der Melodie mit nichts verglichen werden.
Goethe: Wilhelm Meisters Lehrjahre, 1795–1796

♦

Es geht mit der Übersetzung eines Buchs, wie Sie von dem Kopieren eines Gemäldes sagen: man lernt beide durch die Nachbildung erst recht kennen.
Goethe an Heinrich Meyer, 3./9. März 1796

♦

[Von einer englischen Übersetzung der Lebensbeschreibung von BENVENUTO CELLINI:]

Sie ward einem angesehenen und reichen Engländer, Richard Boyle, zugeschrieben und dadurch seinen Landsleuten, mehr aber noch durch eine Übersetzung des Thomas Nugent, welche in London 1771 herauskam, bekannt.

Dieser Übersetzer bediente sich einer bequemen und gefälligen Schreibart, doch besitzt er nicht Ort- und Sachkenntnis genug, um schwirige Stellen zu entziffern. Er gleitet vielmehr gewöhnlich darüber hin. Wie er denn auch, zu Schonung mancher Leser, das Derbe, Charakteristische meistens verschwächt und abrundet.

Von einer ältern deutschen Übersetzung hat man mir erzählt, ohne sie vorweisen zu können.

Lessing soll sich auch mit dem Gedanken einer solchen Unternehmung beschäftigt haben, doch ist mir von einem ernstern Vorsatz nichts Näheres bekannt geworden.

Dumouriez sagt in seiner Lebensbeschreibung, daß er das Leben Cellinis im Jahr 1777 übersetzt, aber niemals Zeit gehabt habe, seine Arbeit herauszugeben. Leider scheint es, nach seinen Ausdrücken, daß das Manuskript verlorengegangen, wodurch wir des Vorteils entbehren, zu sehen, wie ein geistreicher Franzos in seiner Sprache die Originalität des Cellini behandelt habe.

Goethe: Benvenuti Cellini, 1803

♦

Unser Zweck erfordert, nunmehr noch einige Bemerkungen über das Verhältnis der Urschrift zur Übersetzung hinzuzufügen.

Wenn ein Mann wie Eschenburg eine solche Arbeit leistet, so möchte man sie immer ohne weitere Nachforschung für gut annehmen; allein er hatte hier mit Schwierigkeiten zu kämpfen, die ihn genugsam entschuldigen, wenn er sie nicht völlig überwinden konnte.

Der Verfasser bedient sich durchaus eines metaphorischen Stils, der ihm zwar sehr gut läßt, indem durch eine gewissermaßen poetische Diktion der Gegenstand genau umtastet wird, hingegen befindet sich der Übersetzer dabei in einer desto unbequemeren Lage.

Worte haben öfters in der einen Sprache ganz andere Bezüge zu den Gegenständen und unter sich selbst als in der anderen, welches vorzüglich von ihren verschiedenen Ableitungen herkommt und sich am auffallendsten zeigt, wenn sie metaphorisch gebraucht werden.

Das metaphorische Wort hat, gegen die einfache Darstellung, oder gegen den Begriff gehalten, immer etwas Trübes; metaphorische Redensarten und Perioden laufen noch größere Gefahr, den Gegenstand zu entstellen, und wenn bei Gleichnisreden vielleicht Subjekt, Prädikat, Zeitwort, Partikel in einer Sprache geschickt zusammentreffen, so wird man es doch in vielen Fällen für unmöglich erklären, eine solche Stelle in fremde Sprachen genau zu übersetzen.

Denn indem sich der Übersetzer bemüht, seine Metapher der Originalmetapher anzunähern, welche doch auch nur eine Annäherung zum Gegenstande oder Gedanken war, so entsteht aus dieser doppelten Annäherung gewöhnlich eine Entfernung, die nur dann vermieden werden kann, wenn der Übersetzer ebensogut Herr der Materie ist als der Verfasser.

Hier einige Beispiele solcher nicht ganz passend übertragenen Metaphern, mit Vorschlägen zur Veränderung, um der Kürze willen, begleitet. Man findet die Stellen Seite 56 und 57 des Originals, sowie Seite 88 und 89 der Übersetzung:

Mantegna, led by the contemplation of the antique, fragments of which he ambitiously scattered over his works.	Mantegna hielt sich an das Studium der Antike, von welcher er seinen Werken überall Spuren einzuverleiben sich eifrig bestrebte.

Mantegna, geleitet durch die Betrachtung der Antike, deren Bruchstücke er mit Anmaßung über seine Werke zerstreute.

Hence in his figures of dignity or beauty we see not only the meagre forms of common models, but even their defects tacked to ideal torsos.	Daher sehen wir in seinen Figuren von Würde und Schönheit nicht nur die magern Formen gemeiner Urbilder, sondern selbst ihre Fehler an idealischen Torsos angebracht.

Daher sehen wir an seinen Figuren, welche Schönheit oder Würde darstellen sollen, nicht allein die magern Formen gemeiner Urbilder, sondern selbst ihre Fehler an idealische Torsos angeflickt.

His triumphs are a copious inventory of classic lumber, swept together with more industry than taste, but full of valuable materials.	Seine Triumphe enthalten einen reichen Vorrat klassischen Kehrichts, mit mehr Fleiß als Geschmack zusammengefegt; aber reich an schätzbaren Materialien.

Seine Triumphe sind ein gehäuftes Inventarium klassischen Trödelkrams, mit mehr Fleiß als Geschmack zusammengeschoben; aber voll schätzbarer Materialien.

Man sieht aus diesen Stellen, daß der Verfasser den Mantegna als einen zusammenstoppelnden Künstler bezeichnen will (ob mit Recht, kommt hier nicht zur Frage). Der Übersetzer hingegen behandelt diesen Künstler erst zu gut, dann zu schlimm, und das bloß durch ein Zu- und Abrücken der Metaphern.

Wir enthalten uns, mehrere Stellen anzuführen, wo man, auf eine sehr interessante Weise, bald mit dem Verfasser, bald mit dem Übersetzer zu rechten hätte. Nur eines bemerken wir, worauf wir oben schon hindeuteten. Seite 86 der Übersetzung, in der Note, steht: Das Gemälde ist auf Holz; dagegen sollte es heißen: Das Kruzifix (des Brunelleschi) ist von Holz, wie auch das Original dieses alte Schnitzwerk bezeichnet.

Möchte es dem Übersetzer gefallen, vielleicht mit Beirat des Verfassers, zu einer zweiten Auflage die Arbeit nochmals durchzugehen, damit unsere teutschen Künstler und Kunstfreunde durch nichts abgehalten würden, ein so schätzbares Werk zu genießen und zu nutzen!

Goethe in: Jenaische Allgemeine Literaturzeitung, 1804

◆

Der Deutsche weiß fremdes Verdienst anzuerkennen. Übersetzungen sind ein wesentlicher Teil unserer Literatur. [...] Alles Bedeutende ist übersetzt oder zu übersetzen.

Goethe: Schema zu einem Volksbuch historischen Inhalts, August 1808

◆

Über die doppelte Art von Übersetzungen der Alten und Neuen; die freien nach dem Genius und Bedürfnis des Volks, für das übersetzt wird, und die getreuen nach dem Genius des Volks, aus dessen Sprache übersetzt wird.

Goethe: Gespräch mit F. W. Riemer, 13. Juli 1810

◆

Nun erschien Wielands [Shakespeare-]Übersetzung. Sie ward verschlungen, Freunden und Bekannten mitgeteilt und empfohlen. Wir Deutsche hatten den Vorteil, daß mehrere bedeutende Werke fremder Nationen auf eine leichte und heitere Weise zuerst herüber gebracht wurden. Shakespeare prosaisch übersetzt, erst durch Wieland, dann durch Eschenburg, konnte als eine allgemein verständliche und jedem Leser gemäße Lektüre sich schnell verbreiten, und große Wirkung hervorbringen. Ich ehre den Rhythmus wie den Reim, wodurch Poesie erst zur Poesie wird, aber das eigentlich tief und gründlich Wirksame, das wahrhaft Ausbildende und Fördernde ist dasjenige was vom Dichter übrig bleibt, wenn er in Prosa übersetzt wird. Dann bleibt der reine vollkommene Gestalt, den uns ein blendendes Äußere oft, wenn er fehlt, vorzuspiegeln weiß, und wenn er gegenwärtig ist, verdeckt. Ich halte daher, zum Anfang jugendlicher Bildung, prosaische Übersetzungen für vorteilhafter als die poetischen: denn es läßt sich bemerken, daß Knaben, denen ja doch alles zum Scherze dienen muß, sich am Schall der Worte, am Fall der Silben ergötzen, und durch eine Art von parodistischem Mutwillen den tiefen Gehalt des edelsten Werks zerstören. Deshalb gebe ich zu bedenken, ob nicht zunächst eine prosaische Übersetzung des Homer zu unternehmen wäre; aber freilich müßte sie der Stufe würdig sein, auf der sich die deutsche Literatur gegenwärtig befindet. Ich überlasse dies und das Vorgesagte unsern würdigen Pädagogen zur Betrachtung, denen ausgebreitete Erfahrung hierüber am besten zu Gebote steht. Nur will ich noch, zugunsten meines Vorschlags, an Luthers Bibelübersetzung erinnern: denn daß dieser treffliche Mann ein in dem verschiedensten Stile verfaßtes Werk und dessen dichterischen, geschichtlichen, gebietenden, lehrenden Ton uns in der Muttersprache, wie aus einem Gusse überlieferte, hat die Religion mehr gefördert, als wenn er die Eigentümlichkeiten des Originals im einzelnen hätte nachbilden wollen. Vergebens hat man nachher sich mit dem Buche Hiob, den Psalmen und andern Gesängen bemüht, sie uns in ihrer poetischen Form genießbar zu machen. Für die Menge, auf die gewirkt werden soll, bleibt eine schlichte Übertragung immer die beste. Jene kritischen Übersetzungen, die mit dem Original wetteifern, dienen eigentlich nur zur Unterhaltung der Gelehrten untereinander.

Und so wirkte in unserer Straßburger Sozietät Shakespeare, übersetzt und im Original stückweise und im ganzen, stellen- und auszugsweise, dergestalt, daß wie man bibelfeste Männer hat, wir uns nach und nach in Shakespeare befestigten, die Tugenden und Mängel seiner Zeit, mit denen er uns bekannt macht, in unseren Gesprächen nachbildeten, an seinen Quibbles die größte Freude hatten, und durch Übersetzung derselben, ja durch originalen Mutwillen mit ihm wetteiferten. Hiezu trug nicht wenig bei, daß ich ihn vor allen mit großem Enthusiasmus ergriffen hatte. Ein freudiges Bekennen, daß etwas Höheres über mir schwebe, war ansteckend für meine Freunde, die sich alle dieser Sinnesart hingaben. Wir leugneten die Möglichkeit nicht, solche Verdienste näher zu erkennen, sie zu begreifen, mit Einsicht zu beurteilen; aber dies behielten wir uns für spätere Epochen vor: gegenwärtig wollten wir freudig teilnehmen, lebendig nachbilden, und, bei so großem Genuß, an dem Manne, der ihn uns gab, nicht forschen und mäkeln, vielmehr tat es uns wohl, ihn unbedingt zu verehren.

Goethe: Aus meinem Leben. Dichtung und Wahrheit. Dritter Teil, 1814

Treue und Schönheit sind die beiden Hauptforderungen, die man an jede poetische Übersetzung zu machen hat; oder... man soll dem Original durchaus treu und seiner Natur verständlich und behaglich sein.

Goethes Gespräch mit J. D. Gries, Januar 1815

♦

Nun hat sich aber vor vielen Jahren das Vorurteil in Deutschland eingeschlichen, daß man Shakespeare auf der deutschen Bühne Wort für Wort aufführen müsse, und wenn Schauspieler und Zuschauer daran erwürgen sollten. Die Versuche, durch eine vortreffliche genaue Übersetzung veranlaßt, wollten nirgends gelingen, wovon die Weimarische Bühne bei redlichen und wiederholten Bemühungen das beste Zeugnis ablegen kann. Will man ein Shakespearisch Stück sehen, so muß man wieder zu Schröders Bearbeitung greifen; aber die Redensart, daß auch bei der Vorstellung von Shakespeare kein Jota zurückbleiben dürfe, so sinnlos sie ist, hört man immer wiederklingen. Behalten die Verfechter dieser Meinung die Oberhand, so wird Shakespeare in wenigen Jahren ganz von der deutschen Bühne verdrängt sein, welches denn auch kein Unglück wäre, denn der einsame oder gesellige Leser wird an ihm desto reinere Freude empfinden.

Goethe: Shakespeare und kein Ende, 12. Mai 1815

♦

Es gibt dreierlei Arten Übersetzung. Die erste macht uns in unserm eigenen Sinne mit dem Auslande bekannt; eine schlicht-prosaische ist hiezu die beste. Denn indem die Prosa alle Eigentümlichkeiten einer jeden Dichtkunst völlig aufhebt und selbst den poetischen Enthusiasmus auf eine allgemeine Wasserebne niederzieht, so leistet sie für den Anfang den größten Dienst, weil sie uns mit dem fremden Vortrefflichen mitten in unserer nationellen Häuslichkeit, in unserem gemeinen Leben überrascht und, ohne daß wir wissen, wie uns geschieht, eine höhere Stimmung verleihend, wahrhaft erbaut. Eine solche Wirkung wird Luthers Bibelübersetzung jederzeit hervorbringen.

Hätte man die „Nibelungen" gleich in tüchtige Prosa gesetzt und sie zu einem Volksbuche gestempelt, so wäre viel gewonnen worden, und der seltsame, ernste, düstere, grauerliche Rittersinn hätte uns mit seiner vollkommenen Kraft angesprochen. Ob dieses jetzt noch rätlich und tunlich sei, werden diejenigen am besten beurteilen, die sich diesen altertümlichen Geschäften entschiedener gewidmet haben.

Eine zweite Epoche folgt hierauf, wo man sich in die Zustände des Auslandes zwar zu versetzen, aber eigentlich nur fremden Sinn sich anzueignen und mit eignem Sinne wieder darzustellen bemüht ist. Solche Zeit möchte ich im reinsten Wortverstand die parodistische nennen. Meistenteils sind es geistreiche Menschen, die sich zu einem solchen Geschäft berufen fühlen. Die Franzosen bedienen sich dieser Art bei Übersetzung aller poetischen Werke; Beispiele zu Hunderten lassen sich in Delilles Übertragungen finden. Der Franzose, wie er sich fremde Worte mundrecht macht, verfährt auch so mit den Gefühlen, Gedanken, ja den Gegenständen, er fordert durchaus für jede fremde Frucht ein Surrogat, das auf seinem eignen Grund und Boden gewachsen sei.

Wielands Übersetzungen gehören zu dieser Art und Weise; auch er hatte einen eigentümlichen Verstands- und Geschmackssinn, mit dem er sich dem Altertum, dem Auslande nur insofern annäherte, als er seine Konvenienz dabei fand. Dieser vorzügliche Mann darf als Repräsentant seiner Zeit angesehen werden; er hat außerordentlich gewirkt, indem gerade das, was ihn anmutete, wie er sich's zueignete und es wieder mitteilte, auch seinen Zeitgenossen angenehm und genießbar begegnete.

Weil man aber weder im Vollkommenen noch Unvollkommenen lange verharren kann, sondern eine Umwandlung nach der andern immerhin erfolgen muß, so erlebten wir den dritten Zeitraum, welcher der höchste und letzte zu nennen ist, derjenige nämlich, wo man die Übersetzung dem Original identisch machen möchte, so daß eins nicht anstatt des andern, sondern an der Stelle des andern gelten solle.

Diese Art erlitt anfangs den größten Widerstand; denn der Übersetzer, der sich fest an sein Original anschließt, gibt mehr oder weniger die Originalität seiner Nation auf, und so entsteht ein Drittes, wozu der Geschmack der Menge sich erst heranbilden muß.

Der nie genug zu schätzende Voß konnte das Publikum zuerst nicht befriedigen, bis man sich nach und nach in die neue Art hinein hörte, hinein bequemte. Wer nun aber jetzt übersieht, was geschehen ist, welche Versatilität unter die Deutschen gekommen, welche rhetorische, rhythmische, metrische Vorteile dem geistreich-talentvollen Jüngling zur Hand sind, wie nun Ariost und Tasso, Shakespeare und Calderon als eingedeutschte Fremde uns doppelt und dreifach vorgeführt werden, der darf hoffen, daß die Literargeschichte unbewunden aussprechen werde, wer diesen Weg unter mancherlei Hindernissen zuerst einschlug.

Die von Hammerschen Arbeiten deuten nun auch meistens auf ähnliche Behandlung orientalischer Meisterwerke, bei welchen vorzüglich die Annäherung an äußere Form zu empfehlen ist. Wie unendlich vorteilhafter zeigen sich die Stellen einer Übersetzung des Ferdusi, welche uns genannter Freund geliefert, gegen diejenigen eines Umarbeiters, wovon einiges in den „Fundgruben" zu lesen ist. Diese Art, einen Dichter umzubilden, halten wir für den traurigsten Mißgriff, den ein fleißiger, dem Geschäft übrigens gewachsener Übersetzer tun könnte.

Da aber bei jeder Literatur jene drei Epochen sich wiederholen, umkehren, ja die Behandlungsarten sich gleichzeitig ausüben lassen, so wäre jetzt eine prosaische Übersetzung des „Schah Nameh" und der Werke des Nisami immer noch am Platz. Man benutze sie zur überhineilenden, den Hauptsinn aufschließenden Lektüre, wir erfreuten uns am Geschichtlichen, Fabelhaften, Ethischen im allgemeinen und vertrauten uns immer näher mit den Gesinnungen und Denkweisen, bis wir uns endlich damit völlig verbrüdern könnten.

Man erinnere sich des entschiedensten Beifalls, den wir Deutschen einer solchen Übersetzung der „Sakontala" gezollt, und wir können das Glück, was sie gemacht, gar wohl jener allgemeinen Prosa zuschreiben, in welche das Gedicht aufgelöst worden. Nun aber wär es an der Zeit, uns davon eine Übersetzung der dritten Art zu geben, die den verschiedenen Dialekten, rhythmischen, metrischen und prosaischen Sprachweisen des Originals entspräche und uns dieses Gedicht in seiner ganzen Eigentümlichkeit aufs neue erfreulich und einheimisch machte. Da nun in Paris eine Handschrift dieses ewigen Werkes befindlich, so könnte ein dort hausender Deutscher sich um uns ein unsterblich Verdienst durch solche Arbeit erwerben.

Der englische Übersetzer des Wolkenboten, „Megha Duta", ist gleichfalls aller Ehren wert, denn die erste Bekanntschaft mit einem solchen Werke macht immer Epoche in unserem Leben. Aber seine

Übersetzung ist eigentlich aus der zweiten Epoche, paraphrastisch und suppletorisch, sie schmeichelt durch den fünffüßigen Jambus dem nordöstlichen Ohr und Sinn. Unserm Kosegarten dagegen verdanke ich wenige Verse unmittelbar aus der Ursprache, welche freilich einen ganz andern Aufschluß geben. Überdies hat sich der Engländer Transpositionen der Motive erlaubt, die der geübte ästhetische Blick sogleich entdeckt und mißbilligt.

Warum wir aber die dritte Epoche auch zugleich die letzte genannt, erklären wir noch mit wenigem. Eine Übersetzung, die sich mit dem Original zu identifizieren strebt, nähert sich zuletzt der Interlinearversion und erleichtert höchlich das Verständnis des Originals, hiedurch werden wir an den Grundtext hinangeführt, ja getrieben, und so ist denn zuletzt der ganze Zirkel abgeschlossen, in welchem sich die Annäherung des Fremden und Einheimischen, des Bekannten und Unbekannten bewegt.

Aus der lateinischen Ursprache erst ins Niederdeutsche, sodann ins Oberdeutsche gebracht, erleidet das Büchlein neue Verfälschung der Namen. Auch der Übersetzer erlaubt sich auszulassen und einzuschalten, wie unser Görres in seiner verdienstlichen Schrift über die deutschen Volksbücher anzeigt, auf welche Weise Genuß und Nutzen an diesem bedeutenden Werke verkümmert worden. [...]

Wollen wir an diesen Produktionen der herrlichsten Geister teilnehmen, so müssen wir uns orientalisieren, der Orient wird nicht zu uns herüberkommen. Und obgleich Übersetzungen höchst löblich sind, um uns anzulocken, einzuleiten, so ist doch aus allem vorigen ersichtlich, daß in dieser Literatur die Sprache als Sprache die erste Rolle spielt. Wer möchte sich nicht mit diesen Schätzen an der Quelle bekannt machen! [...]

Da ich seine [des H. F. von Diez) strenge und eigene Gemütsart kannte, so hütete ich mich ihn von gewisser Seite zu berühren; doch war er gefällig genug, ganz gegen seine Denkweise, als ich den Charakter des Nussreddin Chodscha, des lustigen Reise- und Zeltgefährten des Welteroberers Timur, zu kennen wünschte, mir einige jener Anekdoten zu übersetzen. Woraus denn abermal hervorging, daß gar manche verfängliche Märchen, welche die Westländer nach ihrer Weise behandelt, sich vom Orient herschreiben, jedoch die eigentliche Farbe, den wahren, angemessenen Ton bei der Umbildung meistenteils verloren.

Da von diesem Buche das Manuskript sich nun auf der königlichen Bibliothek von Berlin befindet, wäre es sehr zu wünschen, daß ein Meister dieses Faches uns eine Übersetzung gäbe. Vielleicht wäre sie in lateinischer Sprache am füglichsten zu unternehmen, damit der Gelehrte vorerst vollständige Kenntnis davon erhielte. Für das deutsche Publikum ließe sich alsdann recht wohl eine anständige Übersetzung im Auszug veranstalten.

Goethe: Noten und Abhandlungen zum besseren Verständnis des West-östlichen Divans, 1816–1818

♦

Ich freue mich sehr, daß Sie Ihr schönes Talent so beharrlich auf einem Wege fortüben und äußern, wo man, eben dadurch daß man nach dem Unerreichbaren strebt, einen Grad der Vollkommenheit erreicht, den man sich früher kaum versprechen durfte.

Wenn ich mich erinnere wie mein guter Heinse zu Venedig das Befreite Jerusalem übersetzte, im Bette liegend, um das Holz zu ersparen, und schon zufrieden war, den Tasso in deutsche Prosa umgebildet zu haben, nun aber Ihre neuste Arbeit betrachte, so merk ich denn doch, daß ich manche Jahre und zwar in guter, lebendiger, fortschreitender Gesellschaft gelebt habe.

Goethe an J. D. Gries, 26. Juni 1819

♦

Eine gewissenhaft versuchte Übersetzung mehrerer Stellen ist uns nicht in dem Grade gelungen, daß man die Verdienste des Originals daran erkennen würde, deshalb wir den Dichter in seinem eigenen Idiom sprechen lassen.

Goethe: Über Kunst und Altertum, 1820

♦

Ich suchte mich mit ihm [Byron] zu identifizieren und an seine zartesten Gefühle, wie an dessen kühnsten Humor mich anzuschließen; wobei denn, um nur des letztern Falles zu gedenken, allein die Unmöglichkeit, über den Text ganz klar zu werden, mich abhalten konnte, eine angefangene Übersetzung von English Bards and Scotch Reviewers durchzuführen.

Goethe an G. F. Benecke. 12. November 1822

Endlich tritt die vieljährige Arbeit eines geprüften Freundes an den Tag, der ich um so mehr einen guten Empfang wünsche, als ich seit geraumer Zeit dieser unverdroßnen Bemühung gar manche Hülfe und Fördernis zu danken habe. Die Schwierigkeiten, welche ein jeder bei dem Studium des Lucrez empfindet, waren auch mir hinderlich, und so gereichten die Studien eines Freundes, sich mit einem so wichtigen Rest des Altertums zu verständigen, eigenem Verständnis zu großem Vorteil. Denn es wird hiebei nichts weniger verlangt, als daß man sich, siebzig bis achtzig Jahre vor unserer Ära, in den Mittelpunkt der Welt, das heißt nach Rom versetze, sich vergegenwärtige, wie es daselbst in bürgerlichen, kriegrischen, religiosen und ästhetischen Zuständen ausgesehen. Den echten Dichter wird niemand kennen, als wer dessen Zeit kennt. [...]

Man soll in vielen Stücken nicht denken wie Lucrez, ja man kann es nicht einmal und wenn man wollte; aber man sollte erfahren, wie man sechs bis acht Dezennien vor unserer Ära gedacht hat: als Prologus der christlichen Kirchengeschichte ist dieses Dokument höchst merkwürdig.

Auf einen so wichtigen Gegenstand nun sei mir erlaubt wieder zurückzukommen, indem ich Lucrez in mehrfacher Eigenschaft darzustellen wünschte, als Menschen und Römer, als Naturphilosophen und Dichter. Diesen alten Vorsatz auszuführen erleichtert mir zu rechter Zeit die wohlgelungene Übersetzung, sie macht es allein möglich.

Denn wir sehen sie durchaus würdig mit edler Freiheit vorschreiten, sich selbst klar unser Verständnis aufschließen, auch wenn von den abstrusesten Problemen gehandelt wird. Grazios und anmutig lockt sie uns in die tiefsten Geheimnisse hinein, kommentiert ohne Umschreibung und belebt ein uraltes bedenkliches Original; wie dies alles in der Folge umständlich nachzuweisen sein wird.

Goethe: Über Kunst und Altertum, 1822

◆

Die prosaische Übersetzung [von Homer] betrachte ich nicht weniger als ein sehr fruchtbares Unternehmen. Es ist mir dabei eine Einsicht gekommen, über die ich erstaunen mußte. Bei dieser Behandlung wird der außerordentliche Lakonismus des Gedichtes

auffallend, eine Keuschheit, Sparsamkeit, beinahe Kargheit der Darstellung bereichert durch Beiwort und Gleichniß, belebt und aufgeschmolzen durch den Rhythmus.
Goethe an J. S. Zauper, 6. August 1823

♦

Wir sprachen darauf von Übersetzungen, wobei er [Goethe] mir sagte, daß es ihm sehr schwer werde, englische Gedichte in deutschen Versen wiederzugeben. „Wenn man die schlagenden einsilbigen Worte der Engländer", sagte er „mit vielsilbigen oder zusammengesetzten deutschen ausdrücken will, so ist gleich alle Kraft und Wirkung verloren."
Goethes Gespräch mit Eckermann, 30. Dezember 1823

♦

Bibliothekar *Grimm* in Kassel ergriff mit der Gewandtheit eines Sprachgewaltigen auch das Serbische; er übersetzte die Wukische Grammatik und begabte sie mit einer Vorrede, die unsern obigen Mitteilungen zum Grunde liegt. Wir verdanken ihm bedeutende Übersetzungen, die in Sinn und Silbenmaß jenes Nationelle wiedergeben.

Auch Professor *Vater*, der gründliche und zuverlässige Forscher, nahm ernstlichen Teil, und so rückt uns dieses bisher fremd gebliebene und gewissermaßen zurückschreckende Studium immer näher.

Auf diesem Punkt nun, wie die Sachen gekommen sind, konnte nichts erfreulicher sein, als daß ein Frauenzimmer von besondern Eigenschaften und Talenten, mit den slawischen Sprachen durch einen frühern Aufenthalt in Rußland nicht unbekannt, ihre Neigung für die serbische entschied, sich mit aufmerksamster Tätigkeit diesem Liederschatz widmete und jener langwierigen Säumnis durch eine reiche Leistung ein Ende machte. Sie übersetzte, ohne äußeren Antrieb, aus innerer Neigung und Gutachten, eine große Masse der vorliegenden Gedichte und wird in einem Oktavband so viel derselben zusammenfassen, als man braucht, um sich mit dieser ausgezeichneten Dichtart hinreichend bekannt zu machen. An einer Einleitung wird's nicht fehlen, die das, was wir vorläufig hier eingeführt, genauer und umständlicher darlege, um einen wahren Anteil dieser verdienstvollen neuen Erscheinung allgemein zu fördern.

Die deutsche Sprache ist hiezu besonders geeignet; sie schließt sich an die Idiome sämtlich mit Leichtigkeit an, sie entsagt allem Eigensinn und fürchtet nicht, daß man ihr Ungewöhnliches, Unzulässiges vorwerfe; sie weiß sich in Worte, Wortbildungen, Wortfügungen, Redewendungen und was alles zur Grammatik und Rhetorik gehören mag, so wohl zu finden, daß, wenn man auch ihren Autoren bei selbsteignen Produktionen irgendeine seltsamliche Kühnheit vorwerfen möchte, man ihr doch vorgeben wird, sie dürfe sich bei Übersetzung dem Original in jedem Sinne nahe halten.

Und es ist keine Kleinigkeit, wenn eine Sprache dies von sich rühmen darf: denn müssen wir es zwar höchst dankenswert achten, wenn fremde Völkerschaften dasjenige nach ihrer Art sich aneignen, was wir selbst innerhalb unseres Kreises Originelles hervorgebracht, so ist es doch nicht von geringerer Bedeutung, wenn Fremde auch das Ausheimische bei uns zu suchen haben. Wenn uns eine solche Annäherung ohne Affektation wie bisher nach mehrern Seiten hin gelingt, so wird der Ausheimische in kurzer Zeit bei uns zu Markte gehen müssen und die Waren, die er aus der ersten Hand zu nehmen beschwerlich fände, durch unsere Vermittelung empfangen.

Um also nun vom Allgemeinsten ins Besonderste zurückzukehren, dürfen wir ohne Widerrede behaupten: daß die serbischen Lieder sich in deutscher Sprache besonders glücklich ausnehmen. Wir haben mehrere Beispiele vor uns, Wuk Stephanowitsch übersetzte uns zuliebe mehrere derselben wörtlich, Grimm auf seinem Wege war geneigt, sie im Silbenmaße darzustellen; auch Vatern sind wir Dank schuldig, daß er uns das wichtigste Gedicht: die „Hochzeit des Maxim Cernojewitsch" im Auszuge prosaisch näherbrachte, und so verdanken wir denn auch der raschen, unmittelbar einwirkenden Teilnahme unserer Freundin schnell eine weitere Umsicht, die, wie wir hoffen, das Publikum bald mit uns teilen wird.

Goethe: Über Kunst und Altertum, 1825

◆

Beim Übersetzen müsse man sich ja nicht in unmittelbaren Kampf mit der fremden Sprache einlassen. Man muß bis an das Unübersetzbare herangehen und dieses respektieren, denn darin liegt eben der Wert und der Charakter einer jeden Sprache.

Goethes Gespräch mit F. von Müller, 20. September 1827

◆

Haben Sie ja die Güte, mir bald etwas über das *Stück* [*Mahomet* von Voltaire] zu sagen und mir meine Übersetzung zuzuschicken, damit ich wenigstens drüber denken könne, um so bald als möglich das Ganze zusammenzuarbeiten, wozu ich mir aber wohl einen jenaischen Aufenthalt wieder wählen muß.

Goethe an Schiller, 16. Oktober 1799

◆

Durch eine sonderbare Veranlassung übersetzte ich den ‚Mahomet' des Voltaire ins Deutsche. Ohne Ihren Brief wäre mir dieses Experiment nicht gelungen, ja ich hätte es nicht unternehmen mögen. Da ich das Stück nicht allein ins Deutsche, sondern womöglich für die Deutschen übersetzen möchte, so war mir Ihre Charakteristik beider Nationen über diesen Punkt ein äußerst glücklicher Leitstern und ist es noch jetzt bei der Ausarbeitung. So wird auch die Wirkung des Stücks auf dem Theater Ihre Bemerkungen, wie ich voraussehe, völlig bekräftigen.

Goethe an Wilhelm von Humboldt, 28. Oktober 1799

◆

Zu dem vielleicht manchem sonderbar scheinenden Unternehmen, den Voltairischen ‚Mahomet' zu übersetzen, hat mich der Wunsch meines Fürsten gleichsam hingedrängt. Ich bin ihm so unendlich viel schuldig, indem ich ihm eine Existenz verdanke, ganz nach meinen Wünschen, ja über meine Wünsche, welches bei einer wunderlichen Natur wie die meinige nicht wenig sagen will, daß ich es für Pflicht hielt, so gut ich konnte sein Verlangen zu erfüllen.

Goethe an Prinz August von Sachsen-Gotha, 3. Januar 1800

...bei Übersetzungen aber sind wir gefördert, wie auf einer Handelsmesse, wo uns der Entfernteste seine Ware herbeibringt.
Goethe: An J. St. Zauper, 7. 9. 1821

◆

...denn wenn uns eine falsche Spiegelung [in der Übersetzung] auch das Originalbild nicht richtig wiedergibt, so macht es uns doch aufmerksam auf die Spiegelfläche selbst und auf deren mehr oder weniger bemerkliche mangelhafte Beschaffenheit.
Goethe: Schriften zur Literatur. Don Juan von Byron, 1821

◆

Die deutsche Sprache ist hiezu [zu Übersetzungen] besonders geeignet; sie schließt sich an die Idiome sämtlich mit Leichtigkeit an, sie entsagt allem Eigensinn und fürchtet nicht, daß man ihr Ungewöhnliches, Unzulässiges vorwerfe; sie weiß sich in Worte, Wortbildungen, Wortfügungen, Redewendungen und was alles zur Grammatik und Rhetorik gehören mag, so wohl zu finden...
Goethe: Schriften zur Literatur. Serbische Lieder, 1825

◆

...doch wie man mit eigenen Sachen selten fertig wird, so wird man es mit Übersetzungen niemals.
Goethe: An Schiller, 9. 12. 1795

◆

Eine Übersetzung, die sich mit dem Original zu identifizieren strebt, nähert sich zuletzt der Interlinearversion und erleichtert höchlich das Verständnis des Originals, hierdurch werden wir an den Grundtext hinangeführt, ja getrieben, und so ist denn zuletzt der ganze Zirkel abgeschlossen, in welchem sich die Annäherung des Fremden und Einheimischen, des Bekannten und Unbekannten bewegt.
Goethe: Divan, Noten und Abhandlungen. Übersetzungen, 1819.

Ich halte daher, zum Anfang jugendlicher Bildung, prosaische Übersetzungen für vorteilhafter als die poetischen.

Goethe: Dichtung und Wahrheit III, 11

Was aber das Griechische, Lateinische, Italienische und Spanische betrifft, so können wir die vorzüglichsten Werke dieser Nationen in so guten deutschen Übersetzungen lesen, daß wir ohne ganz besondere Zwecke nicht Ursache haben, auf die mühsame Erlernung jener Sprachen viele Zeit zu verwenden.
Goethe: Eckermann, 10. 1. 1825

♦

Und dann ist wohl nicht zu leugnen, daß man im allgemeinen mit einer guten Übersetzung sehr weit kommt. Friedrich der Große konnte kein Latein, aber er las seinen Cicero in der französischen Übersetzung ebenso gut als wir andern in der Ursprache.
Goethe: Eckermann, 10. 1. 1825

♦

[England] Brachte berühmte Schriftsteller hervor, aber sie konnten die scharfen Laute ihrer Sprache, die jedes Ohr verletzen, nicht mildern. Andere Sprachen verlieren in der Übersetzung; das Englische allein gewinnt.
Friedrich der Große (1740–1786)

♦

Es ließe sich etwas über Übersetzungs-Kunst schreiben, das ganz nützlich werden könnte. Ich meine die, die Sprache der gemeinen Leute, und ihre Behandlungs-Art in die eigentliche Sprache unseres Lebens zu übersetzen. Die gemeinen Leute drücken sich oft sehr fürchterlich und mit Gelächter über Dinge aus, von denen sie, in unsere Sprache übersetzt, ganz anders zu reden scheinen würden, oder würklich reden würden. Wir denken über die Vorfälle des Lebens nicht so verschieden, als wir darüber *sprechen*.
Georg Christoph Lichtenberg (1742–1799)

♦

Ein Werk der Sprache in eine andere Sprache übersetzt, heißt, daß einer ohne seine Haut über die Grenze kommt und drüben die Tracht des Landes anzieht.
Karl Kraus (1874–1936)

Ist es nicht sonderbar, daß eine wörtliche Übersetzung fast immer eine schlechte ist?

Georg Christoph Lichtenberg (1742–1799)

Übersetzungsmaximen

Es gibt zwei Übersetzungsmaximen: die eine verlangt, daß der Autor einer fremden Nation zu uns herüber gebracht werde, dergestalt, daß wir ihn als den Unsrigen ansehen können; die andere hingegen macht an uns die Forderung, daß wir uns zu dem Fremden hinüber begeben und uns in seine Zustände, seine Sprachweise, seine Eigenheiten finden sollen. Die Vorzüge von beiden sind durch musterhafte Beispiele allen gebildeten Menschen genugsam bekannt. Unser Freund, der auch hier den Mittelweg suchte, war beide zu verbinden bemüht, doch zog er als Mann von Gefühl und Geschmack in zweifelhaften Fällen die erste Maxime vor.

Niemand hat vielleicht so innig empfunden, welch verwickeltes Geschäft eine Übersetzung sei, als er. Wie tief war er überzeugt, daß nicht das Wort, sondern der Sinn belebe. Man betrachte, wie er in seinen Einleitungen uns erst in die Zeit zu versetzen und mit den Personen vertraut zu machen bemüht ist, wie er alsdann seinen Autor auf eine uns schon bekannte, unserem Sinn und Ohr verwandte Weise sprechen läßt, und zuletzt noch manche Einzelnheit, welche dunkel bleiben, Zweifel erregen, anstößig werden könnte, in Noten auszulegen und zu beseitigen sucht. Durch diese dreifache Bemühung sieht man recht wohl, hat er sich erst seines Gegenstandes bemächtigt, und so gibt er sich denn auch die redlichste Mühe, uns in den Fall zu setzen, daß seine Einsicht uns mitgeteilt werde, auf daß wir auch den Genuß mit ihm teilen.

Goethe: Ansprachen. Zu brüderlichem Andenken Wielands, 1813

Umlaut

Karl Kraus (1874–1936)

Christlicher Umlaut

Seit die Lust aus der Welt entschwand und die Last ihr beschieden,
Lebt sie am Tag mit der Last, flieht sie des Nachts zu der List.

Vers

Weil ein Vers dir gelingt, in einer gebildeten Sprache. / Die für dich dichtet und denkt, glaubst Du schon Dichter zu sein.
Friedrich Schiller (1759–1805) u. Johann Wolfgang von Goethe (1749–1832): Tabulae Votivae. Darin: Dilettant.

♦

Ein paar Verse, die ich zu machen habe, interessieren mich mehr als viel wichtigere Dinge, auf die mir kein Einfluß gestattet ist...
Johann Wolfgang von Goethe (1749–1832)

♦

Die Versform gesellt Geist zu den Gedanken eines Menschen, der mitunter recht wenig hat: man spricht dann von Talent. Manchmal unterschlägt sie aber den Geist in den Gedanken eines Menschen, der viel Geist hat; das beweist dann, daß ihm das Talent für die Verskunst abgeht.
Nicolas-Sébastien Roch Chamfort (1741–1794)

♦

Ich möchte keinen Vers geschrieben haben, wenn nicht tausend und abertausend Menschen die Produktion läsen und sich etwas dabei, dazu, heraus oder hinein dächten.
Johann Wolfgang von Goethe (1749–1832)

♦

Paßt in den Vers das Wort, das mir vonnöten,
So halt ich's mit der Klarheit und mit Goethen.
Gerät der Ausdruck mir konfus und schief,
Alsdann, ihr Trottel, bin ich eben tief.
Otto Ernst (1862–1926)

♦

Meine Verse haben den Sinn, den man ihnen verleiht. Es ist ein Irrtum, konträr dem Wesen der Poesie, und unter Umständen tödlich für sie, wenn man verlangt, daß jedem Gedicht ein wirklicher Sinn (un sens véritable) entsprechen solle.
Paul Valéry (1871–1945)

... wenn man Verse aufsagt oder dichtet, muß die Seele ruhig und von allen wilden Leidenschaften befreit sein.

Miguel de Cervantes Saavedra (1547–1616)

Versemachen

Das Versemachen ist eine Hundearbeit. Es will sich's nur keiner eingestehen, wie er sich dabei abrackert.

Clemens Brentano (1778–1842)

♦

... es hat sich neuerzeitlich herausgestellt, daß fast nur noch die verpönten Versemacher eine ordentliche Prosa schreiben können.

Gottfried Keller (1819–1890)

♦

Bei vielen Menschen ist das Versemachen eine Entwicklungskrankheit des menschlichen Geistes.

Georg Christoph Lichtenberg (1742–1799)

Vortrag

Wieviel in der Welt auf Vortrag ankommt, kann man schon daraus sehen, daß Kaffee, aus Weingläsern getrunken, ein sehr elendes Getränk ist, oder Fleisch bei Tische mit der Schere geschnitten, oder gar, wie ich einmal gesehen habe, Butterbrot mit einem alten, wiewohl sehr reinen Schermesser geschmiert.

Georg Christoph Lichtenberg (1742–1799)

♦

Allein der Vortrag macht des Redners Glück; / Ich fühl es wohl, noch bin ich weit zurück.

Johann Wolfgang von Goethe (1749–1832): Faust. Der Tragödie Erster Teil. Nacht.

Populärer Vortrag heißt heutzutage nur zu oft der, wodurch die Menge in den Stand gesetzt wird, von etwas zu sprechen, ohne es zu verstehen.
Georg Christoph Lichtenberg (1742–1799)

Vorwort

Ein Vorwort ist meist eine Verteidigungsrede, in der der Verfasser bei aller Beredsamkeit seiner Sache nichts nützt; sie ist ebensowenig imstande, ein gutes Werk zur Geltung zu bringen, als ein schlechtes zu rechtfertigen.
Luc de Clapiers, Marquis de Vauvenargues (1715–1747)

Widersprechen

Der Kluge widerspricht anderen, der Weise sich selbst.

◆

Wer sich widerspricht, hat mehr als Logik im Kopf.
Hans Kasper [1957]

◆

Diejenigen, welche widersprechen und streiten, sollten mitunter bedenken, daß nicht jede Sprache jedem verständlich sei.
Johann Wolfgang von Goethe (1749–1832)

Widerspruch

Denn ein vollkommner Widerspruch / Bleibt gleich geheimnisvoll für Kluge wie für Toren.
Johann Wolfgang von Goethe (1749–1832): Faust. Der Tragödie erster Teil. Hexenküche.

◆

Es gehört schon zu den Widersprüchen des Menschen, daß er welche zu haben glaubt.
Jean Paul (1763–1825)

Wir können einem Widerspruch in uns selbst nicht entgehen; wir müssen ihn auszugleichen suchen. Wenn uns andere widersprechen, das geht uns nichts an, das ist ihre Sache.

Johann Wolfgang von Goethe (1749–1832)

♦

Er hat sich nie widersprochen. – Er hat also nie gedacht.

Man mache die Probe aufs Exempel und tilge im Goethe sämtliche Widersprüche; es bliebe ein Häuflein bedruckten Papiers, ohne jeden Sinn, ohne Witz, ohne Charme: die gähnende Langeweile.

Herbert Eisenreich (1925–1986)

♦

Widerspruch und Schmeichelei machen beide ein schlechtes Gespräch.

Johann Wolfgang von Goethe (1749–1832)

Witz

Hitzig ist nicht witzig.

♦

Wie's auch die Philosophen fassen –
Humor und Witz entströmt dem gleichen Born.
Humor ist weises Geltenlassen,
Und Witz ist kalt gewordner Zorn.

Oscar Blumenthal (1852–1917)

♦

Jeder von uns darf ohne Eitelkeit sagen, er sei verständig, vernünftig, er habe Phantasie, Gefühl, Geschmack; aber keiner darf sagen, er habe Witz; so wie man sich Stärke, Gesundheit, Gelenkigkeit des Körpers zuerkennen kann, aber nicht Schönheit. Beides aus denselben Gründen: nämlich Witz und Schönheit sind an sich Vorzüge, schon ohne den Grad; aber Vernunft, Phantasie, so wie körperliche Stärke etc. zeichnen nur einen Besitzer *ungewöhnlicher* Grade aus –; zweitens sind Witz und Schönheit *gesellige* Kräfte und Triumphe (denn was gewänne ein *witziger* Einsiedler oder eine *schöne* Ein-

siedlerin?); und Siege des Gefallens kann man nicht selber als sein eigner Eilbote überbringen, ohne unterwegs geschlagen zu werden.
Jean Paul (1763–1825)

◆

Der Witz ist ein brillanter Emporkömmling von zweifelhafter Abstammung.
Marie Freifrau von Ebner-Eschenbach (1830–1916)

◆

Es ist mit dem Witz wie mit der Musik. Je mehr man hört, desto fernere Verhältnisse verlangt man.
Georg Christoph Lichtenberg (1742–1799)

◆

Verstand ist mechanischer, Witz ist chemischer, Genie ist organischer Geist.
Friedrich Schlegel (1772–1829)

◆

Herr *** genießt in höchstem Grad die Lächerlichkeiten, die er in der Gesellschaft fassen und bemerken kann. Er erscheint sogar entzückt, wenn er irgendeine absurde Ungerechtigkeit sieht; Stellen, die verkehrt vergeben werden, lächerliche Widersprüche im Betragen der Regierenden, Skandale aller Art, die die Gesellschaft nur allzuoft bietet. Zuerst habe ich geglaubt, daß er bösartig wäre, aber dadurch, daß ich häufiger mit ihm verkehrte, habe ich erkannt, zu welchem Prinzip diese seltsame Art des Sehens gehört: Es ist ein ehrenwertes Gefühl, eine tugendhafte Erzürnung, die ihn lange unglücklich gemacht und die er durch die Gewöhnung an den Witz ersetzt hat. Ein Witz, der nur heiter sein möchte, der aber manchmal bitter und ‚sarkasmatisch' wird und so auf die Quelle verweist, aus der er fließt.
Nicolas-Sébastien Roch Chamfort (1741–1794)

◆

Um witzig zu schreiben, muß man sich mit den eigentlichen Kunstausdrücken aller Stände gut bekannt machen, ein Hauptwerk in je-

dem nur flüchtig gelesen ist hinlänglich. Denn was ernsthaft seicht ist, kann witzig tief sein.
Georg Christoph Lichtenberg (1742–1799)

♦

Der Witz muß über alle Verkehrtheiten des einzelnen und der Gesellschaft Richter sein. Er schützt davor, daß man sich kompromittiert. Er hilft uns, den Dingen ihren Platz anzuweisen, ohne daß wir den unsern dazu verlassen müßten. Er bestätigt unsre Überlegenheit über die Dinge und über die Menschen, die wir verspotten und die kein Ärgernis daran nehmen dürfen, wenn ihnen nicht Heiterkeit oder Haltung abgeht. Der Ruf, die Waffe des Spottes gut führen zu können, verschafft auch dem geringen Mann in der Welt und in der guten Gesellschaft das Ansehen, das beim Militär die guten Fechter genießen. Einen geistreichen Mann hörte ich einmal sagen: „Entzieht dem Witz sein Recht, und ich komme morgen in keine Gesellschaft mehr." Es ist eine Art unblutigen Zweikampfes; wie der Zweikampf selbst, macht er den Menschen maßvoller und gesitteter.
Nicolas-Sébastien Roch Chamfort (1741–1794)

♦

Es gibt für mich keine gehässigre Art Menschen als die, welche glauben, daß sie bei jeder Gelegenheit ex officio witzig sein müßten.
Georg Christoph Lichtenberg (1742–1799)

♦

Die Witze der Philosophen sind so maßvoll, daß man sie von der Vernunft nicht unterscheiden kann.
Luc de Clapiers, Marquis de Vauvenargues (1715–1747)

♦

Witz. – Die witzigsten Autoren erzeugen das kaum bemerkbarste Lächeln.
Friedrich Wilhelm Nietzsche (1844–1900)

Der Witz der Tagesschriftsteller ist höchstens das Wetterleuchten einer Gesinnung, die irgendwo niedergegangen ist. Nur der Gedanke schlägt ein, dem der Donner eines Pathos auf dem Fuße folgt.
Karl Kraus (1874–1936)

♦

Witz ist Unzucht wider die Kausalität.
Alfred Polgar (1873–1955)

♦

Will man nichts verlieren noch verbergen von seinem Witz, so schmälert man gewöhnlich dessen Ruf.
Luc de Clapiers, Marquis de Vauvenargues (1715–1747)

♦

Der Witz wird mit dem Jahren stumpf, andere Kenntnisse bleiben.
Georg Christoph Lichtenberg (1742–1799)

♦

Man kann bisweilen auf einen Dummkopf mit Witz treffen, aber niemals auf einen mit wirklichem Urteil.
François VI., Duc de La Rochefoucauld (1613–1680)

♦

... Krieg führt der Witz auf ewig mit dem Schönen ...
Friedrich von Schiller (1759–1805)

♦

Eine gute Bemerkung über das sehr Bekannte ist es eigentlich, was den wahren Witz ausmacht.
Georg Christoph Lichtenberg (1742–1799)

♦

Witz ohne Wissen ist ein Rahm, der über Nacht nach oben steigt und sich von geschickter Hand leicht zu Schaum schlagen läßt. Wenn er aber einmal abgeschäumt ist, dann taugt der Rückstand nur mehr als Schweinefutter.
Jonathan Swift (1667–1745)

Es läßt sich ohne sonderlich viel Witz so schreiben, daß ein anderer sehr viel haben muß, es zu verstehen.
Georg Christoph Lichtenberg (1742–1799)

♦

Der Witz ist die Krätze des Geistes. Er juckt sich heraus.
Johann Gottfried Seume (1763–1810)

♦

Manche witzige Einfälle sind wie das überraschende Wiedersehen zwei befreundeter Gedanken nach einer langen Trennung.
Friedrich Schlegel (1772–1829)

♦

Ein Trunkener ist bisweilen witziger als die besten Witzbolde.
Luc de Clapiers, Marquis de Vauvenargues (1715–1747)

♦

Es gibt 100 Witzige gegen einen, der Verstand hat, ist ein wahrer Satz, womit sich mancher witzlose Dummkopf beruhigt, der bedenken sollte, wenn das nicht zuviel von einem Dummkopf gefordert heißt, daß es wieder 100 Leute, die weder Witz noch Verstand haben, gegen einen gebe, der Witz hat.
Georg Christoph Lichtenberg (1742–1799)

♦

Witz ist ein schelmischer Pfaff, der keck zu täuschendem Ehbund zwei Gedanken, die nie früher sich kannten, vermählt; aber der nächste Moment schon zeigt dir im Hader die Gatten, und vor dem schreienden Zwist stehst du betroffen – und lachst.
Emanuel Geibel (1815–1884)

♦

Man soll Witz haben, aber nicht haben wollen; sonst entsteht Witzelei, Alexandrinischer Stil in Witz.
Friedrich Schlegel (1772–1829)

Wenn man dem Witz nachjagt, erwischt man eine Dummheit.
Charles Secondat de Montesquieu (1689–1755)

♦

Wer Humor hat, der hat beinahe schon Genie. Wer nur Witz hat, der hat meistens nicht einmal den.
Arthur Schnitzler (1862–1931)

♦

Ein guter Witz muß den Schein des Unabsichtlichen haben. Er gibt sich nicht dafür, aber siehe da, der Scharfsinn des Hörers entdeckt ihn, entdeckt den geistreichen Gedanken in der Maske eines schlichten Wortes. Ein guter Witz reist inkognito.
Marie Freifrau von Ebner-Eschenbach (1830–1916)

♦

Ohne Witz wäre eigentlich der Mensch gar nichts, denn Ähnlichkeit in den Umständen ist ja alles, was uns zur wissenschaftlichen Erkenntnis bringt, wir können ja bloß nach Ähnlichkeiten ordnen und behalten. Die Ähnlichkeiten liegen nicht in den Dingen, vor Gott gibt es keine Ähnlichkeiten. Hieraus folgt freilich der Schluß, daß je vollkommener der Verstand ist, desto geringer ist der Witz, oder es muß Seelen-Einrichtungen geben, die so gespannt werden können, wie manche Waagen (wieder Witz), daß man sie sowohl zum Genau- als Roherwiegen gebrauchen kann.
Georg Christoph Lichtenberg (1742–1799)

♦

Witz ist abbreviierte Weisheit.
Friedrich Schlegel (1772–1829)

♦

Der Witzling ist der Bettler im Reich der Geister; er lebt von Almosen, die das Glück ihm zuwirft – von Einfällen.
Marie Freifrau von Ebner-Eschenbach (1830–1916)

Beim Witz ist die sprachliche Trivialität oft der Inhalt des künstlerischen Ausdrucks. Der Schriftsteller, der sich ihrer bedient, ist echter Feierlichkeit fähig. Das Pathos an und für sich ist ebenso wertlos wie die Trivialität als solche.

Karl Kraus (1874–1936)

♦

Die Menschen haben immer Witz genug, wenn sie nur keinen haben *wollen*.

Georg Christoph Lichtenberg (1742–1799)

♦

Witz. – Der Witz ist das Epigramm auf den Tod eines Gefühls.

Friedrich Nietzsche (1844–1900)

♦

Was die verschiedenen Kategorien der Witze betrifft, also, ob es Ostfriesenwitze sind, ob politische oder dreckige Witze, so ist den dreckigen Witzen der Vorzug zu geben. Bei den anderen Witzen weiß der Zuhörer ja oftmals nicht, wann er lachen muß oder wie sehr und warum. Bei den dreckigen Witzen dagegen denkt er, die Schweinigelei an sich sei der Witz, und er lacht über sie, als sei sie die Pointe, was sie aber insofern nicht ist, als der Witz zwar einmal eine Pointe hatte, aber im Laufe der Nacherzählung ging dieselbe verloren, und es blieb nur die Schweinigelei, die jedoch zum Lachen genügt, denn wer nicht lacht, gilt als prüde, und wer will als prüde gelten!

Klaus Mampell [1993]

♦

Grausam wird der Witz, wenn der Ausweg aus seinem Dilemma mitten durch das Herz des Gegners geht.

Rudolf Alexander Schröder (1878–1962)

♦

Witzig sein wollen, witzig um jeden Preis, das heißt sich zu seinem eigenen Affen machen. Nachäffen – ein gutes Wort. Es bezeichnet die mißlungene Nachahmung.

Friedrich Georg Jünger (1898–1977)

... denn für Witze und Geldborger ist es heilsam, wenn sie uns unangemeldet überraschen.
Heinrich Heine (1797–1856)

♦

Witzige Einfälle sind die Sprüchwörter der gebildeten Menschen.
Friedrich Schlegel (1772–1829)

♦

Es ist mit dem Witz wie mit der Musik, je mehr man hört, desto feinere Verhältnisse verlangt man.
Georg Christoph Lichtenberg (1742-1799)

♦

Witzigkeit ist manchmal Witzarmut, die ohne Hemmung sprudelt.
Karl Kraus (1874–1936)

Wort

Allzu gute Worte haben wenig Glaubens.

♦

An dem Wort erkennt man Toren wie den Esel an den Ohren.

♦

Auf schöne Worte ist nicht zu bauen.

♦

Aufs Wörtlein folgen Streiche.

♦

Aus kleinen Worten wird oft großer Zank.

♦

Beispiele tun oft mehr als viele Wort und Lehr'.

♦

Das Echo behält das letzte Wort.

Das Wort geht aus einem Munde, aber in tausend Ohren.

♦

Der Mann ist nicht besser als sein Wort.

♦

Des trefflichsten Wortes trefflichste Würze / Lieget in Wahrheit, Klarheit und Kürze.

♦

Die Wahrheit bedarf nicht viel Worte, die Lüge kann nie genug haben.

♦

Die Worte sind gut, sprach der Wolf, aber ich komm ins Dorf nicht.

♦

Ein gut Wort richtet mehr aus als ein Fähnlein Landsknechte.

♦

Ein gutes Wort kostet nichts.

♦

Ein gutes Wort und ein sanfter Regen dringen überall durch.

♦

Ein tröstlich Wort ist des Gemütes Speise.

♦

Ein tröstliches Wort ist Arznei dem Trauernden.

♦

Ein Wort dringt so tief als sieben Briefe.

♦

Ein Wort gibt das andere.

♦

Ein Wort ist ein Hauch, ein Hauch ist Wind.

Ein Wort ist für den Weisen mehr als eine ganze Predigt für den Narren.

◆

Ein Wort ist genug für den, der's merken mag.

◆

Ein Wort ist kein Pfeil.

◆

Ein Wort und einen Furz kann man nicht zurücknehmen.

◆

Er bleibt bei seinen Worten wie der Hase bei der Trommel (*bei seinen Jungen*).

◆

Er bleibt bei seinen Worten wie ein Pelz auf dem Ärmel.

◆

Es soll einer neunmal ein Wort im Mund umkehren, eh er es sagt.

◆

Folget meinen Worten, aber nicht meinen Werken.

◆

Freundliche Worte machen die Zähne nicht stumpf und ein helles Ansehen.

◆

Große Worte und Federn gehen viel auf ein Pfund.

◆

Große Worte und nichts dahinter.

◆

Große Worte, kleine Werke.

Gut Wort / Find't guten Ort.

♦

Gute Wort ohne Gunst / Ist ein Stück von Judas' Kunst.

♦

Gute Worte kühlen mehr als ein kaltes Wasser.

♦

Gute Worte müssen böse Ware verkaufen.

♦

Gutes Wort findet gute Statt.

♦

Gutes Wort hilft fort.

♦

Gutes Wort ist halbes Futter.

♦

Höfliche Worte vermögen viel und kosten wenig.

♦

In viel Worten ist viel Sünde.

♦

In Worten zart, zu Werken hart.

♦

Je weniger Worte, je besser Gebet.

♦

Kurze Worte haben Ende.

♦

Man faßt das Pferd beim Zaum, den Mann beim Wort.

Man hört an den Worten wohl, was Kaufmannschaft er treibt.

◆

Man kennt den Esel an den Ohren, an den Worten kennt man Toren.

◆

Man muß die Worte nicht auf die Goldwaage legen.

◆

Man nimmt den Mann beim Wort und den Hund beim Schwanz.

◆

Mit einem guten Wort kann man einem armen Menschen drei Wintertage erwärmen.

◆

Mit glatten Worten täuscht man die Leute.

◆

Mit guten Worten fängt man die Leute.

◆

Mit schönen Worten verkauft man schlechte Ware.

◆

Mit Worten richtet man mehr aus als mit Händen.

◆

Niemand will ein Sklave seiner Worte sein.

◆

Schöne Worte füllen den Sack nicht.

Schöne Worte gemacht ist halb verkauft.

♦

Schöne Worte helfen nicht.

♦

Schöne Worte helfen viel und kosten wenig.

♦

Schöne Worte machen den Gecken fröhlich.

♦

Schöne Worte machen den Kohl nicht fett.

♦

Schöne Worte machen nicht satt.

♦

Schöne Worte, böser Kauf.

♦

So manches Wort, so manche Antwort.

♦

Viel Wort, / Ein halber Mord.

♦

Viel Worte, wenig Werke.

♦

Von Worten zu Werken ein weiter Weg.

♦

Wort ohne Tat ist ein Acker ohne Saat.

Was schadet ein gut Wort? Darf man's doch nicht kaufen.

♦

Wenn das Wort heraus ist, so ist es eines andern.

♦

Wer einem ins Wort fällt, der will sich selbst hören.

♦

Wer um gute Worte nichts gibt, bei dem helfen auch Schläge nichts.

♦

Wer zu hören weiß, dem genügen wenig Worte.

♦

Wider spitze Worte gehören verharschte Ohren.

♦

Tatsachen sind stärker als Worte.

♦

Worte backen nicht Küchlein.

♦

Worte darf man nicht kaufen.

♦

Worte füllen den Sack nicht.

♦

Worte schlagen kein Loch in den Kopf.

♦

Worte sind gut, aber Hühner legen Eier.

Wann worte speißten / so lebten seine freunde wohl.

Worte sind keine Taler.

♦

Worte sind keine Taten.

♦

Worte sind Zwerge, Beispiele sind Riesen.

♦

Worte speisen und tränken auch.

♦

Worte tun oft mehr als Schläge.

♦

Worte tun's nicht.

♦

Wörter sind auch Schwerter.

♦

Ein Mann ein Wort, ein Wort ein Mann.

♦

Ein Wort ein Wort, ein Mann ein Mann.

♦

Ein *Mann* – kein Wort!
Emil Gött (1864–1908)

♦

Karl Kraus (1874–1936)

Der Mann und das Wort

Ein Mann ein Wort:
so ist die Sprache denn der Ehre Hort.
Doch diese, die verspricht, kann sich versprechen.
Oft haben Worte einen Mann ersetzt.
Doch kann ein Mann ein Wort ersetzen?

Ich möcht' es so gering nicht schätzen.
Die Ehre bloß, das Wort wird nicht verletzt
und jene kann man, dieses nimmer brechen,
das wohl der Mann, das Wort nicht anders kann.
Das meine ist: Ein Wort ein Mann!

◆

Das beste Wort ist das, welches noch nicht gesprochen wurde.
Spanisches Sprichwort

◆

Worte verschwinden in der Luft, doch die Nelke duftet.
Albanisches Sprichwort

◆

Das Wort geht von Mund zu Mund wie das Vögelchen von Ast zu Ast.
Spanisches Sprichwort

◆

Manch Wort ist heftiger als ein wütender Angriff.
Arabisches Sprichwort

◆

Ein gütiges Wort erreicht mehr als ein Knüppel.
Russisches Sprichwort

◆

Gute Worte sind wie Honigwaben.
Rumänisches Sprichwort

◆

Sprich nicht samtene Worte, wenn du steinerne Taten ausführen kannst.
Russisches Sprichwort

Ein gutes Wort löscht besser als ein Eimer Wasser.
Spanisches Sprichwort

♦

Mit Worten tötet man keine Mücke.
Russisches Sprichwort

♦

Worte würzen die Suppe nicht.
Brasilianisches Sprichwort

♦

In einem guten Wort ist Wärme für drei Winter; ein böses Wort ist schlimmer als sechs Monate Frost.
Mongolisches Sprichwort

♦

Ein freundliches Wort ist besser als eine fette Pastete.
Russisches Sprichwort

♦

Taten sind Früchte, Worte nur Blätter.
Griechisches Sprichwort

♦

Worte, die geflüstert werden, reichen weiter als solche, die man laut ruft.
Koreanisches Sprichwort

♦

Schöne Worte muß man ausziehen, um zu sehen, was darunter steckt.
Brasilianisches Sprichwort

♦

Ein gutes Wort ist nicht immer schön, ein schönes Wort ist nicht immer aufrichtig.
Japanisches Sprichwort

Ein verletzendes Wort ist scharf wie ein Schwert.
Japanisches Sprichwort

♦

Bittere Worte sind Arznei, süße Worte machen krank.
Chinesisches Sprichwort

♦

Worte fliegen wie Pfeile, aber Geschriebenes bleibt.
Mandingo-Sprichwort

♦

Wenn sein Wort eine Brücke wär',
hätte ich Angst, darüber zu gehen.
(Sajn wort sol sajn a brik,
wolt ich mójre gehat, ariberzugehen.)
Jiddische Spruchweisheit

♦

Ein Mann mit wenigen Worten entgeht der Verleumdung, ein Mann mit wenigen Wünschen bewahrt seine Gesundheit.
Chinesische Spruchweisheit

♦

Besser zeitig ein Wort, als zwei zu spät.
(Besser friher ejn wort, ejder zwej dernoch.)
Jiddische Spruchweisheit

♦

Das Wort, das dir entschlüpft ist, ist dein Herr; dasjenige, das du bei dir behieltest, ist dein Diener.
Französische Spruchweisheit

♦

Eine Ohrfeige vergeht, ein Wort besteht.
(A patsch fergeht, a wort beschteht.)
Jiddische Spruchweisheit

Wer seinen Kopf mit den Worten anderer Leute füllt, hat keinen Platz für die eigenen.
Arabisches Sprichwort

◆

Messerstiche verheilen, böse Worte jedoch nicht.
Spanisches Sprichwort

◆

Ein Kluger versteht von einem Wort zwei.
(A kluger farschteht fun ejn wort zwej.)
Jiddische Spruchweisheit

◆

Die durch das Schwert geschlagene Wunde kann heilen, die durch das Wort geschlagene aber nicht.
Arabisches Sprichwort

◆

Ein gutes Wort löscht mehr als ein Kessel Wasser.
Spanisches Sprichwort

◆

Gesprochene Worte sind wie Vögel, die man nicht einfangen kann.
Arabisches Sprichwort

◆

Worte belehren, Beispiele reißen mit.
Lateinisches Sprichwort

◆

Das Wort, das den Mund verlassen hat, wächst auf seinem Wege.
Norwegisches Sprichwort

◆

Ein Mann der Worte und nicht der Taten ist wie ein Garten voll Unkraut.
Englische Spruchweisheit

Ein Wort bei Tag gesprochen, hört ein Vogel; ein Wort bei Nacht hört eine Ratte.
Koreanisches Sprichwort

◆

Worte ziehen die Nägel aus dem Herzen.
Armenisches Sprichwort

◆

Worte sind weiblich, Taten männlich; Worte bringen das Mühlrad nicht zum Drehen.
Albanisches Sprichwort

◆

Ein Wort, das in ein Amt geraten ist, bringen keine zehn Ochsen wieder heraus.
Chines. Sprichwort

◆

Der Wald erhebt sich wieder, den niederschlug das Beil,
so schließt sich auch die Wunder hervorgebracht vom Pfeil.
Mit Abscheu wird die Seele erfüllt von bösem Wort;
die Wunde böser Reden bleibt offen immerfort.
Pantschatantra (zw. 3. u. 6. Jh.)

◆

Alles altert, alles endet. Und was entsteht und strebt zu sein, je mehr das wächst, um zu sein, so mehr eilt es, nicht zu sein. – Es ist wie mit der Sprache und den Worten: es wäre nie die ganze Sprache, wenn nicht Wort um Wort, wie es ertönt, verklänge und machte andrem Platz.
Aurelius Augustinus (354–430)

◆

Die menschliche Sprache scheitert an der Größe der Ereignisse, und alle Worte bleiben weit hinter der Wirklichkeit zurück. Täglich sterben wir dahin, täglich ändern wir uns, und doch vermeinen wir, ewig zu leben. Was ich diktiere, was ich schreiben lasse, wieder lese und verbessere, zehrt an meinem Leben. Jeder Punkt, den der Schreiber macht, geht auf Kosten meines Seins.

Hiëronymus (331/345–420)

◆

Im Anfang war das Wort, und das Wort war bei Gott, und Gott war das Wort.

Joh. 1,1

◆

Geschrieben steht: „Im Anfang steht das Wort!"
Hier stock' ich schon, wer hilft mir weiter fort?
Ich kann das *Wort* so hoch unmöglich schätzen,
Ich muß es anders übersetzen,
Wenn ich vom Geiste recht erleuchtet bin.
Geschrieben steht: Im Anfang war der *Sinn*.
Bedenke wohl die erste Zeile,
Daß deine Feder sich nicht übereile!
Ist es der *Sinn*, der alles wirkt und schafft?
Es sollte stehn: Im Anfang war die *Kraft*!
Doch, auch indem ich dieses niederschreibe,
Schon warnt mich was, daß ich dabei nicht bleibe,
Mir hilft der Geist! Auf einmal seh' ich Rat
Und schreibe getrost: Im Anfang war die *Tat*!

Johann Wolfgang von Goethe (1749–1832)

◆

Im Anfang war das Wort. Aber es ist noch kein Ende abzusehen.

Wolfgang Eschker [1977]

◆

Am Anfang war das Wort. Dann muß es ihm die Sprache verschlagen haben.

Heinrich Wiesner [1972]

Alexander Hoyer [1991]

Frage und Antwort

Im Anfang
war das Wort?
Wie lange
ist das her?
Begann es
erst mit Babel?
Der Mythus
täuscht die Welt:
im Anfang
war der *Mord*!
Erschlug nicht
Kain den Abel?
Wie lange
ist das her?
Die Antwort
ist nicht nötig,
der Anfang
dauert fort!

♦

Mir ward das Wort gegeben,
daß ich's gebrauche frei
und zeige, wieviel Leben
drin eingeschlossen sei.
Ich will ihn mutig schwingen,
den geist'gen Donnerkeil,
und kann er's mir nicht bringen,
so bringt er andern Heil.

Friedrich Hebbel (1813–1863)

Christian Morgenstern (1871–1914)

Das Wörtlein

Kürzlich kam ein Wort zu mir,
staubig wie ein Wedel,
wirr das Haar, das Auge stier,
doch von Bildung edel.

Als ich, wie es hieße, frug,
sprach es leise: „Herzlich".
Und aus seinem Munde schlug
eine Lache schmerzlich.

Wertlos ward ich ganz und gar,
rief's, ein Spiel der Spiele,
Modewort mit Haut und Haar,
Kaviar für zu viele.

Doch ich wusch's und bot ihm Wein,
gab ihm wieder Würde,
und belud ein Brieflein fein
mit der leichten Bürde.

Schlafend hat's die ganze Nacht
weit weg reisen müssen.
Als es morgens aufgewacht,
kam ein Mund – es – küssen.

◆

Ich liebe den, welcher goldner Worte seinen Taten voraus wirft und immer noch mehr hält, als er verspricht.

Friedrich Wilhelm Nietzsche (1844–1900)

◆

Hans Manz [1991]

Was Worte alles können

erklären
verraten
verschweigen
Mißverständnisse ausräumen

täuschen
preisgeben
Mißtrauen schaffen
Herzen öffnen
verletzen
trösten
verführen
verwirren
Zugang finden
auf taube Ohren stoßen
Barrieren überwinden
aufmuntern
vernichten
ablenken
ermüden
Zwietracht säen
Frieden stiften
nörgeln
angreifen
erheitern
traurig machen
enttäuschen
Erwartungen wecken
wärmen u. s. w.

◆

Das Wort lebt länger als die Tat.
Pindar (522/518–446 v. Chr.)

◆

Scharfe Schwerter, kluge Worte
sprengen jede Eisenpforte.
Muslih Ad-Dîn Saadî (um 1184 – um 1291)

◆

Mögen Worte auch ein notwendiger Denkbehelf sein, soweit die Gedanken sich über das Alltägliche erheben, so stehen sie doch sicherlich dem korrekten Denken hindernd im Wege. Jedes Wort führt ein Bündel von Assoziationen mit sich, das durch die gebräuchlichste Art seiner Anwendung bestimmt worden ist. Da diese Assoziationen häufig dem Spezialfall, für welchen das Wort angewandt wird, nur ungenau entsprechen, so wird das Bild, das es hervorrufen soll, mehr oder weniger entstellt.

Herbert Spencer (1820–1903)

◆

Ein einziges Wort verrät uns manchmal die Tiefe eines Gemüts, die Gewalt eines Geistes.

Marie Freifrau von Ebner-Eschenbach (1830–1916)

◆

Ich mag Worte wie *gleichwohl* oder *immerhin* gern leiden; denn sie erlauben, nach etwas Abfälligem noch eine Menge Anerkennendes zu sagen.

Christian Morgenstern (1871–1914)

◆

Er liebte hauptsächlich die Wörter, die nicht in Wörterbüchern vorzukommen pflegen.

Georg Christoph Lichtenberg (1742–1799)

◆

Das Leben ist der Prüfstein der Worte.

Alessandro Manzoni (1785–1873)

◆

Ich möchte nicht ohne das Wort leben, selbst nicht im Paradiese.

Martin Luther (1483–1546)

◆

Eine Empfindung, die mit Worten ausgedrückt wird, ist allzeit wie Musik, die ich mit Worten beschreibe, die Ausdrücke sind der Sache nicht homogen genug. Der Dichter, der Mitleiden erregen will, verweist doch noch den Leser auf eine Malerei und durch diese auf die Sache. Eine gemalte schöne Gegend reißt augenblicklich hin, da eine besungene erst im Kopf des Lesers gemalt werden muß. Bei der er-

sten hat der Zuschauer nichts mehr mit der Einrichtung zu tun, sondern er schreitet gleichsam zum Besitz, wünscht sich die Gegend, das gemalte Mädgen, bringt sich in allerlei Situationen, vergleicht sich mit allerlei Umständen bei der Sache.
Georg Christoph Lichtenberg (1742-1799)

◆

Sie, Sie wissen nicht, was das heißt, einen ganzen Tag lang dazusitzen, die Stirn in die beiden Hände gedrückt, um aus dem armseligen Gehirn ein Wort herauszupressen...
Gustave Flaubert (1821-1880)

◆

Wohl finden wir unsere Worte auf den Lippen der Freunde wieder, aber nicht mehr als unser, sondern als ihr Eigentum.
Marie Freifrau von Ebner-Eschenbach (1830-1916)

◆

Die Worte sind eine Art von Buchstabenrechenkunst für die natürlichen Zeichen der Begriffe, welche in Gebärden und Stellungen besteht, die Casus der Substantiven sind die Zeichen.
Georg Christoph Lichtenberg (1742-1799)

◆

Manchmal werde ich durch ein simples kleines Wort stundenlang aufgehalten, während ich andererseits oft bei den schwierigsten Dingen gar keine Zweifel habe.
Charles Ferdinand Ramuz (1878-1947)

◆

Der Irrtum wiederholt sich immerfort in der Tat. Deswegen muß man das Wahre unermüdlich in Worten wiederholen.
Johann Wolfgang von Goethe (1749-1832)

◆

Wir haben das unabweichliche, täglich zu erneuernde, grundernstliche Bestreben, das Wort mit dem Empfundenen, Geschauten, Gedachten, Erfahrenen, Imaginierten, Vernünftigen möglichst unmittelbar zusammentreffend zu erfassen.

Johann Wolfgang von Goethe (1749–1832)

♦

... daß ich in Worte ausbrechen möchte, von denen ich weiß, fände ich sie, so würden sie jene Cherubim, an die ich nicht glaube, niederzwingen.

Hugo von Hofmannsthal (1874–1929)

♦

Ein größeres Wunder als ein richtig gewähltes Wort gibt es nicht.

Ludwig Hohl (1904–1980)

♦

Es war ihm unmöglich, die Wörter nicht in dem Besitz ihrer Bedeutungen zu stören.

Georg Christoph Lichtenberg (1742–1799)

♦

Die Zeit der andern Auslegung wird anbrechen, und es wird kein Wort auf dem andern bleiben.

Rainer Maria Rilke (1875–1926)

♦

Es ist uns oft genug begegnet, daß wir vierzehn Tage, drei, ja vier Wochen lang ein einziges Wort gesucht und erfragt haben, und haben's doch bisweilen nicht gefunden. Im Buch Hiob hatten wir, M. Philippus, Aurogallus und ich, solche Arbeit, daß wir in vier Tagen zuweilen kaum drei Zeilen fertigbringen konnten. Mein Lieber, nun, da es verdeutscht und fertig ist, kann's ein jeder lesen und kritisieren. Es läuft einer jetzt mit den Augen über drei, vier Blätter hin und stößt nicht ein einziges Mal an, wird aber nicht gewahr, welche Wacken und Klötze da gelegen sind, wo er jetzt drüber hingeht wie über ein gehobeltes Brett, wo wir haben schwitzen und uns ängstigen müssen.

Martin Luther (1483–1546)

Von zwei Wörtern wähle man das weniger bedeutende.
Paul Valéry (1871–1945)

◆

Wenn sich in einem Aufsatz Wortwiederholungen befinden, und man bemerkt bei dem Versuch, sie zu korrigieren, daß sie so angemessen sind und daß dies den Aufsatz verderben würde, so ist das ein Kennzeichen dafür, daß man sie stehen lassen muß, und es ist Sache der Mißgunst, die blind ist, nicht zu bemerken, daß solche Wiederholungen an dieser Stelle nicht falsch sind; denn es gibt keine allgemein gültige Regel.
Blaise Pascal (1623–1662)

◆

Man kann kein kleinstes Wort im Scherze sagen,
dem Weisen wird es eine Lehre tragen.
Von Weisheit hundert Hauptstück, einem Toren
Gepredigt, sind ein Scherz in seinen Ohren.
Muslih Ad-Dîn Saadi (um 1184 – um 1291)

◆

Jedes Wort ist ein Wort der Beschwörung. Welcher Geist ruft – ein solcher erscheint.
Novalis (1772–1801)

◆

Karl Kraus (1874–1936)

Sprachschöpfung

Denn eben wo Begriffe fehlen,
da stellt ein Wort zur rechten Zeit sich ein.
Doch wollt' ich wahrlich nicht zu jenen zählen,
die wesenlos verpflichtet nur dem Schein.
Ich glaub' dem Wort, es weiß schon, was es tut;
wenns mit mir gut es meint, so mein' ich's gut.
Ich kann aufs Wort in allen Lagen zählen,
es führt zum Wesen fort mich aus dem Schein,
und stellt es sich zur rechten Zeit mir ein,

so wird auch der Begriff nicht fehlen
und wird sogleich zur Stelle sein.

◆

Der verbreitetste Glaube ist der an Worte.
Richard von Schaukal (1874–1942)

◆

Worte sind Brücken.
Ferdinand Ebner (1882–1931)

◆

Worte sind die mächtigste Droge, welche die Menschheit benutzt.
Rudyard Kipling (1865–1936)

◆

Das Wort ist Medium der Erinnerung.
Ferdinand Ebner (1882–1931)

◆

Das Wort ist ein Fächer! Zwischen
den Stäben
blicken ein Paar schöne Augen hervor.
Der Fächer ist nur ein lieblicher Flor;
er verdeckt mir zwar das Gesicht,
aber das Mädchen verbirgt er nicht,
weil das Schönste, was sie besitzt,
das Auge mir ins Auge blitzt.
Johann Wolfgang von Goethe (1749–1832)

◆

Im ganzen – haltet Euch an Worte! / Dann geht Ihr durch die sichre Pforte / Zum Tempel der Gewißheit ein.
Johann Wolfgang von Goethe (1749–1832), Faust: Der Tragödie erster Teil. Studierzimmer [II]

Worte, Worte, nichts als Worte.
William Shakespeare (1564–1616), The Historie of Troylus and Cresseida. V,3

◆

Es gehört mehr Geist dazu, auf ein Wort zu verzichten als es einzuführen.
Paul Valéry (1871–1945)

◆

Das Wort ist nur ein Zeichen für den Gedanken.
Friedrich Wilhelm Nietzsche (1844–1900)

◆

Das Wort verwundet leichter als es heilt.
Johann Wolfgang von Goethe (1749–1832), Die natürliche Tochter III, 4

◆

Ach, diese Tage, an denen die Worte sich nicht zusammenfügen wollen, und an denen man auch nicht erreicht, sie zu zwingen.
Charles Ferdinand Ramuz (1878–1947)

◆

Die Worte sind Gewalten.
Wolfgang Weyrauch [1962]

◆

Alle Worte scharwenzeln um die Wahrheit herum; sie ist keusch.
Wilhelm Busch (1832–1908)

◆

Der Worte sind genug gewechselt, / Laßt mich auch endlich Taten sehn! / Indes Ihr Komplimente drechselt, / Kann etwas Nützliches geschehn.
Johann Wolfgang von Goethe (1749–1832)

Das Wort ist das Band zwischen dem Ich und Du.
Ferdinand Ebner (1882–1931)

◆

Mit Worten läßt sich trefflich streiten, /Mit Worten ein System bereiten, /An Worte läßt sich trefflich glauben, / Von einem Wort läßt sich kein Jota rauben.
Johann Wolfgang von Goethe (1749–1832)

◆

Wir würden viel weniger Streit in der Welt haben, nähme man die Worte für das, was sie sind – lediglich die Zeichen unserer Ideen und nicht die Dinge selbst.
John Locke (1632–1704)

◆

Niemand holt sein Wort wieder ein.
Wilhelm Busch (1832–1908)

◆

Gewöhnlich glaubt der Mensch, wenn er nur Worte hört, / Es müsse sich dabei doch auch was denken lassen.
Johann Wolfgang von Goethe (1749–1832)

◆

Worte sind Lichtträger der Wahrheit. Wehe, wenn diese Lichtträger straucheln.
Fritz Diettrich (1902–1964)

◆

Wörter sind Laternen: steckt ein Licht hinein, und sie geben einen guten Schein.
Friedrich Hebbel (1813–1863)

◆

Das Wort ist der Widerhall der Dinge in dem Lichte einer inneren Sonne.
Rudolf Pannwitz (1881–1969)

Ein Wort ist die Abbildung eines Nervenreizes in Lauten.
Friedrich Wilhelm Nietzsche (1844–1900)

♦

Wörtlichkeit ist Schutz der Wirklichkeit.
Heimito von Doderer (1896–1966)

♦

Worte sind Taten des Geistes.
Ferdinand Ebner (1882–1931)

♦

Ein böses Wort läuft bis ans Ende der Welt.
Wilhelm Busch (1832–1908)

♦

Worte sind Taschen, in die bald dies, bald jenes, bald mehreres auf einmal hineingesteckt worden ist.
Friedrich Wilhelm Nietzsche (1844–1900)

♦

Unsere Worte sind Trümmer von einem Tempelbau, der nie zum Abschluß kam.
Fritz Diettrich (1902–1964)

♦

Jedes Wort ist ein Vorurteil...
Friedrich Wilhelm Nietzsche (1844–1900)

♦

Das Wort ist frei, /Die Tat ist stumm, der Gehorsam blind...
Friedrich Schiller (1759–1805)

♦

Doch dem war kaum das Wort entfahren, /Möcht ers im Busen gern bewahren...
Friedrich Schiller (1759–1805)

Ein Wort, geredet zu rechter Zeit, ist wie goldene Äpfel auf silbernen Schalen.
Die Sprüche Salomos 25,11 [8. Jh. v. Chr.]

◆

Je näher man ein Wort ansieht, desto ferner sieht es zurück.
Karl Kraus (1874–1936)

◆

Jedes ausgesprochene Wort erregt den Gegensinn.
Johann Wolfgang von Goethe (1749–1832)

◆

Lebt das Wort, so wird es von Zwergen getragen; ist das Wort tot, so können es keine Riesen aufrechterhalten.
Heinrich Heine (1797–1856)

◆

Worte sind Fehlschüsse, leider aber unsere besten Treffer.
Gerhart Hauptmann (1862–1946)

◆

Und das Wort, einmal ausgesprochen, fliegt unwiderruflich dahin.
Flaccus Quintus Horatius (Horaz) (65–8 v. Chr.)

◆

Denn wahre Worte sind Begebenheiten;
und Worte eines Sterbenden sind solche,
die weit ihn überleben, oft ihn rächen.
Lord Byron (1788–1824)

◆

Das ganze Unglück liegt in den Worten! Wir haben alle eine Welt in uns, jeder seine eigene. Aber wie sollen wir uns verstehen, wenn ich in meine Worte den Sinn und die Bedeutung der Dinge lege, so wie ich sie empfinde, während derjenige, der sie hört, sie unvermeidlich mit dem Sinn und der Bedeutung der Dinge erfüllt, die zu seiner

Welt gehören! Wir glauben, uns zu verstehen – wir verstehen uns nie.
Luigi Pirandello (1867–1936)

◆

Ich mißtraue allen Worten; denn die geringste Überlegung erweist es als sinnlos, darauf zu trauen. Ich bin, leider, so weit gekommen, die Worte, auf denen man so unbekümmert die Weite eines Gedankens überquert, leichten Brettern über einem Abgrund zu vergleichen, die wohl den Übergang, nicht aber ein Verweilen aushalten.
Paul Valéry (1871–1945)

◆

Wie eine unzählbare Menge von Kirchen und Klöstern mit ihren Kuppeln, Spitzen und Kreuzen über das fromme, heilige Rußland verstreut ist, so unermeßlich groß und vielgestaltig ist die Zahl der Völker, Stämme und Geschlechter, die das Antlitz der Mutter Erde prägen. Und jedes dieser Völker, erfüllt und getragen vom Bewußtsein seiner Seelenstärke, seiner schöpferischen Geisteskraft, seiner markanten Eigenart und anderer Gaben Gottes, charakterisiert sich durch sein selbstgeprägtes Wort, mit welchem es nicht nur den Gegenstand bezeichnet, sondern auch sein Wesen spiegelt. Herzenskenntnis und Lebensklugheit spricht aus dem Wort des Briten. Anmutig und beschwingt sprüht und erlischt das flüchtige Wort des Franzosen. Klug ersinnt sein nicht jedem zugängliches, überlegenes, doch auch karges Wort der Deutsche. Aber es gibt kein Wort auf der Welt, das so unmittelbar aus der Tiefe des Herzens sprudelt und so voll Leben ist wie das urwüchsige, treffende russische Wort.
Nikolaj Vasil'evich Gogol' (1809–1852)

◆

Geben Sie ruhig zu, daß der Streit um Worte mehr Unheil auf diesem Globus angerichtet hat als Pest und Erdbeben. Kann man also der Welt einen besseren Dienst erweisen als durch Entthronung des Aberglaubens, der zu allen Zeiten wütende Menschen gegeneinander gehetzt hat? Gott anbeten: jeder habe das Recht, ihm auf seine Weise zu dienen. Den Nächsten lieben, ihn aufklären, wenn man kann, ihn bedauern, wenn er im Irrtum befangen ist; alles das, was

fraglich ist, auf sich beruhen lassen – das ist meine Religion, die mehr wert ist als alle eure Systeme und Symbole. Nur, wenn wir diese Dinge gar zu ernst nehmen, gibt es Aufregung und Streit.
François Marie de Voltaire (1694–1778)

♦

Die Worte sind gut, sie sind aber nicht das Beste. Das Beste wird nicht deutlich durch Worte.
Johann Wolfgang von Goethe (1749–1832)

♦

Überflüssige Worte sind vor Fürsten und vor Gott nicht angebracht.
Nach Sir 7,14

♦

Worte verbinden nur, wo unsere Wellenlängen übereinstimmen.
Max Frisch (1911–1991)

♦

Wir erwähnen, daß Worte uns die Realität der Dinge, die sie benennen, zu erschließen vermögen – aber Worte sind Vehikel, die ihre Endstationen stets lange vor dem Reiseziel erreicht haben. Oft sind sie Brücken zwischen der Innen- und der Außenwelt, aber öfter noch sind sie die Symbole der Scheidewand zwischen beiden.
Felix Pollak (1909–1987)

♦

Worte zahlen keine Schulden...
William Shakespeare (1564–1616)

♦

Denn auch die Worte sterben unaufhörlich ab und müssen unaufhörlich ihr Leben neu empfangen.
Ludwig Hohl (1904–1980)

Das sicherste Mittel, unverständlich oder vielmehr mißverständlich zu sein, ist, wenn man die Worte in ihrem ursprünglichen Sinne braucht; besonders Worte aus den alten Sprachen.
Friedrich Schlegel (1772–1829)

◆

Wir haben das unabweichliche, täglich zu erneuernde, grundernstliche Bestreben, das Wort mit dem Empfundenen, Geschauten, Gedachten, Erfahrenen, Imaginierten, Vernünftigen möglichst unmittelbar zusammentreffend zu erfassen.
Johann Wolfgang von Goethe (1749–1832)

◆

In den Worten liegt eine eigene Gewalt. Wenn sie ins Laufen kommen, dann rollen sie wie die Steine den Hang hinunter, ganz von selbst.
Romano Guardini (1885–1968)

◆

Die großen Worte sind die Horte
des Nichtpersönlichen in dir,
wir halten sie für unsere Worte
und unsere Dichtung wird – Papier.
Christian Morgenstern (1871–1914)

◆

Freiheit des Wortes: Ihr sagt, was wir wollen – wir machen, was wir wollen.
Gabriel Laub (1928–1998)

◆

Warum ist in jedem geredeten Wort ein wenig schwarze Magie enthalten? Weil jedes geredete Wort zugleich das Gewand unseres Wissens und der Deckmantel unseres Nichtwissens ist.
Rudolf Alexander Schröder (1878–1962).

Die Menschen sind rar geworden, die an einem Wort erforschen, wieviel Wahrheit in ihm ist. Die meisten Menschen interessiert nur, wieviel Wirkung in ihm ist.

Theodor Haecker (1879–1945)

♦

Die Wirkung eines Wortes wird von der Fülle und Intensität der Assoziationen bestimmt, die für den Empfänger in ihm schwingen. Je mehr gleichgestimmte Saiten beim Partner von diesen Schwingungen, sie harmonisch verstärkend, in Bewegung gesetzt werden, desto voller der seelische Akkord, desto tiefer das Verstehen, desto inniger die Sympathie. Aneinander vorbeireden heißt, die Tasten eines saitenlosen Klaviers anschlagen.

Felix Pollak (1909–1987)

♦

Falsche Worte gelten zum höchsten, wenn sie Masken unserer Taten sind.

Johann Wolfgang von Goethe (1749–1832)

♦

Oberflächlich angesehen, scheint es dieselbe Sache zu sein, ob einer kein Wort findet, weil er keinen Gedanken hat, oder weil er einen zu großen, zu schweren, zu reichen hat. Aber es ist der Unterschied einer Welt zwischen beiden.

Theodor Haecker (1879–1945)

♦

Er fiel sich selbst ins Wort.

Georg Christoph Lichtenberg (1742–1799)

♦

Der Engländer hat für jeden Begriff ein Wort und für jede seiner Nuancen noch eins – da ist ein großer Wortreichtum. Bei dem Franzosen ist das anders. Wenn man den fragt, wie ein besonders kniffliger Begriff auf französisch heiße, dann denkt er lange nach. Und dann sagt er: „faire".

Kurt Tucholsky (1890–1935)

Wer jedes Wort auf die Spitze stellt, dem wird die Rede schwanken.
Rudolf Alexander Schröder (1878–1962)

♦

„Mir fehlen die Worte", das sagen bloß jene, die auch ansonsten mehr reden als sagen.
Herbert Eisenreich (1925–1986)

♦

Das letzte Wort
Wir zucken die Achsel über den Schreier, der recht zu behalten meint, weil er das letzte Wort behält; aber so manches politische letzte Wort, ist es denn etwas Besseres?
Carl Gustav Jochmann (1789–1830)

♦

Letzte Worte sind nicht von der allerersten Güteklasse, wozu höchste Vitalität ebenso gehören würde wie Ausgewogenheit, vollkommene Kontrolle und Augenmaß. Aber sie sind von unschätzbarem Wert als bestätigende Zeugnisse für den wechselvollen Gang, die Tatsachen, Theorien und Glaubensinhalte des vorangegangenen Lebens.
Walt Whitman (1819–1892)

♦

Wortkarg

Die Wortkargen imponieren immer. Man glaubt schwer, daß jemand kein anderes Geheimnis zu bewahren hat als das seiner Unbedeutendheit.
Marie Freifrau von Ebner-Eschenbach (1830–1916)

Wortklauberei

Wortklauberei: ein Krieg, in dem Worte Waffen sind und die Wunden Einstiche in die Schwimmblase des Selbstgefühls – ein Wettstreit, bei dem der Besiegte seiner Niederlage nicht bewußt wird und der Sieger um den Lohn des Erfolges kommt.
Ambrose Bierce (1842–1914)

Wortkunst

Das Unverständliche in der Wortkunst – in den anderen Künsten verstehe ich auch das Verständliche nicht – darf nicht den äußeren Sinn berühren. Der muß klarer sein, als was Hinz und Kunz einander zu sagen haben. Das Geheimnisvolle sei hinter der Klarheit. Kunst ist etwas, was so klar ist, daß es niemand versteht. Daß über allen Gipfeln Ruh' ist, begreift jeder Deutsche und hat gleichwohl noch keiner erfaßt.
Karl Kraus (1874–1936)

Wortspiel

Form des Witzes, zu der Weise sich hinablasssen und Narren emporstreben.
Ambrose Bierce (1842–1914)

◆

Im Anfang war das Wortspiel.
Ralf Bülow [1982]

◆

Das Wortspiel ist eine der kleineren Vortrefflichkeiten einer lebendigen Unterhaltung.
James Boswell (1740–1795)

◆

Die Fähigkeit zum Wortspiel ist ein Talent, das keiner verachtet, ausgenommen der, welcher es nicht besitzt.
Jonathan Swift (1667–1745)

Zeile

Manche wollen ordentlich, daß jede Zeile ein erster Erguß und Ausbruch bleibe – als ob die Verbesserung derselben nicht auch wieder ein erster Ausbruch wäre.
Jean Paul (1763–1825)

Ich glaube nicht an die inspirierende Macht einer einzelnen Zeile. Die fruchtbare Zeile ist immer der Vorbote eines bereits im Aufbruch befindlichen Föhns.
Martin Kessel [1960]

◆

Was läßt sich in zwei Zeilen denken?
Es ist nicht viel, doch kann's dich kränken.
Eduard von Bauernfeld (1802–1890)

Zeitschrift

Die schlechte Schreibart, die man bei vielen deutschen Schriftstellern findet, ist etwas sehr Verderbliches. In Büchern ist der Schaden, den ein vernachlässigter Stil verursacht, geringer und verzeihlicher; denn Werke größern Umfangs werden mehr von solchen gelesen, die eine umschlossene oder gesicherte Bildung haben, und der sittliche und wissenschaftliche Wert dieser Werke kann ihren Kunstmangel vergüten. Zeitschriften aber, aus welchen allein ein großer Teil des Volks seine Bildung, wenigstens seine Fortbildung schöpft, schaden ungemein, wenn sie in einem schlechten Stil geschrieben sind. Die wenigsten deutschen Zeitschriften verdienen in Beziehung auf die Sprache gelobt zu werden. Es ist aber leicht, an ihnen zu gewahren, daß die Fehlerhaftigkeit des Stils von solcher Art ist, daß sie hätte vermieden werden können, wenn deren Herausgeber und Mitarbeiter mit derjenigen Achtsamkeit geschrieben hätten, die zu befolgen Pflicht ist, sobald man vor dreißig Millionen Menschen spricht.
Ludwig Börne (1786–1837)

Zeitung

Christian Morgenstern (1871–1914)

Der Zeitungsleser

„Unendlich viel geschah,
just da
ich Mensch gewesen."

Und was geschah von dir?
„Von mir?
Das, was geschah, zu – lesen."

♦

Nähme man den Zeitungen den Fettdruck – um wieviel stiller wäre es auf der Welt.

Kurt Tucholsky (1890–1935)

♦

Die Zeitungsschreiber haben sich ein hölzernes Kapellchen erbaut, das sie auch den Tempel des Ruhms nennen, worin sie den ganzen Tag Porträte anschlagen und abnehmen und ein Gehämmer machen, daß man sein eigenes Wort nicht hört.

Georg Christoph Lichtenberg (1742–1799)

♦

Wenn man einige Monate die Zeitungen nicht gelesen hat und man liest sie alsdann zusammen, so zeigt sich erst, wieviel Zeit man mit diesen Papieren verdirbt.

Johann Wolfgang von Goethe (1749–1832)

♦

Mit Zeitungen und Zeitschriften kommt man nur wie im Sande vorwärts. Das macht, sie reden ohn' Unterbruch.

Christian Morgenstern (1871–1914)

♦

Es ist eine Verleumdung, daß die Zeitungen ihre Leser nicht zum Denken anregen. Sie bringen ja Kreuzworträtsel.

Gabriel Laub (1928–1998)

♦

Die Zeitungen hass' ich allermeist:
Sie schwächen, sie verfaden den Geist.
Es ist, als ob man täglich speise
gemischten Salat „auf polnische Weise"
oder – was noch schlimmer als dies –

man hörte täglich Potpourris.
Der einz'ge Trost, daß wir nicht sehn,
wie diese Hochgenüsse entstehn.
Christian Morgenstern (1871–1914)

◆

Die Zeitungen haben zum Leben annähernd dasselbe Verhältnis, wie die Kartenaufschlägerinnen zur Metaphysik.
Karl Kraus (1874–1936)

◆

Zeitungen gleichen den Sparbüchern: daß sie voll geschrieben sind, bedeutet noch nichts.
Gabriel Laub (1928–1998)

◆

Wes die Hose voll ist, des geht die Zeitung über.
Bert Berkensträter [1971]

Zitat

Am Anfang war das Wort.
Am Ende das Zitat.
Wolfgang Mocker [1987]

◆

Zitate in meiner Arbeit sind wie Räuber am Weg, die bewaffnet hervorbrechen und dem Müßiggänger die Überzeugung abnehmen.
Walter Benjamin (1892–1940):

◆

Zitat – Gedanke aus zweiter Hand.
Manfred Stahl [1989]

◆

Zitate sind Eis für jede Stimmung.
Christian Morgenstern (1871–1914)

Mörderspiel (Ivan Steiger)

Uns bleiben nur noch Zitate. Die Sprache ist ein System von Zitaten.

Jorge Luis Borges (1900–1986)

◆

Einem Zitatenprotz entfuhr der Nekrolog: De mortuis nil admirari.

Karl Kraus (1874–1936):

◆

Durch viele Zitate vermehrt man seinen Anspruch auf Gelehrsamkeit, vermindert den auf Originalität, und was ist Gelehrsamkeit gegen Originalität? Man soll Zitate also nur gebrauchen, wo man Autorität wirklich bedarf.

Arthur Schopenhauer (1788–1860)

◆

Günter Kunert [1990]

Larmoyanz

Zitate, Zitate. Wozu
die Lippen überhaupt öffnen.
Jede Zunge ein Sprungbrett

reihenweis Toter
mit dem Drang nach Unsterblichkeit.
Lenin hat gesagt. Bereits Marx erklärte.
Schon Goethe meinte.
Und selbst Gott sprach.
Am Anfang war das Wort.
Aber daß es wie tausendfach gemahlene
Spreu sei
weiß es selber nicht. Aus Staub
ist es zu Staub wird es
sobald dein Mund zuklappt
wie der Deckel
über Du weißt schon
welcher Kiste.

♦

Die meisten Menschen sprechen nicht, zitieren nur. Man könnte ruhig fast alles, was sie sagen, in Anführungsstriche setzen; denn es ist überkommen, nicht im Augenblick des Entstehens geboren.
Christian Morgenstern (1871–1914)

♦

... und doch ist das Zitieren alter und neuer Bücher das Hauptvergnügen eines jungen Autors, und so ein paar grundgelehrte Zitate zieren den ganzen Menschen.
Heinrich Heine (1797–1856)

Zote

Es ist, als wenn unsere Sprachen verwirrt wären; wenn wir einen Gedanken haben wollen, so bringen sie uns ein Wort, wenn wir ein Wort fordern, einen Strich, und wo wir einen Strich erwarten, steht eine Zote.
Georg Christoph Lichtenberg (1742–1799)

Die Zote ist die niedrigste Erhebung des Geistes über das Fleisch. Kaum läßt sich unterscheiden, wer von beiden das Wort führt.
Max Rychner (1897–1965)

Zunge

Böse Zungen schneiden schärfer als ein Schwert.

♦

Mancher hat das Herz auf der Zunge.

♦

Die ganze Welt ruht auf der Zungenspitze.
(Di ganze welt schteht ojf der schpiz zung.)
Jiddische Spruchweisheit

♦

Eine fleischige Zunge schneidet den knöchernen Hals ab.
Estländisches Sprichwort

♦

Die Zunge plappert viel, wovon der Kopf nichts weiß.
Russisches Sprichwort

♦

Eine gezähmte Zunge verbürgt ein sorgenfreies Herz.
Japanisches Sprichwort

♦

Man muß die Zungen siebenmal im Munde herumdrehen, ehe man spricht.
Französische Spruchweisheit

♦

Die Zunge ist die Übersetzerin des Herzens.
Arabisches Sprichwort.

Wenn du deine Zunge nicht ruhig halten kannst, wird sie oft einen schmerzenden Zahn berühren.
Albanisches Sprichwort

♦

Die Zunge ist wie ein scharfes Messer: sie tötet ohne Blutvergießen.
Chinesisches Sprichwort

♦

Lieber mit den Füßen ausrutschen als mit der Zunge.
Italienisches Sprichwort

♦

Die Zunge und des Hundes Schwanz stehen nie still.
Russisches Sprichwort

♦

Die Zunge eines Weibes ist ebenso scharf wie ein Messer.
Sprichwort aus der Pygmäensprache

♦

Weil die Zunge keine Knochen hat, sagt sie verschiedene Dinge.
Indisches Sprichwort

♦

Deine Zunge – dein Pferd; wenn du es nicht im Zaume hältst, wirft es dich aus dem Sattel.
Arabisches Sprichwort.

♦

Ist auch der Dichter gestorben, seine Zunge verfault nicht.
Sudanesisches Sprichwort

♦

Wenn das Herz voll ist, überschlägt sich die Zunge.
Gerda Stange [1992]

Und wärst du auch zum fernsten Ort,
zur kleinsten Hütte durchgedrungen,
was hilft es dir? Du findest dort
Tabak und böse Zungen.

Johann Wolfgang von Goethe (1749–1832)

♦

Gewöhnlich umwickelt sich der Charakter eines jeden Menschen mit einer Menge von Hüllen und Schleiern, die ihn etwas ganz anderes scheinen machen, als er ist. Stirn, Augen und Miene lügen öfters, die Zunge fast immer.

Marcus Tullius Cicero (106 v. Chr. – 43 v. Chr.)

♦

Der Hader mag mit Schweigen getilgt werden und die Traurigkeit mit Hoffnung, aber die Feindschaft, die die Zunge bereitet, wird nimmermehr verlöschen.

Pantschatantra (zw. 3. u. 6. Jh.)

♦

Die Zunge gegen böse Zungen zähm' ich;
die Bösen nur durch Gutestun beschäm' ich.
Von Schlechtgesinnten sprech' ich Schlechtes nicht;
denn schlechtgesinnt ist selbst, wer Schlechtes spricht.

Die Zunge, die im Zaum hält ihre Hitze,
die wird mit Witz entgehn dem Feindeswitze.

Der hat sich selb so lieb nicht, als es frommt,
der alles sagt, was auf die Zung' ihm kommt.

Eljâs ebn-e Jussef Nizâmî (1140/41–1209)

♦

Des Weisen Zunge wohnt in seinem Herzen,
und des Toren Herz in seiner Zunge.

Tausendundeine Nacht

Seht, wie klein ist das Feuer und wie groß der Wald, den es in Brand setzt! Auch die Zunge ist ein Feuer; als der Inbegriff der Ungerechtigkeit steht die Zunge unter unsern Gliedern da, sie, die den ganzen Leib befleckt, die sowohl das rollende Rad des Seins in Brand setzt als auch selbst von der Hölle in Brand gesetzt wird. Denn jede Art der vierfüßigen Tiere und Vögel, der Schlangen und Seetiere wird von der menschlichen Natur gebändigt und ist von ihr gebändigt worden; aber die Zunge vermag kein Mensch zu bändigen, dies ruhelose Übel, voll todbringenden Giftes.
Der Brief des Jakobus Kap. 3, 5–8

◆

Wer mit dem Fuße strauchelt,
kann sich das Bein zerschlagen.
Wer mit der Zunge strauchelt,
riskiert leicht Kopf und Kragen.

Talmud

◆

Mitten im Zorn noch Herr seiner Leidenschaft und seiner Zunge zu bleiben und in der heftigsten Gemütsbewegung den Ausbruch derselben zurückzuhalten und zu schweigen, zeugt, wenn auch nicht von vollkommener Wahrheit, wenigstens von mehr als gemeiner Geistesstärke.
Marcus Tullius Cicero (106 v. Chr. – 43 v. Chr.)

◆

Eines der schönsten Güter ist doch die Zunge auf Erden,
zähme sie, viele wissen dir Dank für maßvolle Rede.
Hesiod (um 700 v. Chr.)

◆

Wer eine Zung' hat und spricht nicht, / Wer eine Kling' hat und ficht nicht, / Was ist der wohl, wenn ein Wicht nicht?
Friedrich Rückert (1788–1866)

Verzeichnis der Autoren

Adorno, Theodor W. (1903–1969), *dt. Philosoph u. Soziologe*
Al-Ghazâlî, Muhammad (1058–1111), *islam. Theologe*
Altenberg, Peter (*eigentl.* Richard Engländer, 1859–1919), *österr. Erzähler*
Ambrosius von Mailand (um 340–397), *stadtröm. Aristokrat u. Hymnendichter*
Andersen, Hans-Christian (1805–1875), *dän. Dichter*
Annel, Ulf [1989], *dt. Aphoristiker*
Arcus, Fritz [1985], *dt. Aphoristiker*
Aristophanes (um 445 – um 386 v. Chr.), *griech. Lustspieldicher*
Aristoteles (384–322 v. Chr.), *griech. Philosoph*
Arndt, Ernst Moritz (1769–1860), *dt. Historiker, Publizist u. Lyriker*
Arndt, Hans [1959], *dt. Schriftsteller u. Aphoristiker*
Arntzen, Helmut [1966], *dt. Aphoristiker*
Auburtin, Victor (1870–1928), *dt.-sprachig. Prosaschriftsteller*
Auden, Wystan Hugh (1907–1973), *engl. Lyriker u. Dramatiker*
Augustinus, Aurelius (354–430), *lat. Kirchenschriftsteller*
Ayren, Armin [1982], *dt. Romanautor*

Balzac, Honoré de (1799–1850), *französ. Erzähler*
Bauernfeld, Eduard von (1802–1890), *österr. Dramatiker u. Liedtexter*
Bénabou, Marcel [1990], *französ. Wissenschaftler u. Autor*
Bender, Andreas [1987], *dt. Lyriker*
Benjamin, Walter (1892–1940), *dt. Essyist, Erzähler, Literaturhistoriker*
Benn, Gottfried (1886–1956), *dt. Lyriker u. Essayist*
Bergengruen, Werner (1892–1964), *dt. Erzähler, Lyriker u. Übersetzer*
Berkensträter, Bert [1971], *dt. Aphoristiker*
Bibel, *Schriftsammlung, die von den Vertretern der christl. Orthodoxie als offenbartes Gotteswort angesehen wird*
Bierce, Ambrose (1842–1914), *amerikan. Erzähler u. Publizist*
Björnson, Björnstjerne (1832–1910), *norweg. Erzähler, Dramatiker u. Lyriker*
Blumauer, Johann Aloys (1755–1798), *dt. Satiriker, Verf. der Aeneis-Travestie*
Blumenthal, Oscar (1852–1917), *Gründer d. Berliner Lessing-Theaters*
Borges, Jorge Luis (1900–1986), *argentin. Schriftsteller*
Börne, Ludwig (*eigentl.* Löb Baruch, 1786–1837), *dt. Publizist u. Kritiker*
Boswell, James (1740–1795), *schott. Biograph*
Branstner, Gerhard [1959], *dt. Verf. v. Romanen, Fabeln, Aphorismen, Lyrik, Science Fiction u. Essays*
Brecht, Bertolt (1898–1956), *dt. Dramatiker, Lyriker, Essayist u. Erzähler*
Brentano, Clemens (1778–1842), *dt. Lyriker u. Erzähler*
Brod, Max (1884–1968), *dt.-sprachiger Erzähler u. Essayist*
Brodskij, Iosif (1940–1996), *russ. Lyriker, Dramatiker. Literaturtheoretiker; Nobelpreisträger*

Bülow, Ralf [1982], *dt. Autor*
Burckhardt, Carl Jacob (1891–1974), *schweizer. Historiker u. Diplomat*
Bürger, Gottfried August (1747–1794), *dt. Dichter*
Busch, Wilhelm (1832–1908), *dt. Lyriker, Zeichner u. Erzähler*
Byron, George Gordon Noel Lord (1788–1824), *engl. Dichter*

Canetti, Elias (1905–1994), *dt.-sprachiger Erzähler, Dramatiker u. Essayist*
Čapek, Karel (1890–1938), *tschech. Erzähler u. Dramatiker*
Carlyle, Thomas (1795–1881), *schott. Essayist, Historiker u. Philosoph*
Castelli, Ignaz Vincenz Franz (1781–1862), *österr. Lieddichter*
Catullus, Gaius Valerius (87/84-ca. 54 v. Chr.), *röm. Lyriker*
Cervantes, Saavedra, Miguel de (1547–1616), *span. Romancier, Novellist, Dramatiker u. Lyriker*
Chamfort, Nicolas-Sébastien Roch (1741–1794), *französ. Schriftststeller, Aphoristiker u. Gesellschaftskritiker*
Chandler, Raymond (1888–1959), *amerikan. Kriminalschriftsteller*
Cicerco, Marcus Tullius (106 v. Chr. – 43 v. Chr.), *röm. Politiker, Redner, Schriftsteller u. Philosoph*
Curtius, Ernst Robert (1886–1956), *dt. Romanist*
Cybinski, Nikolaus [1982], *dt. Aphoristiker*

Diettrich, Fritz (1902–1964), *dt. Lyriker, Übersetzer u. Nachdichter (antiker Dichtung)*
Diogenes von Sinope (323 v. Chr.), *kynischer Philosoph*
Döblin, Alfred (1878–1957), *dt. Erzähler u. Essayist*
Doderer, Heimito von (1896–1966), *österr. Lyriker, Erzähler u. Romancier*

Ebner, Ferdinand (1882–1931), *dt. Aphoristiker*
Ebner-Eschenbach, Marie Freifrau von (1830–1916), *österreich. Erzählerin*
Ehrhardt, Volker [1979], *dt. Aphoristiker*
Eich, Günter (1907–1972), *dt. Lyriker, Hörspielautor u. Prosaist*
Eichendorff, Joseph Freiherr von (1788–1857), *dt. Lyriker u. Erzähler*
Eisenreich, Herbert (1925–1986), *österr. Hörspielautor, Romancier u. Essayist*
Eliot, Thomas Stearns (1888–1965), *engl. Lyriker, Dramatiker u. Essayist*
Emge, Karl August (1886–1970) *dt. Rechtsphilosoph*
Endrikat, Fred (1890–1942), *dt. humorist. Lyriker u. Verf. v. Couplets fürs liter. Kabarett*
Epiktet (50 n. Chr.–138), *Lehrer der stoischen Philosophie in Rom*
Erckenbrecht, Ulrich [1995], *dt. Verf. von Epigrammen u. Aphorismen*
Ernst, Otto (*eigentl.* Otto Ernst Schmidt, 1862–1926), *dt. Dichter u. Lustspielautor*
Eschker, Wolfgang [1977], *dt. Aphoristiker*
Euripides (484 od. 480 v. Chr. – 406 v. Chr.), *griech. Tragödiendichter*

Fénelon, François de (1651–1715), *französ. Prosaschriftsteller*
Feuchtersleben, Ernst Freiherr von (1806–1849), *österr. Lyriker u. Essayist*

Feuerbach, Ludwig Andreas (1804–1872), *dt. Religionsphilosoph*
Fielding, Henry (1707–1754), *engl. Romancier u. Dramatiker*
Flaubert, Gustave (1821–1880), *französ. Erzähler*
Fontane, Theodor (1819–1898), *dt. Erzähler, Lyriker, Journalist*
Fried, Erich (1921–1988), *österr. Lyriker, Erzähler, Hörspielautor, Übersetzer*
Friedell, Egon (*eigentl.* E. Friedmann, 1878–1938), *österr. Journalist, Schauspieler u. Schriftsteller*
Friedländer, Max Julius (1867–1958), *dt. Kunsthistoriker*
Friedrich d. Große (1740–1786), *König v. Preußen*
Frisch, Max (1911–1991), *schweizer. Dramatiker u. Erzähler*

Gaius Plinius Secundus (d. Ältere), (um 23–79), *röm. Schriftsteller*
Garbe, Burckhard [1982], *dt. Autor*
García Lorca, Federico (1898–1936), *span. Lyriker u. Dramatiker*
Geibel, Emanuel (1815–1884), *dt. Lyriker u. Übersetzer*
George, Stefan (1868–1933), *dt. Lyriker u. Übersetzer*
Gleim, Johann Wilhelm Ludwig (1719–1803), *dt. Lyriker*
Goethe, Johann Wolfgang von (1749–1832), *dt. Dramatiker, Lyriker, Erzähler, Naturwissenschaftler u. Ästhetiker*
Gogol', Nikolaj Vasil'evich (1809–1852), *russ. Erzähler u. Dramatiker*
Goncourt, Edmond de (1822–1896), *französ. Romancier, Geschichtsschreiber, Kunstkritiker u. Dramatiker*
Goncourt, Jules de (1830–1870), *französ. Romancier, Geschichtsschreiber, Kunstkritiker u. Dramatiker*
Gött, Emil (1864–1908): *dt. Autor u. Verf. v. Lustspielen*
Gotter, Friedrich Wilhelm (1746–1797), *dt. Lyriker, Übersetzer u. Schreiber v. Lust- u. Singspielen*
Gracián y Morales, Baltasar (1601–1658), *span. moralphilosoph. Schriftsteller*
Grillparzer, Franz (1791–1872), *österr. Dramatiker, Erzähler u. Lyriker*
Guardini, Romano (1885–1968), *kathol. Theologe*
Günther, Joachim [1976], *dt. Journalist u. Schriftsteller*
Günther, Johann Christian (1695–1723), *dt. Lyriker*
Gürster, Eugen [1971], *dt. Aphoristiker*
Gutzkow, Karl (1811–1878), *dt. Erzähler u. Dramatiker*

Haecker, Theodor (1879–1945), *dt. Kulturkritiker u. Übersetzer (v. Vergil, S. Kierkegaard u. J. H. Newman)*
Halm, Friedrich (*eigentl.* Eligius Franz-Joseph Freiherr von Münch-Bellinghausen, 1806–1871), *dt.-sprachiger Dramatiker*
Hamann, Johann Georg (1730–1788), *dt. Philosoph u. Ästhetiker*
Handke, Peter [1979] [1982], *österr. Theater- u. Romanautor, Lyriker*
Hauptmann, Gerhart (1862–1946), *dt. Dramatiker u. Erzähler*
Hauschka, Ernst R. [1980], *dt. Aphoristiker*
Hausin, Manfred [1983], *dt. Verf. von Aphorismen u. Epigrammen*
Hebbel, Friedrich (1813–1863), *dt. Dramatiker*
Heidegger, Martin (1889–1976), *dt. Philosoph*
Heine, Heinrich (1797–1856), *dt. Lyriker u. Essayist*

Heinse (*eigentl.* Heintze), Johann Jakob Wilhelm (1746–1803), *dt. Roman- u. Kunstschriftsteller, Übersetzer*
Herder, Johann Gottfried von (1774–1803), *dt. Literaturtheoretiker, Geschichtsphilosph u. Ästhetiker*
Herwegh, Georg (1817–1875), *dt. Lyriker*
Hesiod (um 700 v. Chr.), *griech. Dichter*
Hesse, Hermann (1877–1962), *dt. Erzähler, Lyriker u Essayist*
Hiëronymus (331/345–420), *Kirchenvater u. Schriftsteller in Rom*
Hille, Peter (1854–1904), *dt. Lyriker, Aphoristiker, Romancier*
Hobbes, Thomas (1588–1679), *engl. Philosoph*
Hoche, Karl [1971], *dt. Verf. v. Parodien*
Hofmannsthal, Hugo von (1874–1929), *österr. Lyriker, Dramatiker u. Erzähler*
Hohl, Ludwig (1904–1980), *schweizer. Erzähler, Essayist u. Aphoristiker*
Hölderlin, Friedrich (1770–1843), *dt. Dichter*
Horatius (Horaz),, Flaccus Quintus (65–8 v. Chr.), *röm. Lyriker*
Hornischer, Edi [1986], [1994/1995], *dt. Lyriker u. Humorist*
Hoyer, Alexander [1991], *dt. Lyriker u. Aphoristiker*
Humboldt, Wilhelm Freiherr von (1767–1835), *dt. Gelehrter u. Staatsmann*

Ibsen, Henrik (1828–1906), *norweg. Dramatiker*
Immermann, Karl Leberecht (1796–1840), *dt. Dichter*
Iqbâl, Muhammad (1877–1938), *ind. Lyriker u. Philosoph*
Irzykowski, Karol (1873–1944), *poln. Literaturkritiker, Romancier, Erzähler, Lyriker u. Aphoristiker*

Jacobi, Friedrich Heinrich (1743–1819), *dt. Philosoph u. Schriftsteller*
Jean Paul, (*eigentl.* Johann Paul Friedrich Richter 1743–1825), *dt. Erzähler, Publizist u. Pädagoge*
Jochmann, Carl Gustav (1789–1830), *dt.-sprachig. Aphoristiker u. Sprachphilosoph*
Jünger, Ernst (1895–1998), *dt. Erzähler u. Essayist*
Jünger, Friedrich Georg (1898–1977), *dt. Lyriker u. Essayist*
Juvenalis, Decimus Junius (um 60–nach 127), *röm. Satiriker*

Kafka, Franz (1883–1924), *dt.-sprachiger Erzähler*
Kaiser, Georg (1878–1945), *dt. Dramatiker*
Kâlidâsa (4. od. 5. Jh.), *Klassiker der altind. Sanskrit-Dichtung*
Kant, Immanuel (1724–1804), *dt. Philosoph*
Kasper, Hans [*eigentl.* Dietrich Huber, 1957], *dt. Aphoristiker u. Hörspielautor*
Kästner, Abraham Gotthelf (1719–1800), *dt. Mathematiker u. Dichter*
Kästner, Erich (1899–1974), *dt. Lyriker u. Erzähler*
Keiser, Marcel H. [1981], *schweizer. Autor*
Keller, Gottfried (1819–1890), *schweizer. Erzähler u. Lyriker*
Kessel, Martin [1960], *dt. Aphoristiker*
Kierkegaard, Sören Aabye (1813–1855), *dän. Theologe u. Religionsphilosoph*

Kipling, Joseph Rudyard (1865–1936), *engl. Erzähler u. Lyriker*
Kisch, Egon Erwin (1885–1948), *tschech.-österr., dt.-sprachiger Journalist; gilt als Schöpfer und Meister der literar. Reportage*
Klabund (pseud. Alfred Henschke: 1890–1928), *dt. Lyriker, Erzähler, Dramatiker u. Nachdichter*
Klages, Ludwig (1872–1956), *dt. Philosoph*
Klinger, Friedrich Maximilian (1752–1831), *dt. Dramatiker u. Erzähler*
Klopstock, Friedrich Gottlieb (1724–1803), *dt. Epiker u. Lyriker*
Knigge, Adolf Freiherr (1752–1796), *dt. Erzähler, Satiriker u. Publizist*
Körner, Karl Theodor (1791–1813), *dt. Lyriker u. Dramatiker*
Krailsheimer, Hans (1888–1958), *dt. Aphoristiker*
Kraus, Karl (1874–1936), *österr. Essayist, Lyriker u. Dramatiker*
Kudszus, Hans (1901–1977), *dt. Aphoristiker u. Schriftsteller*
Kuh, Moses Ephraim (1731–1790), *dt. Lyriker*
Kunert, Günter [1990], *dt. Lyriker, Erzähler, Essayist*

La Bruyère, Jean de (1645–1696), *französ. Prosaschriftsteller*
La Rochefoucauld, François VI., Duc de (1613–1680), *französ. moralist. Schriftsteller*
Lao-tse (um 600 v. Chr.), *chines. Philosoph*
Laub, Gabriel (1928–1998), *dt.-sprachig. Schriftsteller, Satiriker, Essayist*
Le Fort, Gertrud von (1876–1971), *dt. Dichterin u. Erzählerin*
Lec, Stanisław Jerzy (1909–1966), *poln. Schriftsteller*
Lehmann, Wilhelm (1882–1968), *dt. Lyriker, Erzähler, Essayist*
Lenau, Nikolaus (1802–1850), *österr. Lyriker*
Leonhard, Rudolf (1889–1953), *dt. Lyriker u. Dramatiker*
Lessing, Gotthold Ephraim (1729–1781), *dt. Dramatiker, Kritiker, Ästhetiker*
Lichtenberg, Georg Christoph (1742–1799), *dt. Philosoph u. Aphoristiker*
Lobe, Jochen [1987], *dt. Lyriker u. Aphoristiker*
Locke John (1632–1704), *engl. Philosoph*
Loerke, Oskar (1884–1941), *dt. Lyriker, Essayist, Erzähler*
Logau, Friedrich (1604–1655), *dt. Spruchdichter*
Loschütz, Gert (geb. 1946), *dt. Lyriker u. Aphoristiker*
Löwen, Walter [1986] *dt. Lyriker*
Ludwig, Otto (1813–1865), *dt. Erzähler u. Dramatiker*
Luther, Martin (1483–1546), *dt. Theologe, Übersetzer u. Dichter*

Mampell, Klaus [1993], *dt. Schriftsteller u. Erzähler*
Manz, Hans [1991], *schweizer. Poet*
Manzoni, Alessandro (1785–1873), *italien. Lyriker, Dramatiker, Romanautor, Kritiker u. Historiker*
Marcuse, Ludwig (1894–1971), *dt. Philosoph*
Meister Eck(e)hart (um 1260–1327), *dt. myst. Theologe, Dominikaner in Köln*
Meyer, Conrad Ferdinand (1825–1898), *schweizer. Erzähler u. Lyriker*
Milton, John (1608–1674), *engl. Dichter*
Mitsch, Werner [1983], [1984], *dt. Aphoristiker*
Möckel, Klaus [1982], *dt. Lyriker*

Mocker, Wolfgang [1981], [1987], *dt. Aphoristiker*
Montaigne, Michel Eyquem Seigneur de (1533–1592), *französ. Philosoph*
Montesquieu, Charles Secondat de (1689–1755), *französ. Philosoph u. Schriftsteller*
Morgenstern, Christian (1871–1914), *dt. Lyriker*
Moser, Hans Albrecht (1882–1978), *schweizer. Schriftsteller*
Musil, Robert (1880–1942), *österr. Erzähler*

Neruda, Pablo (1904–1973), *chilen. Lyriker*
Nietzsche, Friedrich Wilhelm (1844–1900), *dt. Philosoph*
Nizâmî, Eljâs ebn-e Jussef (1140/41–1209), *pers. Epiker*
Novalis (*eigentl.* Friedrich von Hardenberg, 1772–1801), *dt. Lyriker, Essayist u. Erzähler*
Nowaczyński, Adolf (1867–1944), *poln. Schriftsteller*

Ortega y Gasset, José (1883–1955), *span. Philosoph, Soziologe u. Schriftsteller*

Pagès, Frédéric (geb. 1950), *französ. Autor u. Redakteur der satir. Zeitschrift »Canard enchaîné«*
Pannwitz, Rudolf (1881–1969), *dt. Schriftsteller u. Kulturphilosoph*
Pantschatantra (Zw. 3. u. 6. Jh.), *altind. Sammlung v. Tierfabeln und märchenhaften Geschichten in Sanskrit*
Pascal, Blaise (1623–1662), *französ. Philosoph, Mathematiker u. Schriftsteller*
Petronius Arbiter (geb. 66 n. Chr.), *schrieb den ersten realistischen Sittenroman, eine Satire des röm. Lebens*
Pietraß, Richard [1980], *dt. Lyriker*
Pindar (522/518–446 v. Chr.), *griech. Dichter*
Piontek, Heinz [1985], *dt. Lyriker, Erzähler, Romanautor, Essayist, Herausgeber*
Platen(-Hallermünde), August Graf von (1796–1835), *dt. Dichter*
Platon (427–347 v. Chr.), *griech. Philosoph*
Plinius d. Jüngere (62–113), *röm. Schriftsteller*
Plutarch (um 46 n. Chr. – um 125), *griech. Philosoph u. Biograph*
Polgar, Alfred (1873–1955), *österr. Schriftsteller u. Kritiker*
Pollak, Felix (1909–1987), *österr. Schriftsteller u. Aphoristiker*
Pound, Ezra (1885–1972), *amerikan. Dichter*
Puschkin, Alexander Sergejewitsch (1799–1837), *russ. Lyriker, Dramatiker u. Erzähler*

Quintilianus, Marcus Fabius (ca. 35 v. Chr.–nach 86), *Rhetoriker in Rom*

Raabe, Wilhelm (1831–1910), *dt. Erzähler*
Rabbi Nachman (1772–1810), *Urenkel des Baalschem, chassid. Mystiker*
Radbruch, Gustav (1878–1949), *dt. Rechtsgelehrter*
Ramler, Karl Wilhelm (1725–1798), *dt. Fabel- u. Odendichter, Übersetzer*
Ramuz, Charles Ferdinand (1878–1947), *französ.-schweizer. Erzähler*
Ricœur, Paul [1974], *französ. Sprachphilosoph*

Riha, Karl [1981], *dt. Lyriker*
Rilke, Rainer Maria (1875–1926), *österr. Lyriker, Erzähler, Essasyist*
Rolfs, Rudolf [1967], *dt. Satiriker u. Aphoristiker*
Rolland, Romain (1866–1944), *französ. Romancier, Dramatiker u. Essayist*
Rückert, Friedrich (1788–1866), *dt. Lyriker*
Rumpf, Michael [1986], *dt. Aphoristiker*
Ruprecht von Würzburg (14. Jhdt.), *spätmhd. Dichter*
Ruskin, John (1819–1900), *engl. Schriftsteller*
Rychner, Max (1897–1965), *schweizer. Schriftststeller u. Literaturkritiker*

Saadî, Müslih Ad-Dîn (um 1184–um 1291), *persischer Spruchdichter*
Saint-Exupéry, Antoine de (1900–1944), *französ. Schriftsteller*
Sartre, Jean-Paul (1905–1980), *französ. Dichter u. Philosoph*
Schaukal, Richard von (1874–1942), *österr. Autor*
Schiller, Friedrich (1759–1805), *dt. Dramatiker, Lyriker, Erzähler, Historiograph u. Ästhetiker*
Schlegel, August Wilhelm (1767–1845), *dt. Literaturkritiker, Publizist, Sprachwissenschaftler u. Übersetzer*
Schlegel, Friedrich (1772–1829), *dt. Literaturkritiker, Kunst- u. Sprachtheoretiker u. Publizist*
Schnitzler, Arthur (1862–1931), *österr. Dramatiker u. Erzähler*
Schopenhauer, Arthur (1788–1860), *dt. Philosoph*
Schröder, Rudolf Alexander (1878–1962), *dt. Lyriker, Essayist u. Übersetzer*
Schweiggert, Alfons [1989], *dt. Romanautor*
Seidel, Heinrich (1842–1906), *dt. Schriftsteller, Sprachkritiker u. Erzähler von Prosaidyllen*
Seneca (4. v. Chr.–65 n. Chr.), *röm. Philosoph*
Seume, Johann Gottfried (1763–1810), *dt. Dichter*
Shakespeare, William (1564–1616), *engl. Dichter u. Dramatiker*
Sigel, Kurt [1981], *dt. Lyriker*
Silone, Ignazio (1900–1978), *italien. Schriftsteller u. Politiker*
Simmen, Andrea [1991], *schweizer. Schriftstellerin*
Sochatzky, Klaus [1981], *dt. Aphoristiker*
Spencer, Herbert (1820–1903), *engl. Philosoph*
Sprenger, Werner [1981], *dt. Aphoristiker*
Stange, Gerda [1992], *dt. Lyrikerin*
Stifter, Adalbert (1805–1868), *österr. Dichter*
Strahl, Manfred [1989], *dt. Aphoristiker*
Strauß, Ludwig (1892–1953), *dt. Lyriker, Erzähler u. Aphoristiker*
Struve, Wolfgang [1969], *dt. Philosoph*
Svevo, Italo (1861–1928), *italien. Romancier*
Swift, Jonathan (1667–1745), *anglo-ir. Schriftsteller u. Journalist*
Sylva, Carmen (*Dichtername* d. Königin Elisabeth von Rumänien [1843–1916])

Tagore (Thakur), Rabindranâth (1861–1941), *ind. Dichter u. Schriftsteller*
Talmud, *Literaturwerk des nachbibl. Judentums*
Tausendundeine Nacht, *Erzählungssammlung d. Weltliteratur*

Terentianus Maurus (Ende des 3. Jh. n. Chr.), *latein. Grammatiker aus Afrika zu Zeiten des römischen Soldatenkaisertums*
Thiele-Dohrmann, Klaus [1995], *dt. Autor und Wissenschaftsjournalist*
Thoma, Ludwig (1867–1926), *dt. Erzähler u. Dramatiker*
Thoreau, Henry (1817–1862), *amerikan. Dichter*
Tolstoi, Lew Nikolajewitsch (1828–1910), *russ. Erzähler u. Dramatiker*
Tschechow, Anton Pawlowitsch (1860–1904), *russ. Erzähler u. Dramatiker*
Tschopp, Charles (1899–1982), *schweizer. Aphoristiker*
Tucholsky, Kurt (1890–1935), *dt. Feuilletonist*

Uhland, Ludwig (1787–1862), *dt. Lyriker u. Philologe*
Uhlenbruck, Gerhard [1977], [1979], [1980], *dt. Aphoristiker*

Valéry, Paul (1871–1945), *französ. Lyriker u. Essayist*
Vargas Llosa, Mario [1994], *peruan. Romancier*
Vauvenargues, Luc de Clapiers, Marquis de (1715–1747), *französ. Philosoph u. Dichter*
Voigt, Christian Friedrich Traugott (1770–1814), *dt. Dichter*
Voltaire, François Marie de (*eigentl.* François Marie Arouet, 1694–1778), *französ. Philosoph u. Dichter*

Waggerl, Karl Heinrich (1897–1973), *österr. Erzähler u. Aphoristiker*
Walser, Martin [1965], *dt. Erzähler u. Dramatiker*
Walser, Robert (1878–1956), *schweizer. Erzähler*
Weyrauch, Wolfgang [1962], *dt. Schriftsteller*
Whitman, Walt (1819–1892), *amerikan. Dichter*
Widersinn, Reitfloh (*eigentl.* Wilfried Hornstein, 1930–1995), *österr. Musiktheoretiker u. Autor*
Wiesner, Heinrich [1972], *dt. Aphoristiker*
Wilde, Oscar (1854–1900), *irischer Dichter*
Wildenbruch, Ernst von (1845–1909), *dt. Dramatiker*
Wittgenstein, Ludwig (1889–1951), *dt. Philosoph*

Zola, Emile (1840–1902), *französ. Schriftsteller*
Zweig, Arnold (1887–1968), *dt. Erzähler, Essayist u. Dramatiker*
Zweig, Stefan (1881–1942), *österr. Novellist u. Essayist*

Verzeichnis der Stichwörter

A

A 13
a 13
Abc 13
Agitator 17
Alphabet 17
Anekdote 17
Anführungszeichen 17f.
Antwort 18
Aperçu 18
Aphorismus 18-27
Aphorismenleser 27f.
Aphoristiker 28
Ausdruck 28-30
Auslandskorrespondenten 30
Ausrede 30
Aussprache 30
Autobiographie 30f.
Autor 31-35

B

Beredsamkeit 35-37
Bestseller 37
Bibliophil 37
Bibliothek 37
Biographie 38
Bonmot 38
Brief 38f.
Buch 39-63
Bücherlesen 64
Büchernarr 64f.
Büchersammler 65
Bücherschreiben 65-67
Büchertitel 67
Bücherverbot 67
Bücherverbrennung 67
Bücherwisssen 67
Buchhändler 68
Buchstabe 68

D

Dialekt 68
Dichten 69
Dichter 69-88
Dichtkunst 88f.
Dichtung 89f.
Dolmetschen 90f.
Druckfahne 91
Druckfehler 91

E

Eloquenz 91
Epigonen 92
Epigramm 92-94
Erzählen 94
Erzähler 94f.
Erzählung 95
Essay 95

F

Feder 96
Feuilleton 97
Feuilletonist 97
Fluch 97
Fluchen 97f.
Fragen 98-101
Frager 101
Fragezeichen 101
Fragwürdig 101
Fremdsprachen 102-103
Fremdwort 103f.

G

Gedankenstrich 104
Gedicht 104-109
Geflügelte Worte 109f.
Gemeinplätze 110
Gerede 111

Gerücht 111–113
Geschwätz 113f.
Geschwätzig 114
Geschwätzigkeit 115
Gespräch 115f.
Grammatik 116–118

H

Hauptwort 119
Hörensagen 118f.

I

Interpunktion 119f.

J

Jargon 120
Journalismus 121
Journalist 121f.

K

Klatsch 122
Körpersprache 123f.
Kritik 124f.
Kritiker 125–127

L

Lästerzunge 127
Laut 127–130
Lektor 131
Lektüre 131
Lesefrüchte 131
Lesen 132–135
Leser 135–139
Lexikon 139
Literarisch 140
Literat 140
Literatur 140f.
Lüge 141–150
Lügen 150–157
Lügner 158f.
Lyrik 159f.
Lyriker 160

M

Märchen 160f.
Maxime 161f.
Metapher 162f.
Monolog 163
Mund 163–170
Mündchen 170
Mundwerk 170
Muttersprache 171f.

N

Nachrede 172

O

Öffentliche Meinung 172f.
Onomatopöie 173–175
Orthographie 176

P

Philologe 176
Phrase 176
Plappern 177
Plaudern 177
Poesie 177–184
Poet 184
Predigen 185f.
Prediger 186f.
Predigt 187f.
Presse 188f.
Prosa 189
Publikum 189f.
Publizisten 190

R

Rechtschreibung 190
Rede 190–198
Reden 198–207
Redensart 207f.
Redner 208–209
Reim 210–214
Reimlexikon 214
Reporter 215
Rezensent 215f.

Rezensieren 216
Rezension 216
Rezensionsexemplar 217
Roman 217
Rundfunk 218

S

Sagen 218f.
Satire 219f.
Satiriker 220
Satz 220f.
Satzbau 221f.
Schimpfen 222
Schimpflied 223
Schimpfwort 223
Schlagwort 223f.
Schreiben 224-229
Schriftsteller 230-245
Schriftstellerei 246
Schwätzen 247
Schwätzer 248
Schweigen 248-255
Sentenz 256
Sinngedicht 256
Sprache 257-267
Spachkunde 267
Sprachwissenschaft 268
Sprechen 268-271
Sprichwort 271-279
Sprüche 279-283
Stil 283-286
Stilist 286

T

Tagebuch 287
Text 287
Ton 287f.

U

Übersetzen 288-291
Übersetzer 291-294
Übersetzung 294-312
Übersetzungsmaximen 312
Umlaut 312

V

Vers 313f.
Versemachen 314
Vortrag 314f.
Vorwort 315

W

Widersprechen 315
Widerspruch 315f.
Witz 316-323
Wort 323-353
Wortkarg 353
Wortklauberei 353
Wortkunst 354
Wortspiel 354

Z

Zeile 354f.
Zeitschrift 355
Zeitung 355-357
Zitat 357-359
Zote 359f.
Zunge 360-363

Quellenverzeichnis

Adorno, Theodor W.: *Minima Moralia. Reflexionen aus dem beschädigten Leben.* Frankfurt a. M. 1970: Suhrkamp Verlag.
Al-Ghazâlî, Muhammad: *Das Elixier der Glückseligkeit.* Übers. v. Hellmut Ritter. Düsseldorf etc. 1923: Eugen Diederichs.
Altenberg, Peter: *Mein Lebensabend.* Berlin 1913: S. Fischer Verlag.
Andersen, Hans Christian: *Fliedermütterchen und andere Märchen.* Berlin 1978.
Arcus, Fritz: *Lieber ein Seedieb als ein Teesieb! 260mal Merk-würdiges zum Nachschlagen.* Frankfurt a. M. 1985: Rita G. Fischer.
Aristophanes: *Sämtliche Komödien*, Bde. 1 u. 2. Zürich 1952: Artemis Verlag.
Arndt, Ernst Moritz: *Geist der Zeit.* Mit Einl. hrsg. v. Heinrich Meisner. Leipzig 1908.
Arndt, Hans: *Im Visier.* München 1959: Langen-Müller/Herbig.
Arntzen, Helmut: *Kurzer Prozeß. Aphorismen und Fabeln.* München 1966: Nymphenburger Verlagsbuchhandlung.
Auburtin, Victor: *Sündenfälle. Feuilletons.* Berlin 1970.
Auden, W. H.: *Des Färbers Hand und andere Essays.* Gütersloh o. J.: Sigbert Mohn Verlag.
Ayren, Armin: *Buhl oder Der Konjunktiv.* Tübingen 1982: Rainer Wunderlich Verlag Herman Leins.

Balzac, Honoré de: *Verlorene Illusionen.* Berlin etc. 1978.
Bartsch, Ernst (Hrsg.): *Wie das Land, so das Sprichwort. Sprichwörter aus aller Welt.* Leipzig 1990: Bibliographisches Institut.
Bauernfeld, Eduard von: *Poetisches Tagebuch. In zahmen Xenien von 1870 bis Ende 1886.* Berlin 1887: Freund und Jeckel.
Beck, Jan-Wilhelm: *Terentianus Maurus, De syllabis, hrsg., übers. u. erläutert.* München 1991. Gedruckt in *Hypomnemata* 102 Göttingen 1993 : Stroh.
Bénabou, Marcel: *Warum ich keines meiner Bücher geschrieben habe.* Aus d. Französ. v. Ulrich Raulff. Frankfurt a. M. 1990: Frankfurter Verlagsanstalt GmbH.
Bender, Andreas: *Kleine Socken jucken auch. Sprichwörter, Redensarten und Zitate – verdreht.* Frankfurt a. M. 1987: Eichborn Verlag.
Benjamin, Walter: *Schriften.* Bd. 1. Frankfurt a. M. 1955: Suhrkamp Verlag.
Benn, Gottfried: *Sämtliche Werke.* Stuttgarter Ausgabe. In Verb. m. Ilse Bann hrsg. v. Gerhard Schuster. Bd. 1: Gedichte 1. Stuttgart 1986: Klett-Cotta. Abdruck mit freundlicher Genehmigung des Verlages Klett-Cotta.
Bergengruen, Werner: *Dichtergehäuse. Aus den autobiographischen Aufzeichnungen.* Ausgew. u. hrsg. v. Charlotte Bergengruen. Zürich/München 1966: Arche/Nymphenburger Verlagshandlung.
Berkensträter, Bert: *Zangen-Schläge.* Berlin 1971: Fietkau.

Berthel, Gabriele (Hrsg.): *Kurz und mündig. Aphorismen*. Rudolstadt 1989: Greifenverlag.
Beyer, Horst und Annelies Beyer (Hrsg.): *Sprichwörterlexikon. Sprichwörter und sprichwörtliche Ausdrücke aus deutschen Sammlungen vom 16. Jahrhundert bis zur Gegenwart*. München 1987: Verlag C. H. Beck.
Bierce, Ambrose: *Aus dem Wörterbuch des Teufels*. Mit Illustrationen v. Willi Rieser u. einem Nachwort v. Hugo Loetscher. Zürich 1964: Sanssouci Verlag.
Bierce, Ambrose: *Des Teufels Wörterbuch*. Neu übers. und benachwortet v. Gisbert Haefs. Zürich 1986: Haffmans Verlag.
Björnson, Björnstjerne: *Gesammelte Werke*. 5. Bd. Dt. Übers. v. Julius Elias. Frankfurt a. M. (Berlin 1914): S. Fischer Verlag.
Blumauer, Johann Aloys: *Sämmtliche Werke*. Hrsg. v. K. L. M. Müller. 8 Bde. Leipzig 1801–1803: Lincke.
Blumenthal, Oscar: *Gesammelte Epigramme*. Berlin 1890: Freund u. Jeckel.
Borges, Jorge Luis: *Gesammelte Werke*. München 1981 ff.: Carl Hanser Verlag.
Börne, Ludwig: *Über das Schmollen der Weiber. Berliner Briefe an Jeanette Wohl und andere Schriften*. Hrsg. u. komment. v. Willi Jasper. Köln 1987: Informationspresse – c. w. leske verlag.
Boswell, James: *Dr. Samuel Johnson*. Zürich 1951: Manesse-Verlag.
Branstner, Gerhard: *Ist der Aphorismus ein verlorenes Kind?* Berlin 1959: Aufbau-Verlag.
Brecht, Bertolt: *Gesammelte Werke*. Frankfurt a. M. 1967: Suhrkamp Verlag.
Brecht, Bertolt: *Über Lyrik*. Frankfurt a. M. 1964: Suhrkamp Verlag.
Brentano, Clemens: *Briefe*. Nürnberg 1951.
Brentano, Clemens: *Werke*. 4 Bde. München 1968 ff.: Carl Hanser Verlag.
Brod, Max: *Franz Kafka*. Frankfurt a. M. 1961: Fischer Taschenbuch Verlag.
Brodskij, Jossif: »Reflexionen eines Ausgewiesenen.« In: *Ensemble 4. Lyrik, Prosa, Essay*. Hrsg. v. Clemens Graf Podewils u. Heinz Piontek. München 1973: Langen-Müller Verlag.
Buber, Martin: *Die Geschichten des Rabbi Nachman*. Frankfurt a. M. 1918: Rütten & Loening.
Bühler, Otto: *Vom höchsten Gut und vom größten Übel*. Bremen 1957: Carl Schünemann Verlag.
Bülow, Ralf: »In eigener Sprache.« *Der Sprachdienst* 26 (1982), S. 124.
Burckhardt, Carl Jacob: *Einfälle, Aphorismen und Betrachtungen*. Zürich 1978: Verlag der Arche.
Bürger, Gottfried August: *Sämtliche Schriften*. Hrsg. v. W. von Wurzbach. 4 Bde. Leipzig 1902.
Busch, Wilhelm: *Werke*. Historisch-kritische Gesamtausgabe, bearb. u. hrsg. v. Friedrich Bohne. Hamburg 1959: Standard-Verlag.
Byron, George Noel Gordon: *Sämtliche Werke*. 6. Teil. Hrsg. v. Dr. Adrian. Frankfurt a. M. 1831: Johann David Sauerländer.

Canetti, Elias: *Aufzeichnungen 1942–1948*. München 1965: Carl Hanser Verlag.
Canetti, Elias: *Die Provinz des Menschen. Aufzeichnungen 1942–1972*. München 1973: Carl Hanser Verlag.
Čapek, Karel: *Die blaue Chrysantheme*. Leipzig 1975: Reclam Verlag.

Carlyle, Thomas: *Über Helden, Heldenverehrung und das Heldentümliche in der Geschichte*. Dt. Übers. v. J. Neuberg, hrsg. v. Robert von Erdberg. Berlin 1912: Deutsche Bibliothek.

Castelli, Ignaz Vincenz Franz: *Sämmtliche Werke*. Vollst. Ausg. letzter Hand in strenger Auswahl. 15 Bde. Wien 1844–1846: Pichler.

Cervantes Saavedra, Miguel de: *Die beispielhaften Novellen*. Leipzig 1978.

Chandler, Raymond: *Der tiefe Schlaf. Der lange Abschied. Chandler über Chandler*. Berlin 1977.

Curtius, Ernst Robert: *Kritische Essays zur europäischen Literatur*. Bern 1950: Francke Verlag.

Cybinski, Nikolaus: *In diesem Land ist das Leben lustig! Wohin du schaust: Lachende Dritte. Aphorismen.* Lörrach 1982: Lutz.

Diettrich, Fritz: *Werke*. Bd. 3. Hamburg 1966: Friedrich Wittig Verlag.

Dobel, Richard (Hrsg.): *Lexikon der Goethe-Zitate*. Augsburg 1991: Weltbild Verlag.

Döblin, Alfred: *Berlin Alexanderplatz*. Frankfurt a. M. ^{9}1980: Suhrkamp Verlag.

Doderer, Heimito von: *Repertorium. Ein Begreifbuch von höheren und niederen Lebens-Sachen*. Hrsg. v. Dietrich Weber. München 1969: Biederstein Verlag.

Doderer, Heimito von: *Tangenten. Tagebuch eines Schriftstellers*. 1940–1950. München 1964: Biederstein Verlag.

Ebner, Ferdinand: *Fragmente, Aufsätze, Aphorismen*. München 1963: Kösel Verlag.

Ebner-Eschenbach, Marie Freifrau von: *Sämtliche Werke*. 12 Bde. Leipzig 1928: Schmidt u. Günther.

Ehrhardt, Volker: *»Auch der Kannibale schätzt den Menschen am höchsten«. Aphorismen*. Köln 1979: Satire Verlag.

Eich, Günter: *Gesammelte Werke*. Bde. 1–4. Frankfurt a. M. 1973: Suhrkamp Verlag. © Suhrkamp Verlag Frankfurt am Main 1973.

Eichelberger, Ursula (Hrsg.): *Zitatenlexikon*. Leipzig 1986: VEB Bibliographisches Institut.

Eichendorff, Joseph von: *Ahnung und Gegenwart*, in: Karl Balser (Hrsg.): *Dichtung der Romantik*. 8. Bd. (Romane IV). Hamburg o. J.: Standard Verlag.

Eisbrenner, Rudolph (Hrsg.): *Das große Buch der Bauernweisheiten. 3333 Sprichwörter, Redensarten und Wetterregeln*. Darmstadt 1997: Wissenschaftliche Buchgesellschaft.

Eisenreich, Herbert: *Der alte Adam*. Mühlacker 1985: Stieglitz Verlag.

Eisenreich, Herbert: *Groschenweisheiten*. Mühlacker 1985: Stieglitz Verlag.

Eliot, Thomas Stearnes: *Ausgewählte Essays 1917–1947*. Dt. Übers. v. Hans Hennecke und Ursula Clemen. Frankfurt a. M.: 1950: Suhrkamp Verlag.

Emge, Carl August: *Diesseits und jenseits des Ernstes*. In: *Abhandlungen der Akademie der Wissenschaften und der Literatur. Klasse der Literatur 1956*. H. 4., S. 71–122. Verlag der Akademie der Wissenschaften u. der Literatur in Mainz. In Kommission bei Franz Steiner Verlag, Wiesbaden.

Endrikat, Fred: *Das große Endrikat Buch*. München 1976: Blanvalet Verlag. © 1976 Blanvalet Verlag, München, in der Verlagsgruppe Bertelsmann GmbH.

Epiktet: *Die Unterredungen*. Hrsg. v. Alexander von Gleichen-Rußwurm. Berlin o. J.: Deutsche Bibliothek.

Erckenbrecht, Ulrich: *Katzenköppe. Aphorismen/Epigramme*. Göttingen 1995: Muriverlag.

Ernst, Otto: *Gesammelte Werke*. 12 Bde. Leizig 1922–1923: Staackmann.

Eschker, Wolfgang: *Gift und Gegengift. Aphorismen*. Stuttgart 1977: Deutsche Verlags-Anstalt.

Euripides: J. J. Donner in *Griechische Klassiker*. Hrsg. v. Walter Jens. Wien etc. 1959: Kurt Desch.

Fénelon, François de: *Telemach*. Dt. Übers. v. Friedrich Rückert. Leipzig: Reclam Verlag.

Feuchtersleben, Ernst von: *Sämtliche Werke. Mit Ausschluß der rein medizinischen*. Hrsg. v. Friedrich Hebbel. Bd. 3/4. Wien 1851–1853: Gerold.

Feuerbach, Ludwig: *Abälard und Heloïse oder der Schriftsteller und der Mensch. Eine Reihe humoristisch-philosophischer Aphorismen*. 2. Ausg. Leipzig 1844: Wigand (1. Ausg. Ansbach Brügel, 1834).

Fielding, Henry: *Das Tagebuch einer Reise nach Lissabon*. Leipzig 1974.

Flaubert, Gustave: *Briefe*. Zürich 1977: Diogenes Verlag.

Flaubert, Gustave: *Briefe an Zeit- und Zunftgenossen*. Dt. Übers. v. F. P. Greve. Minden/Westf. 1907: J. C. Bruns.

Fontane, Theodor: *Briefe*. Berlin o. J.: Propyläen Verlag.

Fontane, Theodor: *Cécile*. Berlin 1976.

Fontane, Theodor: *Werke: Schriften und Briefe*. München: Carl Hanser Verlag.

Fried, Erich: *Die Beine der größeren Lügen / Unter Nebenfeinden / Gegengift. Drei Gedichtsammlungen*. Berlin 1976: Verlag Klaus Wagenbach.

Fried, Erich: *100 Gedichte ohne Vaterland*. Berlin 1978: Verlag Klaus Wagenbach. Abdruck mit freundlicher Genehmigung des Verlags Klaus Wagenbach.

Friedell, Egon: *Steinbruch. Vermischte Meinungen und Sprüche*. Wien 1922: Verlag der Wiener Graphischen Werkstätte.

Friedländer, Max J.: *Erinnerungen und Aufzeichnungen*. Hrsg. v. R. M. Heilbrunn; Florian Kupferberg. Mainz/Berlin 1967.

Friedrich der Grosse: *De la littérature allemande. Französisch-Deutsch. Mit der Möserschen Gegenschrift*. Krit. Ausg. v. Christoph Gutknecht und Peter Kerner. Hamburg 1969: Helmut Buske Verlag.

Frisch, Max: *Tagebuch 1946–1949*. Frankfurt a. M. 1950: Suhrkamp Verlag.

Garbe, Burckhard und Gisela Garbe: *Status quo. Ansichten zur Lage. Visuelle Texte und Collagen 1972–1982*. Göttingen 1982, Edition Herodot.

García Lorca, Federico: *Das dichterische Bild bei Don Luis de Góngora*. Dt. Übers. v. Enrique Beck. Düsseldorf etc. 1954: Eugen Diederichs Verlag.

García Lorca, Federico: *Schwarzer Regenbogen*. Berlin 1978.

Geibel, Emanuel: *Gesammelte Werke*. 8 Bde. 4. Aufl. Stuttgart u. Berlin 1906: Cotta Verlag.

George, Stefan: *Blätter für die Kunst*. Begründet v. Stefan George. Hrsg. v. Carl August Klein. Folge 2–5. Berlin 1894–1901. Abgel. Neudr. Düsseldorf/München 1967: Küpper, vormals Bondi.

George, Stefan: *Werke*. (2 Bde.) München 1958: Helmut Küpper Verlag.
Gesellschaft für deutsche Sprache (Hrsg.): *Verkehrte Worte. Antizitate aus Literatur und Medien* – gesammelt v. Wolfgang Mieder. Heidelberg 1997: Quelle & Meyer Verlag.
Gleim, Johann Wilhelm Ludwig: *Sämmtliche Werke*. Hrsg. v. W. Körte. 8 Bde. Halberstadt und Leipzig 1811–1841.
Goethe, Johann Wolfgang: *Werke*. Hamburger-Ausgabe in 14. Bänden. Hrsg. v. Erich Trunz. Hamburg [8]1958: Wegner.
Gogol, Nikolaj: Die *toten Seelen*. Dt. Übers. v. Fred Ottow. Hamburg 1958: Rowohlt Verlag. (= Rowohlts Klassiker der Literatur und Wissenschaft: Russische Literatur, Bd. 3).
Goncourt, Edmond und Jules de: *Tagebuchblätter 1851–1895*. Dt. Übers. v. Heinrich Stümcke. Berlin u. Leipzig o. J.: Magazin Verlag, Jacques Hegner.
Gött, Emil: *Gesammelte Werke*. Hrsg. v. Philipp Harden-Rauch. Straßburg [2]1943: Hünenburg.
Gotter, Friedrich Wilhelm: *Gedichte*. 3 Bde. Gotha 1787–1802: Ettinger.
Gracián y Morales, Baltasar: *Handorakel und Kunst der Weltklugheit*. Dt. Übers. v. Arthur Schopenhauer. Freiburg i. Breisgau 1948: Walter Verlag.
Grillparzer, Franz: *Werke*. Histor.-krit. Gesamtausgabe. Hrsg. v. A. Sauer u. a. Wien 1909–1948.
Guardini, Romano: *Briefe über Selbstbildung*. Mainz 1930: Mathias Grünewald Verlag.
Günther, Joachim: *Findlinge*. Heidelberg 1976: Lambert Schneider.
Günther, Johann Christian: *Gesammelte Gedichte*. Hrsg. v. Herbert Heckmann. München 1981: Carl Hanser Verlag.
Gürster, Eugen: *Narrheiten & Wahrheiten. Aphorismen*. München 1971: Verlag Anton Pustet.
Gutknecht, Christoph: *Lauter böhmische Dörfer*. München [4]1998: Verlag C. H. Beck.
Gutknecht, Christoph: *Lauter spitze Zungen*. München [2]1997: Verlag C. H. Beck.
Gutzkow, Karl: *Werke*. Teil 12, Bd. 4. Hrsg. v. Reinhold Gensel. Berlin 1912: Bong.

Haecker, Theodor: *Tag- und Nachtbücher*. München [3]1959: Kösel Verlag.
Hagemann, Carl: *Aphorismen zur Liebesweisheit*. Wiesbaden o. J.: Verlag Der Greif, Walther Gericke.
Halm, Friedrich: *Gedichte*. Stuttgart und Tübingen 1850: Cotta.
Hamann, Johann Georg: *Sämtliche Werke*. Histor.-krit. Ausg. v. Jos. Nadler. Bd. 1–6. Wien 1949/57.
Handke, Peter: *Das Gewicht der Welt. Ein Journal (November 1975 – März 1977)*. Frankfurt a. M. 1979: Suhrkamp Verlag.
Handke, Peter: *Die Geschichte des Bleistifts*. Salzburg 1982: Residenz Verlag.
Hauptmann, Gerhart: *Sämtliche Werke*. Centar-Ausgabe in 11 Bänden. Hrsg. v. Hans-Egon Hass, fortgef. v. Martin Machatzke u. Wolfgang Bungies. Frankfurt a. M./Berlin 1963: Ullstein.

Hauschka, Ernst R.: *Atemzüge*. Buxheim 1980: Martin Verlag.
Hausin, Manfred: *Hausinaden, der Epigramme zweiter Band*. Göttingen 1983: Davids Drucke.
Havlik, E. J.: *Lexikon der Onomatopöien. Die lautimitierenden Wörter im Comic*. Frankfurt a. M. 1981: Dieter Fricke Verlag.
Hebbel, Friedrich: *Sämtliche Werke*. Histor.-krit. Ausgabe, besorgt v. Richard Maria Werner. 24 Bde. Berlin 1901–1907: B. Behr's Verlag. 3. Aufl. beendet v. Julius Wahle 1920.
Hefele, Hermann: *Augustinus – Bekenntnisse*. Jena 1928: Eugen Diederichs Verlag.
Heidegger, Martin: *Unterwegs zur Sprache*. Pfullingen 1960: Neske Verlag.
Heine, Heinrich: *Werke*. Histor.-krit. Gesamtausgabe. Hrsg. v. Manfred Windfuhr. 16 Bde. Hamburg 1973–1997: Hoffmann u. Campe Verlag.
Heinse, Johann Jakob Wilhelm: *Aphorismen*. Ausgew. u. hrsg. v. Albert Leitzmann. Leipzig o. J.: Insel Verlag (Insel-Bücherei 376).
Herder, Johann Gottfried: *Sämmtliche Werke*. Hrsg. v. Bernhard Suphan. 33 Bde. Berlin 1877–1909: Weidmann.
Hesiod: *Sämtliche Werke*. Hrsg. v. Thassilo v. Scheffer. Leipzig 1938: Dieterich'sche Verlagsbuchhandlung.
Hesse, Hermann: *Gesammelte Werke*. Bde. 1–12. Frankfurt a. M. 1970: Edition Suhrkamp.
Hesse, Hermann: *Über Literatur*. Berlin etc. 1978.
Hesse, Hermann: *Briefwechsel mit Heinrich Wiegand 1924–1934*. Berlin etc. 1978.
Hille, Peter: *Ausgewählte Dichtungen*. Ratingen/Düsseldorf 1961: Henn.
Hobbes, Thomas: *Leviathan*. Teil 1 und 2. Leipzig 1978.
Hoche, Karl: *Schreibmaschinentypen und andere Parodien*. München 1971: Deutscher Taschenbuch Verlag.
Hofmannsthal, Hugo von: *Gesammelte Werke in Einzelausgaben. Aufzeichnungen*. Hrsg. v. Herbert Steiner. Frankfurt a. M. 1959: S. Fischer Verlag.
Hofmannsthal, Hugo von: *Gesammelte Werke*. Frankfurt a. M. 1980: S. Fischer Verlag.
Hofmannsthal, Hugo von/Rudolf Borchardt: *Briefwechsel*. Frankfurt a. M. 1954: S. Fischer Verlag.
Hohl, Ludwig: *Die Notizen oder Von der unvoreiligen Versöhnung*. Frankfurt a. M. 1981: Suhrkamp Verlag. © Suhrkamp Verlag Frankfurt am Main 1981.
Hölderlin, Friedrich: *Sämtliche Werke*. Stuttgart 1959: W. Kohlhammer Verlag.
Hoppe, K. (Hrsg.): *Jahrbuch der Raabe-Gesellschaft 1960*. Braunschweig o. J.: Waisenhaus-Buchdruckerei und Verlag.
Horaz: *Satiren und Episteln*. Dt. Übers. v. Chr. M. Wieland. Hrsg. v. Heinrich Conrad. München etc. 1911: Georg Müller.
Hornischer, Edi: *Ein Buch von Edi. Heitere Gedichte mit und mitunter ohne Moral*. Kitzingen ²1994/95: Verlag Sauerbrey. Abdruck mit freundlicher Genehmigung des Verlages Hans-Dieter Sauerbrey.
Hornischer, Edi: *Muckefuck & starker Tobak*. Nördlingen 1986: Verlag Willi F. Plamann. Abdruck mit freundlicher Genehmigung des Verlags Willi F. Plamann.

Hoyer, Alexander: *Wo das Gute kräftig blüht... Aphorismen, Epigramme, Haikus, Gedichte.* Bad Kissingen 1991: Remer & Heipke.
Humboldt, Wilhelm von: *Briefe an eine Freundin* [Charlotte Diede]. Hrsg. v. A. Leitzmann. 2 Bde. Leipzig 1909.

Ibsen, Henrik: *Sämtliche Werke in deutscher Sprache.* 10 Bde. Berlin 1898–1904.
Immermann, Karl: *Werke in 5 Bänden.* Hrsg. v. Benno von Wiese. Bd. 4. Frankfurt a. M. 1973: Athenäum Verlag.
Iqbâl, Muhammad: *Das Buch der Ewigkeit.* Dt. Übers. v. Annemarie Schimmel. München 1957: Max Hueber Verlag.
Irzykowski, Karol: *Aphorismen.* In: *Denkspiele. Polnische Aphorismen des 20. Jahrhunderts.* Berlin 1973.

Jacobi, Friedrich Heinrich: *Werke.* Bd. 6. Leipzig 1825: Fleischer. Nachdr. hrsg. v. Friedrich Roth u. Friedrich Köppen. Darmstadt 1976: Wissenschaftliche Buchgesellschaft.
Jansohn, Christa (Hrsg.): *Das Buch zum Buch.* Leipzig 1998: Reclam Verlag.
Jean Paul: *Sämtliche Werke.* Hrsg. v. Edudard Berend u. a. (= *Histor. krit. Ausgabe.* Hrsg. v. d. Preuß. Akademie der Wissenschaften.), Weimar 1927ff.: Hermann Böhlaus Nachf. (Berlin 1952ff.)
Jochmann, Carl Gustav: *Die unzeitige Wahrheit. Aphorismen, Glossen und der Essay »Über die Öffentlichkeit«.* Leipzig und Weimar: Gustav Kiepenheuer Verlag.
John, Johannes (Hrsg.): *Reclams Zitaten-Lexikon.* Stuttgart 1992: Philipp Reclam jun.
Jünger, Ernst: *Autor und Autorschaft.* Stuttgart 1984: Klett-Cotta Verlag.
Jünger, Ernst: *Werke.* Bd. 2/3: *Tagebücher.* Stuttgart 1962: Klett Verlag.
Jünger, Friedrich Georg: *Gedanken und Merkzeichen.* Frankfurt a. M. 1954: V. Klostermann Verlag.
Juvenal: *Römische Satiren.* Dt. Übers. v. Otto Weinreich/Alfred Maisack. Hamburg 1962: Rowohlts Klassiker.

Kafka, Franz: *Gesammelte Werke.* Hrsg. v. Max Brod. Frankfurt a. M. 1976: Fischer Taschenbuch Verlag.
Kaiser, Georg: *Werke.* Hrsg. v. Walther Huder. Bd. 4: *Filme, Romane, Erzählungen, Aufsätze, Gedichte.* Frankfurt a. M. etc. 1971: Propyläen.
Kâlidâsa: *Sakuntala.* Dt. Übers. v. Hans Losch. Stuttgart: Philipp Reclam jun. (Reclams Universal-Bilbiothek).
Kant, Immanuel: *Anthropologie in pragmatischer Hinsicht* (1798). Philipp Reclam Verlag.
Kasper, Hans: *Nachrichten und Notizen.* Stuttgart 1957: Henry Goverts Verlag.
Kästner, Abraham Gotthelf: *Neueste, großentheils noch ungedruckte Sinngedichte und Einfälle.* Hrsg. v. Höpfner ohne Kästners Wissen und Willen. o. O. 1781.
Kästner, Erich: *Werke.* Zürich o. J.: Atrium Verlag.
Kästner, Erich: *Wieso warum? Ausgewählte Gedichte 1928–1955.* Berlin und Weimar 1962.

Keiser, Marcel H.: »Bern intern: Am Anfang war die Presse.« *Die Weltwoche*, Nr. 40/30. 9. 1981.

Keller, Gottfried: *Sämtliche Werke und ausgewählte Briefe*. München 1958: Carl Hanser Verlag.

Kessel, Martin: *Gegengabe. Aphoristisches Kompendium für hellere Köpfe*. Darmstadt etc. 1960: Luchterhand Verlag.

Kierkegaard, Sören: *Werke 1–5*. Reinbek 1964: Rowohlt Taschenbuch Verlag.

Kiermeier-Debre, Joseph u. Fritz Franz Vogel: *Das Alphabet. Die Bildwelt der Buchstaben. Von A–Z*. Ravensburg 1995: Ravensburger Buchverlag. Abdruck mit freundlicher Genehmigung des Ravensburger Buchverlags.

Kipling, Rudyard: *Gesammelte Werke*. 3 Bde. München 1965: Verlag Paul List.

Kirchberger, J. H. (Hrsg.): *Das große Sprichwörterbuch*. München 1993: Orbis Verlag.

Kisch, Egon Erwin: *Der rasende Reporter*. Berlin etc. 1990: Aufbau-Verlag.

Klabund: *Der himmlische Vagant*. Hrsg. v. Marianne Kesting. Köln 1968: Kiepenheuer & Witsch. © 1968, 1978 by Verlag Kiepenheuer & Witsch Köln.

Klages, Ludwig: *Mensch und Erde*. Stuttgart 1956: Verlag Alfred Kröner.

Klinger, Friedrich Maximilian: *Ausgewählte Werke*. Bd. 7/8. Stuttgart 1880: Cotta.

Klinger, Friedrich Maximilian: *Betrachtungen und Gedanken über verschiedene Gegenstände der Welt und der Literatur*. Hrsg. v. H Schweppenhäuser. Frankfurt a. M. 1967: Insel Verlag.

Klopstock, Friedrich Gottlieb: *Epigramme*. Ges. u. erläutert v. C. F. R. Vetterlein. Leipzig 1830.

Knigge, Adolph Freiherr von: *Über den Umgang mit Menschen*. München 1984: Edition Deutsche Bibliothek.

Körner, Theodor: *Werke*. Hrsg. v. A. Stern. Stuttgart 1889/90 (Kürschners Dt. Nationallit. 152/153).

Krailsheimer, Hans: *Kein Ausweg ist auch einer*. München 1954: Heimeran Verlag.

Kraus, Karl: *Aphorismen*. Schriften Bd. 8. Frankfurt a. M. 1986: Suhrkamp Verlag. © Suhrkamp Verlag Frankfurt am Main 1986.

Kraus, Karl: *Beim Wort genommen*. Hrsg. v. Heinrich Fischer. Köln 1955: Kösel. © Suhrkamp Verlag Frankfurt am Main.

Kraus, Karl: *Gedichte. Worte in Versen*. Frankfurt a. M. 1989: Suhrkamp Verlag. © Suhrkamp Verlag Frankfurt am Main 1989.

Kraus, Karl: *Worte in Versen*. Hrsg. v. Heinrich Fischer. München 1959: Kösel Verlag. © Suhrkamp Verlag Frankfurt am Main.

Kudszus, Hans: *Jaworte, Neinworte. Aphorismen*. Mit einer Einführung v. Dieter Hildebrandt. Frankfurt a. M. 1970: Suhrkamp Verlag.

Kuh, Moses Ephraim: *Hinterlassene Gedichte*. 2 Bde. Zürich 1792: Orell Füssli.

Kumove, Shirley (Hrsg.): *Ehrlich ist beschwerlich. Jiddische Spruchweisheiten*. Aus dem Amerikanischen v. Reinhard Ulrich. Berlin 1992: Verlag Volk und Welt.

Kunert, Günter: *Fremd daheim. Gedichte*. München 1990: Carl Hanser. Abdruck mit freundlicher Genehmigung des Carl Hanser Verlags.

La Bruyère, Jean de: *Die Charaktere*. Dt. Übers. v. Karl Eitner. Hildburghausen 1870: Bibliographisches Institut.

Lao-tse: *Allgemeine Geschichte der Philosophie*. Dt. Übers. v. Paul Deussen. 1. Bd., 3. Abt. (*Tao-te-king*). Leipzig 1920: F. A. Brockhaus.
Laub, Gabriel: *Denken verdirbt den Charakter. Alle Aphorismen*. Zürich 1996: Sanssouci.
Le Fort, Gertrud von: *Aphorismen*. München 1962: Ehrenwirt Verlag.
Lec, Stanisław Jerzy: *Alle unfrisierten Gedanken. Aphorismen*. Hrsg. u. übers. v. Karl Dedecius. München 1991 (revid. Aufl.): Carl Hanser Verlag.
Lecomte, Edward: *Dictionary of Last Words*. New York 1955.
Lehmann, Wilhelm: *Bewegliche Ordnung*. Heidelberg 1947: Lambert Schneider Verlag.
Lenau, Nikolaus: *Sämmtliche Werke in zwei Bänden*. Mit Einl. v. H. Loebner. Berlin etc. o. J.: Knaur Verlag.
Leonhard, Rudolf: *Aeonen des Fegefeuers. Aphorismen*. Leipzig 1917.
Lessing, Gotthold Ephraim: *Werke. Sämtliche Schriften*. Hrsg. v. Karl Lachmann. 3., aufs neue durchges. u. verm. Aufl., besorgt d. Franz Muncker. 23 Bde. Nachdr. Berlin 1967/68: de Gruyter.
Lewinsohn, Paul (Hrsg.): *Catullus*. Berlin o. J.. Pantheon Verlag.
Lichtenberg, Georg Christoph (1742–1799): *Schriften und Briefe*. Hrsg. Wolfgang Promies. 1. u. 2. Bd., München ²1973/1975: Carl Hanser Verlag.
Lobe, Jochen: *Ausläufer, Filterpapiere, Sekundenblätter*. Marburg a. d. L. 1987: Basilisken-Presse. Abdruck mit freundlicher Genehmigung der Basilisken-Presse.
Locke, John: *Über den menschlichen Verstand*. 2 Bde. Berlin 1968.
Loerke, Oskar: *Tagebücher 1903–1939*. Heidelberg 1956: Lambert Schneider Verlag.
Logau, Friedrich von: *Sämmtliche Sinngedichte*. Hrsg. v. Gustav Eitner. Stuttgart 1872.
Loschütz, Gert: *Gegenstände*. Frankfurt a. M. 1971: Suhrkamp. © Suhrkamp Verlag Frankfurt am Main 1971.
Löwen, Walter: *Zeit ohne Zins. Mein Ich in Worten. Gedichte*. Hannover 1986: Moorburg Verlag. Abdruck mit freundlicher Genehmigung des Moorburg Verlags.
Ludwig, Otto: *Gesammelte Schriften*. 5 Bde. Leipzig 1870.
Luther, Martin: *Ausgewählte Werke in acht Bänden*. Hrsg. v. Hans Heinrich Borcherdt. München 1914/1925: Verlag Georg Müller.
Luther, Martin: *Briefe*. Stuttgart 1956: Alfred Kröner Verlag.
Luther Martin: *Calwer Luther-Ausgabe*. München 1964 ff.

Mampell, Klaus: *Dictionnaire satirique*. Gießen 1993: Edition Literarischer Salon (Gideon Schüler).
Manz, Hans: *Die Welt der Wörter. Sprachbuch für Kinder und Erwachsene*. Weinheim 1991: Beltz Verlag. Abdruck mit freundlicher Genehmigung des Verlags Beltz & Gelberg.
Manzoni, Alessandro: *Die Brautleute. Eine mailändische Geschichte aus dem 17. Jahrhundert*. 2 Bde. Dt. Übertr. v. Albert Wesselski. München etc. 1913: Georg Müller.
Marcuse, Ludwig: *Argumente und Rezepte. Ein Wörter-Buch für Zeitgenossen*. Zürich 1973: Diogenes Verlag.

Meister Eckehart: *Schriften.* Volksausgabe, übertragen und eingel. v. Hermann Büttner. Jena 1934: Eugen Diederichs Verlag.

Meyer, Conrad Ferdinand: *Huttens letzte Tage.* Mit Einl. u. Anm. hrsg. v. W. Klöpzig. Leipzig 1931.

Mieder, Wolfgang (Hrsg.): *»Hasen im Pfeffer«: Sprichwörtliche Kurzprosatexte von Marie Luise Kaschnitz bis Martin Walser.* Frankfurt a. M. 1995: R. G. Fischer Verlag.

Mieder, Wolfgang (Hrsg.): *»Kommt Zeit – kommt Rat?« Moderne Sprichwortgedichte von Erich Fried bis Ulla Hahn.* Frankfurt a. M. 1990: R. G. Fischer Verlag.

Milton, John: *Pädagogische Schriften und Äußerungen.* Mit Einl. u. Anm. hrsg. v. Jürgen Bona Meyer. Langensalza 1890: Hermann Beyer & Söhne.

Milton, John: *Poetische Werke.* Dt. Übers. v. B. Schuhmann, Alex. Schmidt u. a.; hrsg. v. Hermann Ullrich. Leipzig 1909: Hesse & Becker.

Mitsch, Werner: *»Grund- & Boden-Sätze.«* Sprüche. Stuttgart 1984: Letsch.

Mitsch, Werner: *Das Schwarze unterm Fingernagel.* Sprüche. Stuttgart 1983: Letsch.

Mocker, Wolfgang: *»Nicht-mehr-aus-noch-ein-Sprüche.«* Neue deutsche Literatur 29 (1981), S. 167.

Mocker, Wolfgang: *Gedankengänge nach Canossa. Euphorismen und andere Anderthalbwahrheiten.* Berlin 1987: Eulenspiegel.

Möckel, Klaus: *Kopfstand der Farben. Verkehrte Gedichte.* Berlin 1982: Eulenspiegel.

Montaigne, Michel de: *Die Essais und das Reisetagebuch.* Dt. Übers. v. Paul Sakman. Stuttgart (Leipzig o. J.): Alfred Kröner Verlag.

Montaigne, Michel de: *Essais.* Zürich 1953: Manesse Verlag.

Montesquieu, Charles de: *Sämtliche Werke.* 8 Bde. Wien 1799.

Morgenstern, Christian: *Stufen. Eine Entwicklung in Aphorismen und Tagebuchnotizen.* München 1929: Piper Verlag.

Morgenstern, Christian. *Aphorismen und Sprüche.* München 1969: Piper Verlag.

Moser, Hans-Albrecht: *Aus dem Tagebuch eines Weltungläubigen.* St. Gallen 1954: Tschudy Verlag.

Moser, Hans-Albrecht: *Das Gästebuch.* Frauenfeld u. Leipzig 1935: Verlag von Huber u. Co.

Musil, Robert: *Gesammelte Werke.* Hrsg. v. A. Frisé. Reinbek b. Hamburg: 1952–1957 Rowohlt Verlag.

Neruda, Pablo: *Ich bekenne, ich habe gelebt. Memoiren.* (= *Ausgew. Werke*). Berlin 1975.

Nestle, Wilhelm: *Die Sokratiker in Auswahl.* Jena 1922: Eugen Diederichs Verlag.

Nestle, Wilhelm (Hrsg.): *Aristoteles: Hauptwerke in Auswahl.* Stuttgart 1953: Alfred Kröner Verlag.

Niederhuber, J. E. (Hrsg.): *Ambrosius von Mailand. Pflichtenlehre und ausgewählte kleinere Schriften.* Kempten/München 1917: BKV Josef Kösel.

Nietzsche, Friedrich (1844–1900): *Werke in drei Bänden.* Hrsg. v. Karl Schlechta. München 1954–56: Carl Hanser Verlag.

Nizâmî, Eljâs ebn-e Jussef: *Iskander Name [Alexander-Buch]*, in: Friedrich Rückert, *Nachlese*, 1. Bd.: Weimar 1910.
Novalis: *Romantische Welt. Die Fragmente*. Leipzig o. J.: Sammlung Dieterich.
Novalis: *Schriften. Die Werke Friedrich von Hardenbergs*. Hrsg. v. Paul Kluckhohn u. Richard Samuel. Darmstadt 1981/1983: Wissenschaftliche Buchgesellschaft.
Nowaczyński, Adolf: *Polnische Eulenspiegeleien*. Übertr. u. hrsg. v. Karl Dedecius. Neuwied am Rhein 1962: Luchterhand Verlag.

Ortega y Gasset, José: *Der Aufstand der Massen*. Dt. Übers. v. Helene Weyl. Stuttgart 1952: Deutsche Verlagsanstalt.

Pagès, Frédéric: *Frühstück bei Sokrates. Philosophie als Lebenskunst*. (Le philosophe sort à cinq heures). Aus d. Französ. v. Christel Kauder. Zürich 1993: Elster Verlag. © Elster Verlag, Zürich und Baden-Baden.
Pannwitz, Rudolf: *Der Aufbau der Natur*. Stuttgart 1961: Klett Verlag.
Pantschatantra: *Fünf Bücher altindischer Staatsweisheit und Lebenskunst*. Übers. v. Ludwig Alsdorf. Bergen II/Obb. 1952: Müller u. Kiepenheuer.
Pascal, Blaise: *Über die Religion und andere Gegegenstände (Pensées)*. Heidelberg 1954: Lambert Schneider Verlag.
Petronius Arbiter: *Satiren*. Dt. Übers. v. Ludwig Gurlitt. Berlin 1924: Propyläen Verlag.
Pietraß, Richard: *Notausgang, Gedichte*. Berlin [Ost] 1980: Aufbau-Verlag. © Aufbau Verlag Berlin und Weimar 1980.
Pindar: *Siegesgesänge*. Dt. Übers. v. Adolf Mittler u. Hans Bogner. In: *Klassiker des Altertums*, hrsg. v. Hanns Floerke. Berlin 1923: Propyläen-Verlag.
Piontek, Heinz: *Werke in 6 Bänden*. München 1985: F. Schneekluth Verlag.
Piontek, Heinz (Hrsg.): *Jeder Satz ein Menschengesicht. Schriftsteller über ihren Beruf*. München etc. 1987: Piper Verlag.
Pirandello, Luigi: *Dramen*, Bd. 1. Dt. Übers. v. Georg Richert. München o. J. [1960]: Albert Langen/Georg Müller.
Platen, August Graf von: *Sämtliche Werke in 12 Bänden*. Hist.-krit. Ausg. mit Einschluß d. handschriftl. Nachlasses. Hrsg. v. Max Koch u. Erich Petzet. Bd. 11. Leipzig o. J. : Max Hesse.
Platon: *Das Gastmahl*. Dt. Übers. v. F. Schleiermacher. (= *Griech. Klassiker*, hrsg. v. Walter Jens) Wien etc. 1959: Kurt Desch.
Plutarch: *Tischgespräche u. Vermischte Schriften*. Dt. Übers. v. J. S. S. Kaltwassser. Bde. 1–3. München etc. 1911: Georg Müller.
Plutarch, in: *Große Griechen u. Römer*. Dt. Übers. v. Dagobert von Mikusch. Berlin o. J.: Propyläen Verlag.
Polgar, Alfred: *Handbuch des Kritikers*. Zürich 1938: Oprecht.
Pollak, Felix: *Lebenszeichen. Aphorismen und Marginalien*. Hrsg. v. Reinhold Grimm u. Sara Pollak. © 1992: Verlag für Gesellschaftskritik Wien.
Pound, Ezra: *ABC des Lesens*. Dt. Übers. v. Eva Hesse. Zürich 1957: Verlag der Arche/Peter Schifferli.
Puschkin, Alexander Sergejewitsch: *Werke*. 2 Bde. Hrsg. v. Arthur Luther. Mannheim (Leipzig o. J.): Bibliographisches Institut.

Puschkin, Alexander Sergejewitsch: *Aufsätze und Tagebuchblätter.* Dt. Übers. v. Fega Frisch. München 1925: Buchenau & Reichert.

Quintilian: *Zwölf Bücher Anleitung zur Beredsamkeit.* Dt. Übers. v. F. Boßler u. F. F. Baur. Stuttgart 1863/1865: Metzler.

Raabe, Wilhelm: *Sämtliche Werke.* Berlin-Grunewald o. J.: Klemm.
Radbruch, Gustav: *Aphorismen zur Rechtsweisheit.* Hrsg. v. A. Kaufmann. Göttingen 1963: Vandenhoeck u. Ruprecht.
Radó, György: »Goethe und die Übersetzung.« *Babel* 28:4 (1982), S. 198–231.
Ramler, Karl Wilhelm: *Lyrische Blumenlese.* 2 Bde. Leipzig 1774–1778: Weidmanns Erben und Reich.
Ramuz, Charles Ferdinand: *Tagebuch. 1896–1947.* Frauenfeld/Stuttgart 1982: Verlag Huber.
Reitz, Adolf: *Ketzereien. Aphorismen und Essays.* Ulm 1961: Gerhard Hess Verlag.
Ricœur, Paul: *Geschichte und Wahrheit.* München 1974.
Riha, Karl: *Nicht alle Fische sind Vögel. Gedichte und Gedichtgedichte.* Siegen 1981: Machwerk-Verlag. Abdruck mit freundlicher Genehmigung von Karl Riha.
Rilke, Rainer Maria: *Sämtliche Werke.* Frankfurt a. M. 1955ff.: Insel Verlag.
Rolfs, Rudolf: *schlag nach bei rolfs.* Frankfurt a. M. 1967: Röderberg-Verlag.
Rückert, Friedrich: *Gesammelte poetische Werke.* Hrsg. v. Heinrich Rückert u. D. Sauerländer. 12 Bde. Frankfurt a. M. 1868–1869: Sauerländer.
Rumpf, Michael: *Gedankensprünge. Aphorismen.* Heidelberg 1986: Manutius.
Rolland, Romain: *Clérambault:* Dt. Übers. v. Stefan Zweig. Berlin 1922: Rütten & Loening.
Ruprecht von Würzburg: *Von zwein koufmannen.* Hrsg. v. Christoph Gutknecht. Hamburg 1966: Helmut Buske Verlag.
Ruskin, John: *Die sieben Leuchter der Baukunst.* Dt. Übers. v. Wilhelm Schoelermann. Düsseldorf/Leipzig 1900: Eugen Diederichs Verlag.
Rychner, Max (1897–1965): *Lavinia oder Die Suche nach Worten. Aphorismen.* Darmstadt 1962: Erato-Presse.

Saadî, Muslih Ad-Dîn: *Bostân – Der Fruchtgarten.* Dt. Übers. v. Ottokar M. v. Schlechta-Wssehrd. Wien 1852.
Saadî, Muslih Ad-Dîn: *Verse aus dem Gulistân.* Dt. Übers. v. Friedrich Rückert. In: *Nachlese,* 2. Bd., Weimar 1911.
Saint-Exupéry, Antoine de: *Dem Leben einen Sinn geben.* Dt. Übers. v. Oswald von Nostitz. Düsseldorf 1957: Karl Rauch.
Saint-Exupéry, Antoine de: *Die Stadt in der Wüste.* Dt. Übers. v. Oswald von Nostitz. Düsseldorf 1951: Karl Rauch.
Sartre, Jean-Paul: *Was ist Literatur? Ein Essay.* Hamburg 1958: Rowohlt Verlag.
Schack, Ingeborg-Liane: *Der Mensch tracht un Got lacht. 450 jiddische Sprichwörter.* Mainz 1977: Verlag Dr. Hanns Krach.

Schalk, Fritz (Hrsg.): *Die französischen Moralisten (La Rochefoucauld, Vauvenargues, Montesquieu, Chamfort)*. Bremen ²1980: Carl Schünemann Verlag. Textidentische, derzt. lieferbare Ausg.: Diogenes Taschenbuch 22791. © Sammlung Dieterich Verlagsgesellschaft mbH, Leipzig 1962, 1992.

Schaukal, Richard: *Leben und Meinungen des Herrn Andreas von Baltheser, eines Dandy und Dilettanten*. Mitgeteilt v. Richard Schaukal. München/Leipzig ²1907: Georg Müller.

Schlegel, August Wilhelm: *Sämtliche Werke*. Hrsg. v. Ed. Böcking. 12 Bde. Leipzig 1846–1847.

Schiller, Friedrich: *Werke*. Neubearb. v. Benno v. Wiese. 12 Bde. Leipzig 1936/1937.

Schlegel, Friedrich: *Krit. Friedrich Schlegel-Ausgabe*. Hrsg. v. E. Behler. München etc. 1967: Ferdinand Schöningh.

Schlegel, Friedrich: *Kritische Schriften*. München o. J.: Carl Hanser Verlag.

Schlegel, Friedrich: *Ideen*. In: *Athenäum*. Eine Zeitschrift v. August Wilhelm Schlegel u. Friedrich Schlegel. Bd. 3: Berlin 1800: Frölich. St. 1, S. 4–33. Fotomechan. Nachdr. Darmstadt 1960: Wissenschaftl. Buchgesellschaft.

Schmidt, Lothar (Hrsg.): *Aphorismen von A-Z. Das Große Handbuch geflügelter Definitionen*. Wiesbaden ⁶1985: Drei Lilien Verlag.

Schnitzler, Arthur: *Ohne Maske. Aphorismen und Notate*. Leipzig und Weimar 1992: Gustav Kiepenheuer.

Schopenhauer, Arthur: *Sämmtliche Werke*. Leipzig 1919: Insel Verlag.

Schröder, Rudolf Alexander: *Aphorismen und Reflexionen*. Hrsg. v. R. Exner. Frankfurt a. M. 1977: Suhrkamp Verlag.

Schweiggert, Alfons: *Das Buch. Roman*. München 1989: Ehrenwirt Verlag.

Seeger, Ludwig: *Aristophanes*. 2 Bde. Hrsg. v. Thassilo von Scheffer. Berlin 1912: Propyläen Verlag.

Seelig, Carl: *Wanderungen mit Robert Walser*. Zürich 1972: Diogenes Verlag.

Seidel, Heinrich: *Von Perlin nach Berlin und Anderes. Aus meinem Leben*. Stuttgart und Berlin 1925: J. G. Cotta Verlag (1. Aufl. 1894).

Seidel, Heinrich: *Gedichte. Gesamtausgabe*. Stuttgart u. Berlin 1903: J. G. Cotta Verlag.

Seneca: *Briefe an Lucilius*. 1 u. 2. Reinbek 1965: Rowohlt Taschenbuch Verlag.

Seume, Johann Gottfried: *Prosaische und und poetische Werke*. Teil 1–10. 1879.

Seume, Johann Gottfried: *Sämmtliche Werke*. Leipzig 1853: Johann Friedrich Hartknoch.

Shakespeare, William: *Werke*. Hrsg. v. L. L. Schücking (u. a.). 20 Bde. Leipzig 1912–1935.

Sigel, Kurt: *Gegenreden – Quergebabbel: Hessische Mundartsprüche, Gedichte, Redensarten*. Düsseldorf 1978: Claassen Verlag. Abdruck mit freundlicher Genehmigung des Claassen Verlags.

Silone, Ignazio: *Die Kunst der Diktatur*. Düsseldorf 1938: Kiepenheuer & Witsch.

Simmen, Andrea: *Ich bin ein Opfer des Doppelpunkts*. Frankfurt a. M. 1991: Frankfurter Verlagsanstalt.

Simrock, Karl (Hrsg.): *Die deutschen Sprichwörter*. Stuttgart 1988: Philipp Reclam jun.

Sochatzy, Klaus und Aleksander Kumor: *Ost-West Monologe. Aphorismen.* Frankfurt a. M. 1981: Rita G. Fischer Verlag.
Spencer, Herbert: *Eine Autobiographie.* Autorisierte Ausg. v. Ludwig u. Helene Stein. Stuttgart 1905: Robert Lutz.
Sprenger, Werner: *Brauchen Hungernde denn Gedichte? Für Wohlstandsbürger ungeeignet.* Konstanz ⁶1981: Nie/Nie/Sagen-Verlag (1. Aufl. 1977). Abdruck mit freundlicher Genehmigung des Nie/Nie/Sagen-Verlags.
Stifter, Adalbert: *Kurze Prosa und ausgewählte Briefe.* München o. J. : Winkler Verlag.
Strahl, Manfred: *Ausleg-Ware, Aphorismen.* Berlin 1989: Eulenspiegel.
Stange, Gerda: *Und die Sehnsucht bleibt mir doch. Gedichte.* Frankfurt a. M. 1992: Rita G. Fischer.
Strauß, Ludwig: *Wintersaat.* Zürich 1953: Manesse Verlag.
Struve, Wolfgang: *Der andere Zug.* Salzburg/München 1969: Stifterbibliothek.
Svevo, Italo: *Kurze sentimentale Reise. Erzählungen und Fragmente aus dem Nachlaß.* Reinbek 1967: Rowohlt Verlag.
Swift, Jonathan: *Die menschliche Komödie. Schriften, Fragmente, Aphorismen.* Dt. Übers. v. Michael Freund. Stuttgart 1957: Alfred Kröner Verlag.
Swift, Jonathan: *Prosaschriften.* 1. Bd. Dt. Übers. v. Felix Paul Greve. Berlin 1909: Oesterheld & Co.
Sylva, Carmen: *Vom Amboß.* Bonn o. J.

Tagore, Rabindranâth: *Meine Lebenserinnerungen.* Dt. Übers. v. Helene Meyer-Franck. München 1923: Kurt Wolff.
Talmud, Der: *Aus dem Spruchborn der Weisen. Spruchpoesie des Talmud.* Dt. Übers. v. Max Weinberg. Berlin 1920: Philo-Verlag.
Tausendundeine Nacht: Dt. Übers. v. Max Henning. 8 Bde. Leipzig 1896–1900.
Thiele-Dohrmann, Klaus: *Der Charme des Indiskreten. Eine kleine Geschichte des Klatsches.* Zürich etc. 1995: Artemis & Winkler Verlag.
Thoma, Ludwig: *Gesammelte Werke.* München 1956: R. Piper.
Thoreau, Henry: *Die Welt und Ich. Tagebücher. Briefe, Schriften.* Dt. Übers. v. Fritz Krökel. Gütersloh 1951: C. Bertelsmann.
Tolstoi, Leo N(ikolajewitsch): *Tagebücher 1847–1910.* München o. J.: Winkler Verlag.
Tschechow, Anton: *Briefe 1879–1904.* Berlin 1968: Rütten und Loening Verlag.
Tschopp, Charles: *Aphorismen.* Zürich 1938: Schweizer Spiegel Verlag.
Tschopp, Charles: *Neue Aphorismen.* Zürich 1947: Schweizer Spiegel Verlag.
Tucholsky, Kurt: *Drei Minuten Gehör.* Leipzig 1968: Reclam Verlag.
Tucholsky, Kurt: *Gesammelte Werke.* 10 Bde. Hamburg 1975: Rowohlt Verlag.
Tucholsky, Kurt: *Mit 5 PS durch die Literatur. Essays und Rezensionen.* Berlin etc. 1973.
Tucholsky, Kurt: *Die Q-Tagebücher 1934–1935.* Hamburg 1978.

Uhland, Ludwig: *Gedichte und Dramen.* 2 Bde. Stuttgart 1887; ²1927.
Uhlenbruck, Gerhard: *Frust-Rationen. Aphorismen.* Aachen 1980: Stippak.
Uhlenbruck, Gerhard: *Einfach gesimpelt. Aphorismen.* Aachen 1979: Stippak.
Uhlenbruck, Gerhard: *Ins eigene Netz. Aphorismen.* Aachen 1977: Stippak.

Valéry, Paul: *Herr Teste*. Dt. Übers. v. Max Rychner. Frankfurt/M. 1965: Suhrkamp Verlag.

Valéry, Paul: *Windstriche*. Frankfurt a. M. 1959: Insel Verlag.

Vargas Llosa, Mario: *Die Wahrheit der Lügen*. Frankfurt a. M. 1994: Suhrkamp Verlag.

Voigt, Christian Friedrich Traugott: *Auswahl von »Antixenien«*. Hrsg. v. W. Stammler. 1911.

Voltaire, François Marie de: *Voltaire in seinen schönsten Briefen*. Dt. Übers. v. Hermann Missenharter. Eßlingen/N.-Wiflingshausen: Port-Verlag. (Stuttgart 1953)

Waggerl, Karl Heinrich: *Sämtliche Werke*. Bd. 2. Salzburg 1970: Otto Müller.

Walser, Martin: *Erfahrungen und Leseerfahrungen*. Frankfurt a. M. 1965: Suhrkamp Verlag.

Walser, Robert: *Das Gesamtwerk*. Genf u. Hamburg 1972ff.: Helmut Kossodo Verlag.

Wegener, Hans (Hrsg.): *Bidpai: Das Buch der Beispiele alter Weisen*. Dt. Übers. v. Antonius von Pforre. Berlin 1926: Wegweiser-Verlag.

Weyrauch, Wolfgang: *Jon und die großen Geister*. Olten u. Freiburg i. Br. 1962: Walter Verlag.

Wieland, Christoph Martin: *Briefe*. 4 Bde. Hrsg. v. Heinrich Conrad. München/Leipzig 1912: Georg Müller.

Wiesner, Heinrich: *Der Kehrseite der Medaille. Neue lakonische Zeilen*. Mit Zeichnungen v. Celestino Piatti. München 1972: Piper Verlag.

Wilde, Oscar: *Werke*. 5. Bd. Dt. Übers. v. Paul Wertheimer. Berlin o. J.: Deutsche Bibliothek.

Wilde, Oscar: »Der Verfall des Lügens.« In: O. Wilde, *Das Bildnis des Dorian Gray. Märchen. Erzählungen. Essays*. Hrsg. v. F. Apel, München 1988: Winkler Verlag.

Wilde, Oscar: *Sämtliche Dramen*. Leipzig 1975.

Widersinn, Reitfloh: *Schüttelrauher Rüttelschauer. Das Buch der tausend Schüttelverse*. Wien 1994: Christian Brandstätter. Abdruck mit freundlicher Genehmigung des Christian Brandstätter Verlags.

Wildenbruch, Ernst von: *Ausgewählte Werke*, Bd. 2 Berlin 1919: G. Grotesche Verlagsbuchhandlung.

Wittgenstein, Ludwig: *Vorlesungen 1930–1935*. Frankfurt a. M. 1984: Suhrkamp Verlag.

Zola, Emile: *Rom*. Dt. Übers. v. A. Berger. Stuttgart etc. [7]1896: Deutsche Verlagsanstalt.

Zweig, Arnold: *Essays*. 1. Bd. Berlin 1959.

Zweig, Arnold: *Über Schriftsteller*. Berlin etc. 1967: Aufbau-Verlag.

Zweig, Stefan: *Der Kampf mit dem Dämon*. Berlin 1927: S. Fischer Verlag.

Bildnachweis

S. 19: Ivan Steiger: „Brainstorming", © Ivan Steiger.
S. 39: zit. nach *Der gepfefferte Sprüchbeutel. Alte deutsche Spruch-Weisheit*, gesammelt von Fritz Scheffel. Mit Bildern von Paul Neu. München/Westerkappeln 1951: Alexander Duncker Verlag.
S. 66: zit. nach „Bilder-ABC", Stralsund 1788.
S. 102: zit. nach George Sadek/Maxim Zhukov: *A Comparative Typography: Polyglot. Study in Multilingual Typesetting*. New York 1991.
S. 110: Hannah Höch: „Huhn", 1919. © VG-Bild-Kunst, Bonn 1999.
S. 112: Norman Rockwell: „The Gossips". © Norman Rockwell Family Trust.
S. 132: Heinrich von Laufenberg: „Versehung des Leibes", Augsburg 1491.
S. 136: René Magritte: „Die fügsame Leserin", 1928. © VG Bild-Kunst, Bonn 1999.
S. 174: Roy Carruthers. International Typeface Corporation, New York.
S. 187: Jacobus de Voragine: „Passional", Nürnberg 1488.
S. 191: zit. nach *Der gepfefferte Sprüchbeutel*, a. a. O.
S. 194: zit. nach J. J. Grandville: *Gesamtwerk*. München 1970: Rogner & Bernhard.
S. 195: zit. nach Grandville, a. a. O.
S. 207: Paul Éluard/Benjamin Péret: *152 Sprichwörter auf den neuesten Stand gebracht*. Hrsg., übers. u. mit einem Nachwort versehen von Unda Hörner u. Wolfram Kiepe. Gießen 1995: Anabas Verlag. Abdruck mit freundlicher Genehmigung des Anabas Verlags.
S. 224: Christoph Weigel: „Der Schreiber", Kupferstich. Archiv für Kunst und Geschichte, Berlin.
S. 230: Soizick Meister: „Im Bücherpark", © Edition Inkognito, Berlin.
S. 255: M. C. Escher: „Turm zu Babel", 1928. © 1999 Cordon Art. B. V. – Baarn – Holland. All rights reserved.
S. 271: Éluard/Péret, a. a. O. Abdruck mit freundlicher Genehmigung des Anabas Verlags.
S. 284: Archiv des Verfassers.
S. 289: Soizick Meister: „Buchinsel", © Edition Inkognito, Berlin.
S. 310: zit. nach Grandville, a. a. O.
S. 323: zit. nach *Der gepfefferte Sprüchbeutel*, a. a. O.
S. 327: Thomas Murner: „Schelmenzunft", Frankfurt am Main 1512.
S. 329: zit. nach *Der gepfefferte Sprüchbeutel*, a. a. O.
S. 358: Ivan Steiger: „Mörderspiel", © Ivan Steiger.

Christoph Gutknecht
Lauter böhmische Dörfer
Wie die Wörter zu ihrer Bedeutung kamen
4., durchges. Aufl. 1998. 212 Seiten.
Beck'sche Reihe Band 1106

„Erstaunliches über die Herkunft und den Bedeutungswandel der Wörter, über die Rolle von Dialekten, Fremdwörtern und Neubildungen, über das ironische und parodistische Spiel der Dichter mit Wörtern erzählt der Hamburger Linguist Christoph Gutknecht (...). Der Autor verbreitet sich in vielen kleinen Kapiteln, lehrreich, aber in amüsantem Plauderton. Mit viel Sinn fürs Skurrile teilt er seine Faszination über die oft wundersamen Wege der Möglichkeiten der Sprache mit."
Neue Zürcher Zeitung

„Christoph Gutknecht (...) schärft auf amüsant zu lesende Weise das Bewußtsein für die Sprache, die wir so selbstverständlich gebrauchen, ohne die nichts im Leben geht und die doch über unzählige kleine Geheimnisse verfügt."
Saarländischer Rundfunk

„Gutknecht geht den Wörtern auf den Grund, gibt dabei einiges vom allgemeinen sprachwissenschaftlichen Handwerkszeug zu erkennen und bleibt dabei so sehr am Puls der Zeit, daß die Darstellung zunehmend Tempo gewinnt und den Leser mitreißt, der nebenbei erfährt, was es mit dem ‚Wahnsinn', dem ‚shanghaien', mit Begriffen wie ‚wohlgenährt, stark, vollschlank', mit ‚Spinat' und ‚Simsalabim', dem ‚Lotterbett' oder ‚Happy-End' auf sich hat."
Badische Neueste Nachrichten

Christoph Gutknecht
Lauter spitze Zungen
Geflügelte Worte und ihre Geschichte
2., durchges. Aufl. 1997. 292 Seiten.
Beck'sche Reihe Band 1186

„Der Linguistik-Professor Christoph Gutknecht erläutert ganz unakademisch Herkunft und Wandel von Ausdrücken – nach der Lektüre ist man garantiert von Kopf bis Fuß auf Sprache eingestellt."
Die Woche

„So ein kompaktes und preiswertes für Wissenschaftler sowie allgemeine Leser gedachtes Buch hat es auf dem deutschsprachigen Büchermarkt bisher nicht gegeben (...). Für Kultur- und Sprachforscher, aber auch Literaturwissenschaftler und für (Fremd)Sprachpädagogen ist dieser handliche Band unerläßlich."
Proverbium

„Gutknechts Buch ist eine unterhaltsame Einführung in das Gebiet der Sprachforschung, für Leser, die sich gelegentlich gern einmal ‚den Kopf zerbrechen', ohne dabei ‚auf den Hund kommen' zu wollen."
Hamburger Abendblatt

Verlag C. H. Beck München